ひとりでできる

必要なことがパッとわかる

人事・経理・労務の仕事

が全部できる本

税理士　原 尚美

特定社会保険労務士　菊地加奈子

ソーテック社

読者特典

役立つ書式・実務のポイントダウンロードサービス

　本書の内容に基づいた「役立つ書式・実務のポイント」を下記の URL からダウンロードしていただけます。

　読者特典は圧縮されているので、解凍時にパスワードを入力してください。

http://www.sotechsha.co.jp/sp/2065/

パスワード：jinjikeiriroum0630

本書の内容には、正確を期するよう万全の努力を払いましたが、記述内容に誤り、誤植などがありましても、その責任は負いかねますのでご了承ください。

＊本書の内容は、特に明記した場合をのぞき、2021 年 11 月現在の法令等に基づいています。

Cover Design…Yoshiko Shimizu (smz')
Illustration...Wako Sato

はじめに

❶ 人事・経理・労務の仕事は会社にとってのキモ

　規模の大小にかかわらず、社内にはいろいろな役割の人がいます。経営の方針を決めるのは社長ですが、社長ひとりではビジネスを大きくしていくことはできません。すぐれた商品を開発する開発部、製品をつくる製造部、売れる商品を購入する仕入部、商品やサービスを宣伝する広報部、契約を取ってくる営業部、お客様に商品を販売する販売部など、会社や業種によってさまざまです。

　人事がしっかりしていないと、いい人材を採用することができません。せっかく採用しても適正な評価ができなければ、モチベーションがさがってしまいます。経理がしっかりしていないと、経営者はどのプロジェクトにいくら投資していいのかがわかりません。投資に失敗して、負債が膨らんでしまうかもしれません。労務がしっかりしていないと、従業員が安心して働くことができないので、優秀な従業員が辞めてしまうかもしれません。

　そしてこれらすべての事業活動をバックヤードから支えるのが、人事・経理・労務の仕事です。**人事・経理・労務の管理部門の仕事が華やかな脚光を浴びることはありませんが、会社にとってなくてはならない存在**なのです。

❷ 人事・経理・労務の仕事は大きく3つのレベルに分かれる

　本書は次のように大きく3つのパートに分かれています。

---

❶ 1年目のスタッフでもできる基礎的な業務

❷ 3年程度のキャリアを積んだ中堅スタッフが行うワンステップ上の業務

❸ 本来なら社長や役員が関わるような緊急事態が発生したときに、人事や経理スタッフとして社長をサポートする業務

　本書では、人事・労務や経理の仕事をひとりで担当しているような小さな会社のために、どのような書類を、どの役所に、いつまでに提出しなければならないのかを示し、同時にその書類の書き方についても具体的なサンプルを載せて解説しています。

　法律で提出が義務づけられている書類だけでなく、「あったら便利だな」という秘伝のタレのような書類も、出血大サービスさせていただきました。

3

紙面の関係上、**本書に載せきれなかった書類は、ダウンロードサービスで確認**することができます。

　本書を活用して、日本全国の管理部門で働くスタッフのみなさんが、日々の不安を解消し自信を持って効率的に業務をこなせるようになること、会社の業績アップに貢献できるようになることが、私たちの喜びです。
　ひいては、中小企業の発展を、心から祈念しています。

原　　尚　美
菊　地　加奈子

目　次

第1章　はじめての人事・経理・労務のお仕事

01	人事	人事の基本と1年の流れ	16
02	経理	経理の基本と1年の流れ	19
03	労務	労務の基本と1年の流れ	22

第2章　入社1年目からできる人事のお仕事 給料計算編

01	給料計算の流れ	26
02	給料の基本	28
03	タイムカードを集計する	30
04	有給休暇・振替休日・代休の管理をする	34
05	所得税を控除する	37
06	住民税を控除する	40
07	社会保険料や雇用保険料を控除する	41
08	明細書の発行と支払い	44
09	給料から控除した税金を支払う	47
10	給料以外の源泉所得税を預かったとき	51
11	給料から控除した社会保険料を支払う	54

12 ベースアップなどで給料の金額が変わったら............................ 56

13 もし、給料計算を間違えたら............................ 58

第3章 入社1年目からできる人事のお仕事 賞与計算編

01 賞与計算と支給の流れ............................ 60

02 所得税を控除する............................ 61

03 社会保険料や雇用保険料を計算する............................ 64

04 明細書の発行............................ 65

05 賞与から控除した税金を支払う............................ 66

06 賞与支払届の提出・社会保険料の支払い............................ 67

第4章 入社1年目からできる経理のお仕事 年末調整編

01 年末調整の流れ............................ 70

02 「給与所得者の扶養控除申告書」を回収する............................ 73

03 「給与所得者の保険料控除申告書」を回収する............................ 76

04 「給与所得者の基礎控除申告書」を回収する............................ 78

05 年末調整の計算をする............................ 80

06 「一人別源泉徴収簿」と「源泉徴収票」を作成する............................ 83

07 過不足額を調整する............................ 85

08 「給与支払報告書」を提出する............................ 87

第5章 入社1年目からできる経理のお仕事 法定調書編

- 01 「法定調書」の基本 90
- 02 給与や退職金を支払った場合 92
- 03 給与以外の報酬を支払った場合 93
- 04 「不動産に関する支払調書」の作成 94
- 05 「給与所得の源泉徴収票等の法定調書合計表」を作成する 95

第6章 入社1年目からできる人事のお仕事 採用事務編

- 01 求人募集から入社までの流れ 98
- 02 求人と面接のポイント 99
- 03 採用が決まってから、入社までに準備すること 105
- 04 社会保険の加入手続きをする 106
- 05 雇用保険の加入手続きをする 109
- 06 派遣社員を依頼するとき 111
- 07 外国人を採用するとき 112

第7章 入社1年目からできる人事のお仕事 退職者編

- 01 退職者に対する事務の流れ 116
- 02 最後の給料を支払う 119

| 03 | 社会保険の喪失手続きをする | 121 |

| 04 | 雇用保険の喪失手続きをする | 123 |

| 05 | 退職金を支払う（基本の流れ） | 126 |

| 06 | 所得税と住民税を控除する | 128 |

| 07 | 控除した税金を支払う | 131 |

| 08 | 退職金の支払い調書をつくる | 132 |

第8章 入社1年目からできる経理のお仕事 お金の管理編

| 01 | 現預金を管理する | 134 |

| 02 | 「領収書」を管理する | 136 |

| 03 | 小切手を管理する | 138 |

| 04 | 手形を管理する | 139 |

| 05 | 仮払金を管理する | 141 |

| 06 | 支払い業務を行う | 143 |

| 07 | 借入金やローンの残高を管理する | 145 |

| 08 | 証憑類を整理して保管する | 148 |

第9章 入社1年目からできる経理のお仕事 日々の会計処理編

| 01 | 会計仕訳の基本 | 154 |

| 02 | 勘定科目の使い方 | 157 |

03	消費税 税込み経理と税抜き経理	160
04	消費税の基本～軽減税率とは～	162
05	消費税額は会計ソフトで計算する ～課税取引と非課税取引～	167
06	役員報酬 特別な経費に気をつける❶	169
07	交際費 特別な経費に気をつける❷	172
08	固定資産 特別な経費に気をつける❸	174
09	消費税 特別な経費に気をつける❹	177
10	会計帳簿を作成する	179
11	月次試算表を作成する	182

第10章 入社1年目からできる経理のお仕事 営業事務編

01	見積書を作成する	186
02	納品書・請求書を作成する	189
03	売掛金の残高を管理する	193
04	発注から支払いまでの流れ	196
05	買掛金の残高を管理する	199

第11章 入社1年目からできる経理のお仕事 情報・財産管理編

01	マイナンバーを管理する	204

02	大事な情報を保管する	206
03	重要な情報を廃棄する	208
04	印鑑を管理する	209
05	在庫を管理する	211
06	切手や印紙を管理する	214
07	固定資産を管理する	216
08	印鑑証明書を取得する	219
09	登記事項証明書を取得する	222

第12章 入社1年目からできる労務のお仕事 労働保険の申告編

01	労働保険料申告（年度更新）手続き	226
02	「確定保険料 算定基礎賃金集計表」を作成する	228
03	「労働保険年度更新申告書」を作成し、保険料を支払う	230

第13章 入社1年目からできる労務のお仕事 社会保険の算定編

01	「算定基礎届」の手続き	234
02	正社員（月給者）の「算定基礎届」	236
03	パート（時給・日給者）の「算定基礎届」	238
04	「算定基礎届」のイレギュラーな手続き	240
05	「算定基礎届」「月額変更届」を提出する	243

06 個別に「保険料額の変更通知」を送る 245

第14章 入社3年目からの**労務のお仕事**
就業規則の整備編＋36協定の作成編

01 就業規則を作成する 248

02 管轄の監督署に届け出る 251

03 就業規則を変更する 252

04 残業時間・休日出勤数を決定する 253

05 特別条項を定める 255

06 「時間外労働・休日労働に関する協定届」を提出する 257

07 「1年単位の変形労働時間制の協定書」をつくる 259

08 長時間労働者への勤務改善の指導を行う 262

第15章 入社3年目からの**人事のお仕事** 労働条件通知書の作成編

01 「労働条件通知書」の基本 264

02 労働条件を通知する 266

03 誓約書・身元保証書を作成する 268

第16章 入社3年目からの**人事のお仕事**
休業者対応編＋福利厚生編

01 妊娠報告から出産までの流れ 272

11

02	出産手当金を申請する	274
03	社内の手続き	276
04	産休・育休中の社会保険料免除の手続きをする	277
05	育児休業給付金の手続きをする	280
06	休職から復職までの流れ	283
07	傷病手当金の手続きをする	284
08	従業員に健康診断を受診させる	287

第17章 入社3年目からの**労務のお仕事** 労災手続き編

01	労働災害（労災）の判断	290
02	ケガや病気をして病院で治療を受けたときの手続き	291
03	休業したときの手続き	294

第18章 入社3年目からの**経理のお仕事** 決算処理編

01	決算の流れ	298
02	現預金の残高を確認する	300
03	商品や材料の在庫を数える	302
04	各勘定科目の残高を確認する	306
05	発生主義を使って、正しい期間損益を計算する	309
06	売上や仕入の計上基準を確認する	310

07	減価償却費を計上する	311
08	引当金を計上する	313
09	消費税の最終処理を行う	314
10	法人税等を計上する	316

第19章 入社3年目からの経理のお仕事 申告編

01	「税務申告書」を作成する	318
02	「税務申告書」の提出と税金の納付	319
03	「償却資産税申告書」の作成	321

第20章 入社3年目からの経理のお仕事 重要書類の作成編

01	「資金繰り表」を作成する	324
02	「契約書」を作成する	326
03	「内容証明書」を作成する	330
04	「株主総会議事録」を作成する	332
05	「取締役会議事録」を作成する	335

第21章 入社3年目からの労務のお仕事 調査対応編

| 01 | 年金事務所の調査 | 338 |
| 02 | 監督署の「定期調査」 | 341 |

13

第22章 一人でできる**労務のお仕事** 労務の緊急事態編

01 退職者から未払い賃金の請求が届いたらすること 346

02 従業員と連絡が取れなくなってしまった 348

03 SNSで会社の機密情報や悪い噂を流した 350

第23章 一人でできる**経理のお仕事** 経理の緊急事態編

01 未収金が回収できないとき 352

02 取引先が倒産したとき 354

03 税務調査が入ったとき 356

第24章 一人でできる**人事のお仕事** 人事の緊急事態編

01 取引先や顧客からクレームが来たとき 360

02 災害対策を立てておく 361

03 重要な情報が漏れたかもしれないとき 362

索引 364

第1章 はじめての人事・経理・労務のお仕事

☑ 1章でできること！

- 01 **人事** 基本と1年の流れ
- 02 **経理** 基本と1年の流れ
- 03 **労務** 基本と1年の流れ

人事・労務の仕事は、従業員の働き方や待遇にも家庭生活にも密接に関わっている、とても重要な仕事です。仕事の内容やスケジュールだけでなく、求められる資質や心構えも押さえておきましょう。

経理の仕事は、ある程度ルールが決まっているので、まずはルーティーンを覚えましょう。

人事の仕事

01 人事 人事の基本と1年の流れ

人事の仕事は、会社の成長と従業員の生活を守る大切な役割があります。

会社経営にも、従業員の生活にも、関わる

❶ **法律に基づいた仕事** 毎月決まった仕事 ：人事の仕事は従業員の採用〜退職まで、保険の手続きや給料計算などを通じて、従業員が安心して働き続けられる環境をつくることです。従業員の出産や労災の対応など、急に発生する手続きもありますが、ほとんどが月ごと・1年ごとの決められたスケジュールの中で進めることができます。

　人事の仕事の中でも核となるのが給料計算です。ただソフトの使い方をマスターして従業員の給料を計算するだけでなく、新しく入社した人、子どもが生まれた人、休職した人、住所が変わった人など、さまざまな変更点を把握していなければ正しい給料計算はできません。漏れなく手続きをして、それが給料計算にどんなふうに反映されるのかを理解しておくと、手続きも給料計算のスキルも格段に上がります。

❷ **法律に基づいた仕事** 従業員の生活を守る仕事 ：法律で決められた仕事の中でもうひとつ重要なのが、従業員の健康管理や生活に困ったときのサポートです。常勤の従業員は1年に1回必ず健康診断を受けなければなりませんが、人事は健康診断受診の調整だけでなく、その結果を把握・保管する義務もあります。また、労働時間をチェックして、健康管理をする必要があります。

　そして、仕事以外のプライベートの場面における結婚・出産・離婚・病気やケガなど、さまざまな変化が起こったときに、社会保険や労災保険、雇用保険などの給付を申請したり、会社の制度を利用して安心して生活できるためのサポートをします。

❸ **プラスアルファの仕事**：そのほかに、ハラスメントなどのトラブルが起こらないように相談窓口を置いたり、教育研修を企画管理したり、従業員が快適に働き続けられるようにするためのサポートをします。従業員は常に同じ仕事をし続けるわけではなく、仕事を通じて成長したり、教育を受けてステップアッ

プしていきます。逆に人間関係や健康上の問題で壁にぶつかってしまうことも
あります。そのような変化に細やかに対応しながら、従業員の満足度を高め、
ひとりひとりが持てる力を最大限発揮することができるようにしていくため
にも、人事部門のサポートがとても重要になります。

人事の仕事に求められる資質

❶ **人事の仕事に就くということ：**毎月の給料計算や各種保険の手続きなど、決
められた期限の中で正確に業務を行うことが求められます。また、部署を超え
てすべての従業員と関わることになります。そこでは、従業員の給料や評価、
健康状態、プライベートでは結婚、出産、離婚、家族の増減、病気やけが、転
居など、あらゆる情報についてのやり取りがあり、また、ハラスメントなどの
相談が来ることもあります。このように、人事の仕事は会社にとっても従業員
にとっても重大な機密事項を扱っているため、「この人になら相談できる」と
いう話しやすい雰囲気と安心感を持ってもらえるよう、個人や会社の秘密を漏
らさないという高いコンプライアンス意識があることも必要です。

● 人事 仕事一覧

従業員の採用	採用計画から求人票の作成・面接・内定まで一連の業務を行う。最終決定は経営者層が行う場合も多いが、面接をして新たな従業員として受け入れる人の資質や人間性を見極めることも求められる
従業員の入退社の社内手続き	入社にあたり、労働条件を通知したり、勤務のルールや相談窓口を説明し、スムーズに業務がスタートできるようにサポートする
保険関係の手続き業務	入退社の際の保険加入の手続き、住所変更や扶養異動、労災申請、出産・育児・介護・疾病による休業についての給付金申請手続きなどもする。従業員だけでなく、会社の所在地が変わった場合や営業所を出した場合の届け出もする
給料・賞与計算	毎月の給料計算をする。タイムカードの集計から保険料や税金の額を確定するところまで一連の業務として行う。賞与が支払われる月は賞与計算も別途する必要がある
健康診断	会社は従業員に対して定期的に健康診断を受けさせる義務がある。そして結果を把握し、健康保持のために仕事上、配慮をしたり業務改善や配置転換をすることも求められる。個人情報を適切に守りつつ、従業員全員の検診の実施を管理する
労働保険の年度更新	労働保険料（労災保険料と雇用保険料）を1年分計算して、次年度の概算額とともに申告をする
社会保険の算定	4月〜6月支給の報酬額をもとに、社会保険の標準報酬月額を決定する。それ以外の時期に報酬の増減があった場合は、「随時改定」を行う

● 人事 仕事の流れ

※ 月末締め翌15日で給料を支払う会社の場合

月	日	内容
1月	4日	●入退社の手続き
	4～10日	●給料計算　●年末調整還付 ●労働保険料（第3期分）の納付（延納申請をした場合）
	月末	●12月分社会保険料の納付　●賞与分の社会保険料納付
2月	1日	●入退社の手続き
	2～10日	●給料計算　●次年度に向けた就業規則の改定
	月末	●1月分社会保険料の納付
3月	1日	●入退社の手続き
	2～10日	●給料計算　●健康保険料率変更確認
	月末	●2月分社会保険料の納付
4月	1日	●入退社の手続き
	2～10日	●給料計算
	20日	●年度更新のための賃金集計
	月末	●3月分社会保険料の納付
5月	1日	●入退社の手続き
	2～10日	●給料計算
	月末	●4月分社会保険料の納付
6月	1日	●入退社の手続き
	2～10日	●給料計算　●住民税の特別徴収額の改定
	月末	●5月分社会保険料の納付　●人事考課・賞与査定
7月	1日	●入退社の手続き
	2～10日	●給料計算　●賞与計算
	10日	●概算・確定保険料申告書提出　●労働保険料の納付　●算定基礎届 ●賞与支払い届
	月末	●6月分社会保険料の納付
8月	1日	●入退社の手続き
	2～10日	●給料計算
	月末	●7月分社会保険料の納付　●賞与分の社会保険料納付
9月	1日	●入退社の手続き
	2～10日	●給料計算　●厚生年金保険料率改定
	月末	●8月分社会保険料の納付
10月	1日	●入退社の手続き
	2～10日	●給料計算
	月末	●9月分社会保険料の納付 ●労働保険料（第3期分）の納付（延納申請をした場合）
11月	1日	●入退社の手続き
	2～10日	●給料計算
	月末	●10月分社会保険料の納付　●人事考課・賞与査定
12月	1日	●入退社の手続き
	2～10日	●給料計算　●賞与計算
	15日	●賞与支払い届
	月末	●11月分社会保険料の納付

日々行うこと ・タイムカードの確認　・人事情報の入力・変更　・有給休暇、代休、振休のチェック
必要に応じて行うこと ・労働条件の変更に伴う辞令の通知　・採用計画
年間を通して行うこと ・労務相談（ハウスメント対応）・給付金（出産・育児・介護休業の手続き、傷病手当金、高齢者雇用継続給付、労災手続き）・採用（採用事務・面接）・健康管理（健康診断・ストレスチェック）

経理の仕事

経理 経理の基本と1年の流れ 02

経理の仕事は、社長の女房役です。

ルールを守るのが基本

❶ **法律で決まっている仕事：** 経理の仕事は、会社に入ってくるお金と出ていくお金の記録をつけることです。お金の動きを記録するときは、複式簿記というルールを使います。複式簿記は、日本だけでなく全世界共通のルールなので、一度覚えてしまえば一生使うことができます。会社に入ってきたお金はさらに、機械や商品などお金以外の財産に形を変えている可能性もあります。

また税金の申告や納税のルールなどは、法律で「いつまでに」「何を」しなければならないのか決まっています。ルールどおりに計算したり、書類を提出しないとペナルティがあるので、まずは第2章以降の基本的な約束事を覚えましょう。

❷ **プラスアルファの仕事：** 法律で決まっているわけではありませんが、現場や営業の社員が働きやすいように、バックヤードから支えるのも経理の仕事です。経理には、会社のあらゆるお金に関する情報が集まってくるので、会社内で起きている課題やリスクも、経理なら横断的に把握することができます。各部門間の連絡役となって、会社のリスク管理をするのも経理の重要な役割です。

また、経営会議用の月次試算表や資金繰り表、事業計画書の作成など、経営に役立つ資料づくりを任されることもあります。経理は、誰よりも社長の近くにいて、最も信頼されている人が任される仕事なのです。

経理に求められる資質

❶ **経理の仕事は、1年間のルーティンワークが決まっている：** まずは1年間の大まかな流れをマスターしてください。その会社独自の業務についても、たいていは昨年の書類が残っていたり、マニュアルがあったりするので、まずはこういった書類を参考にして仕事を進めるといいでしょう。ルールで決まって

人事・経理・労務

第1章 はじめての人事・経理・労務のお仕事

いることをルールどおりにやるのが、経理の基本です。

また経理には、個人情報を含むあらゆる社内の情報が集まってきます。社長ですら、経理には隠しごとができません。そのため経理には、業務で知り得た情報は決して他人には漏らさないという守秘義務があります。経理には、社内の誰もが安心して業務を任せられる安定感が求められるのです。

● 経理 仕事一覧

日々の会計処理	経理の最も基本となる業務です。会社が行うすべての取引を会計ソフトに登録し、月次試算表や決算書作成の元となる帳簿を作成する ⇒第9章
会社の財産管理	現金や預金だけでなく、印紙や切手などの貯蔵品、自動車やパソコンなどの固定資産を管理し、残高を管理するための帳簿や固定資産台帳を作成する。また商品の入出庫を記録し、在庫が滞留していないかを管理する ⇒第11章
営業事務	見積書や納品書、請求書を作成し、約束どおりに入金されたかを確認し、売掛金の残高を管理する。入金が滞った相手に対しては、上司に相談しながら速やかに回収を図る。また原材料や商品を注文し、請求書が届いたら、決裁のルールにしたがって期日までに支払い、買掛金の残高を管理する ⇒第10章
財務	資金がショートしないよう、現預金の残高と入出金の予定を管理し、不足しそうなときは早めに上司に報告する。 ⇒第20章
税金の計算と納税	従業員や役員に支払う給料、税理士、弁護士などに支払う報酬から天引きすべき所得税を計算し、期日までに納付する。また決算終了時には、決算業務で計算した法人税や地方税、消費税の納税をする ⇒第2章 ⇒第3章 ⇒第18章 ⇒第19章
文書の作成と管理	従業員や役員に貸付をしたり、社宅を貸与した場合やグループ会社間で取引を行う場合などは、弁護士に依頼せずに社内で契約書を作成する。また定時株主総会議事録や取締役会議事録も作成する ⇒第20章
決算業務	決算末日現在の現金残高を数えたり、預金残高証明書を取得したり、実地棚卸を行ったりなど、決算特有の処理をする。また減価償却費を計算したり、未払費用や前払費用の仕訳をしたり、決算整理仕訳をする。決算が確定したら、決算書をもとに税務申告書を作成し、税金を納付する ⇒第18章 ⇒第19章
年末調整と法定調書	月々の給料計算をもとに年末調整をし、従業員や役員の還付税額を計算する。各人の源泉徴収票を作成し、本人に交付するとともに、税務署や市区町村にも提出する ⇒第4章 ⇒第5章
税務調査への対応	税務調査に必要な帳簿や証憑を準備する。調査当日は、経理処理の方法やその処理をした理由などについて、調査官の質問に答える ⇒第23章

● 経理 仕事の流れ

※3月決算の場合

1月	10日	●源泉所得税の納付 ※1　●住民税の納付 ※1
	20日	●月次試算表の作成
	月末	●法定調書の提出　●償却資産税の申告
2月	10日	●源泉所得税の納付　●住民税の納付
	20日	●月次試算表の作成
	月末	●固定資産税の納付　●償却資産税の納付　●消費税の中間申告と納付
3月	10日	●源泉所得税の納付　●住民税の納付
	20日	●月次試算表の作成
	下旬	●決算の準備
	月末	●決算　●税務署への各種届出書の提出期限
4月	10日	●源泉所得税の納付　●住民税の納付　●固定資産税の納付　●償却資産税の納付
	20日	●月次試算表の作成
	下旬	●決算整理仕訳の入力
5月	10日	●源泉所得税の納付　●住民税の納付
	中旬	●税務申告書の作成
	20日	●月次試算表の作成
	下旬	●定時株主総会の開催
	月末	●法人税・地方税の申告と納付 ※2　●消費税の申告と納付　●事業所税の申告と納付　●自動車税の納付 ※2
6月	10日	●源泉所得税の納付　●住民税の納付
	中旬	●役員変更登記 ※3
	20日	●月次試算表の作成
	月末	●固定資産税の納付　●償却資産税の納付
7月	10日	●源泉所得税の納付　●住民税の納付
	20日	●月次試算表の作成
8月	10日	●源泉所得税の納付　●住民税の納付
	20日	●月次試算表の作成
	月末	●消費税の中間申告と納付
9月	10日	●源泉所得税の納付　●住民税の納付
	20日	●月次試算表の作成
	月末	●固定資産税の納付　●償却資産税の納付　●中間決算
10月	10日	●源泉所得税の納付　●住民税の納付
	20日	●月次試算表の作成
11月	10日	●源泉所得税の納付　●住民税の納付　●年末調整の準備
	20日	●月次試算表の作成
	月末	●法人税・地方税の中間申告と納付　●消費税の中間申告と納付
12月	10日	●源泉所得税の納付　●住民税の納付　●年末調整の計算
	20日	●月次試算表の作成
	月末	●固定資産税の納付　●償却資産税の納付

※1 納期限の特例を申請している場合は、1月20日　※2 申告期限の延長を申請している場合は、6月30日
※3 定時株主総会から2週間以内

人事・経理・労務

第1章 はじめての人事・経理・労務のお仕事

21

労務の仕事

03 労務 労務の基本と1年の流れ

労務の仕事は、法律に基づいて職場環境を整備していく仕事です。

働くうえでの法律や社内ルールを理解し、職場環境を整える

❶ **法律に基づいた仕事：**「人事の仕事の一覧」（第1章01参照）に載っている給料計算や労働時間管理、健康診断などは、法律と会社独自のルールである就業規則がもとになります。そんな人事の仕事の基礎となる「就業規則」を作成し整え、トラブルを防止するために関わっているのが労務の担当者です。そのため、労務は人事と異なり、毎月の決まった業務というものはあまりなく、年間を通して決められた書類の提出を除き、その都度トラブルに対応したり、ルールの見直しをすることがメインになります。就業規則は働くうえでの会社のルールを定めたものですが、労働基準法をはじめとする法律をすべてクリアしていることが求められます。そのため法律の改正があった場合は、就業規則も該当する個所を変更し、労働基準監督署に届け出をする必要があります。会社独自のルールが変わった場合も同様です。通常の仕事は先輩から教えてもらえますが、法律の改正情報は、労働基準監督署やハローワークに手続きに行くたびにリーフレットなどが置いてあったり、会社に通知がきたりするのでなるべく定期的に確認するようにしましょう。そして、就業規則が社内で正しく運用されているか、問題がないかを常にチェックするのも労務の大切な仕事です。

❷ **プラスアルファの仕事：**人を雇用している以上、さまざまなトラブルが起こります。能力不足や不正、勤務態度不良といった「従業員に問題があるケース」と、未払い賃金やハラスメント、長時間労働といった「会社が適切な対応を取らなかったために起こるケース」が考えられます。もちろん、担当者ひとりが対応することはありませんが、法律をしっかりと理解したうえで、人事データを検証したり、適切な流れにそって一つひとつの事案に対応していく必要があります。

労務の仕事に求められる資質

❶ 労務の仕事に就くということ：人事の仕事は手順や方法を先輩から指導してもらいながら覚えていくことができますが、労務の仕事は法律の改正などにも対応しなければならないため、会社の誰もがわからないことを自分で情報を取りにいく姿勢が求められます。だからといって一から労働に関する法律を学ぶ必要はなく、役所に行くたびに新しい情報がないかを確認したり、もっと理解を深めたい場合は「社外のセミナー」などに参加して勉強するようにします。労務に携わる人は、労務トラブル（従業員と会社間のトラブル）が起きたときに解決をしたり、未然に防ぐという大きな役割を担っていますが、問題そのものに関わるというよりも、普段から整備しなければならない書類などをしっかり整え、不備のないようにしておくことがトラブルを防ぐうえでも、起きたトラブルを早期に解決するうえでも、大切なことです。

● **労務** 仕事一覧

就業規則の整備	労働法の基準をクリアしたうえで、会社独自の働き方にあわせたルールを定める。事業展開によって新しい業種に適した働き方のルールが必要になったり、規模の拡大・縮小があれば働き方も変化する。また法改正に対応する必要もある。その都度、規定を変更しながら正しく運用できるように管理し、全従業員に周知する
労働時間の管理	法律で定められている労働時間を守るだけでなく、給料や健康管理も連動して考える。また単にタイムカードを確認するだけでなく、打刻が本当に正しいのか、外勤中心の営業の仕事や管理職の労働時間をどのように把握するのかといった、ルールづくりも必要になる
労災対応	プライベートの病気やケガと異なり、業務中の事故や病気は会社の責任が問われる。大きな事故だったり死亡してしまうようなケースは、労務トラブルや家族への賠償といった問題も生じるため、慎重な対応が求められる
労務トラブル対応	セクハラ・パワハラ・マタハラといったさまざまなハラスメントや未払い賃金や過重労働といった法律違反など、労務トラブルは多岐にわたる。トラブルを未然に防止すると同時に、起きてしまったトラブルを円満に解決するための対応をする
調査対応	労働基準監督署の調査にもさまざまな種類がある。定期的に行われる調査のほかに、従業員や退職者からの申告に基づいて行われる調査、労災が起こったあとの調査など、場合によっては大きな問題に発展するケースもあるため、普段から労働法に関するコンプライアンス意識を持ち続けることが重要

人事・経理・労務

第1章　はじめての人事・経理・労務のお仕事

● 労務 仕事の流れ

※4月を基準とする場合

月		内容
1月		● 新入社員、契約更新者、条件変更者の「労働条件通知書」確認
		● 就業規則改定事項
	給料確定後	● 従業員の労働時間の確認 ● 長時間労働の該当者と業務の確認　● 有給休暇の取得状況確認
2月		● 新入社員、契約更新者、条件変更者の「労働条件通知書」確認
		● 就業規則の改定
		● 次年度の年間カレンダー作成
	給料確定後	● 従業員の労働時間の確認 ● 長時間労働の該当者と業務の確認　● 有給休暇の取得状況確認
3月		● 新入社員、契約更新者、条件変更者の「労働条件通知書」確認
		● 改定した就業規則の説明・意見聴取
		● 36協定の作成・従業員代表の押印
		● 有給休暇の次年度の時季指定
		● 新入社員の労働条件通知書の確認
	給料確定後	● 従業員の労働時間の確認 ● 長時間労働の該当者と業務の確認　● 有給休暇の取得状況確認
	月末	● 就業規則の届け出　● 36協定の届け出
4月		● 新入社員、契約更新者、条件変更者の「労働条件通知書」確認
		● 新入社員に就業規則等の説明
	給料確定後	● 従業員の労働時間の確認 ● 長時間労働の該当者と業務の確認　● 有給休暇の取得状況確認
5月		● 新入社員、契約更新者、条件変更者の「労働条件通知書」確認
	給料確定後	● 従業員の労働時間の確認 ● 長時間労働の該当者と業務の確認　● 有給休暇の取得状況確認
6月		● 新入社員、契約更新者、条件変更者の「労働条件通知書」確認
	給料確定後	● 従業員の労働時間の確認 ● 長時間労働の該当者と業務の確認　● 有給休暇の取得状況確認
7月		● 新入社員、契約更新者、条件変更者の「労働条件通知書」確認
	給料確定後	● 従業員の労働時間の確認 ● 長時間労働の該当者と業務の確認　● 有給休暇の取得状況確認
8月		● 新入社員、契約更新者、条件変更者の「労働条件通知書」確認
	給料確定後	● 従業員の労働時間の確認 ● 長時間労働の該当者と業務の確認　● 有給休暇の取得状況確認
9月		● 新入社員、契約更新者、条件変更者の「労働条件通知書」確認
	給料確定後	● 従業員の労働時間の確認 ● 長時間労働の該当者と業務の確認　● 有給休暇の取得状況確認
10月		● 新入社員、契約更新者、条件変更者の「労働条件通知書」確認
	給料確定後	● 従業員の労働時間の確認 ● 長時間労働の該当者と業務の確認　● 有給休暇の取得状況確認
11月		● 新入社員、契約更新者、条件変更者の「労働条件通知書」確認
	給料確定後	● 従業員の労働時間の確認 ● 長時間労働の該当者と業務の確認　● 有給休暇の取得状況確認
12月		● 新入社員、契約更新者、条件変更者の「労働条件通知書」確認
	給料確定後	● 従業員の労働時間の確認 ● 長時間労働の該当者と業務の確認　● 有給休暇の取得状況確認

第2章 入社1年目からできる人事のお仕事 給料計算編

☑ 2章でできること！

- 01 給料計算の流れ
- 02 給料の基本
- 03 タイムカードを集計する
- 04 有給休暇・振替休日・代休の管理をする
- 05 所得税を控除する
- 06 住民税を控除する
- 07 社会保険料や雇用保険料を控除する
- 08 明細書の発行と支払い
- 09 給料から控除した税金を支払う
- 10 給料以外の源泉所得税を預かったとき
- 11 給料から控除した社会保険料を支払う
- 12 ベースアップなどで給料の金額が変わったら
- 13 もし、給料計算を間違えたら

給料計算

01 給料計算の流れ

給料計算の流れをつかみ、月単位・年単位のスケジュールを押さえます。

※締日〜支払日までが15日間の場合

STEP 1	給料締日の前日まで　前月からの変更事項のチェック、給与ソフトへの反映
●入退社や給料の変更、自身と家族の変更点などをリストアップし、それらを給与ソフトのマスタに反映させる

STEP 2	支払日の7営業日前まで　勤怠データ（タイムカードやシフト表、有給申請など）のチェック
●個別のタイムカードの抜け漏れの確認や勤務表とのつきあわせをする

STEP 3	支払日の5営業日前まで　勤怠の入力（支給・控除）
●給与ソフトにデータを入力する。手入力する項目を最小限に抑えるために、給料や交通費の単価、固定的な金額についてはマスタ登録をしておく

STEP 4	支払日の4営業日前まで　給料明細（支給控除一覧）のチェック・確定
●前月との変更事項については、自動計算される項目であっても必ず根拠と照らしあわせて確認する

STEP 5	支払日の3営業日前　給料の支払い
●給料振り込みの期日は、休日を挟む場合は前倒しになるので、あらかじめスケジュールを確認し、給料の支給控除一覧（給料振込額）、住民税の一覧表を作成し、それに基づいて振り込む

STEP 6	翌月10日まで　税金・社会保険料の支払い
●所得税・住民税は翌月10日（10人未満の事業所は年2回の納付にまとめることもできる）、社会保険料は翌月末日、労働保険料については毎年7月10日に申告・納付となる

給料計算スケジュール

① **毎月の給料計算スケジュールを立てる**：締日から支払日までの期間は、10日から長くて1カ月と会社によってバラバラです。営業所が複数あってデータを集めるのに時間がかかる、さまざまな種類の社員がいて計算方法が異なるといった違いもあるので、自社の事情にあわせてスケジュールを組みます。

● 月間の給料計算スケジュール

例 月末締め・翌15日払い

日	月	火	水	木	金	土
5／29	5／30	5／31	1	2	3	4
	前月末					
公休	変更事項のチェック・マスタ変更		タイムカード・勤怠チェック			公休
5	6	7	8	9	10	11
	7営業日前		5営業日前	4営業日前	3営業日前	
公休	勤怠データ確定	給料計算・データ入力	給料計算・データ入力	給料データチェック	給料振込確定	公休
12	13	14	15	16	17	18
			当日			
公休			給料日			

● 毎月の給料計算と年間業務の関係

4月	昨年度の給料の集計	7月10日の労働保険料の申告のデータをまとめはじめる
5月	住民税の変更	年末調整のときに、各市区町村に提出した「給与支払報告書」をもとに住民税額が確定、通知が届く
6月		
7月	労働保険概算・確定保険料申告書（年度更新）算定基礎届賞与支払届	**年度更新** 昨年度支払った給料額と今年度支払予定の給料をもとに算出する。 **算定基礎** 4、5、6月に支払った給料をもとに10月納付分以降の以降の社会保険料額を算定する。 **賞与** は支払った都度、社会保険料を計算する
8月		
9月	厚生年金保険料改定	算定基礎届をもとに社会保険料の等級が変更される。厚生年金は料額も変更される
10月		
11月		
12月	年末調整・賞与支払い届	納付済みの所得税額を確定し、多く控除した分を還付する
1月	給与支払報告書	市区町村に提出。6月以降の住民税額に反映される
2月		
3月	健康保険料・介護保険料改定	健康保険の料額が変更される

人事

第2章 給料計算

27

給料計算

02 給料の基本

給料計算は単に勤務時間の集計ではなく、税金や給付金、将来の年金にいたるまで、従業員に関するあらゆる情報が詰まっています。

給料の基本を知る

❶ 給料の構造： 次の3つからできています。

Ⓐ 勤怠	Ⓑ 支給項目	Ⓒ 控除項目
給料の基礎となる情報	基本給や手当などの金額	社会保険料・税金・その他

● 給料計算の3つの要素と法律上のルール

Ⓐ 勤 怠	Ⓑ 支 給	Ⓒ 控 除
労働時間 1日8時間・1週40時間 **休日** 1週1日もしくは4週4日 **休憩** 6時間超45分・8時間超60分 **時間外** 法定労働時間を超えたら割増賃金の支払い **深夜** 22時から5時まで **年次有給休暇** 正社員とパートで規定	**最低賃金** 都道府県ごと・産業別 **割増賃金を計算する際に給料に含めなくてもいい手当** 家族手当・通勤手当・別居手当・子女教育手当・住宅手当・臨時に支払われる賃金 **課税・非課税** 通勤交通費は一定額まで非課税 **端数処理** 全額払い違反に注意	**法定控除** 社会保険料、所得税、住民税など **独自の控除** **DL** 労使協定が必要

❷ 給料支払いの5原則： 給料を支払うときは、次の5つのルールを守ります。

	○	×
❶ 通貨払いの原則	従業員の同意があれば、銀行振込も可能	自社商品などの現物支給
❷ 直接払いの原則	本人が病気などの場合は、本人の使者である家族に手渡すことは可能	未成年だから親が受け取る
❸ 全額払いの原則	• 税金や社会保険料など法律で決まっているものや、欠勤・遅刻など労働を提供しなかった分は控除可 • 労使協定を結んでいれば、家賃や親睦会費なども控除可	• 給料の一部を支払わない • 端数処理の誤り • 労使協定なしに控除した積立金など
❹ 毎月払いの原則	• 最低でも、毎月1回以上支払う • 年俸制の場合でも、月単位で支給する	• 年俸制の会社で年に1回で支払う • 給料支払日の変更をして次の支払日まで1カ月半空いてしまった

	〇	✕
❺一定期日払いの原則	毎月、15日など決まった日にちに支払う	• 毎月支給日が異なる • 毎月第3水曜日など

● 給料計算チェックシート

変更事項	会社が行う手続き	給料への反映チェック
入社（2名） □ 伊藤良子4／1 □ 佐々木進4／10 □	• 健康保険・厚生年金保険被保険者資格取得届 • 雇用保険被保険者資格取得届 • 住民税異動届	□ 初月の社保控除なし □ 雇用保険料は控除 □ 日割計算 □ 交通費の日割計算
退職（1名） □ 鈴木大介4／30 　退職	• 健康保険・厚生年金保険被保険者資格喪失届 • 雇用保険被保険者資格喪失届・離職票 • 住民税異動届	□ 月末退職の場合は社会保険料2カ月分控除 □ 日割計算 □ 交通費の日割計算 □ 住民税・一括徴収か1カ月分控除か □ 有給買取などがあるか
所属異動（1名） □ 安藤恵子4／1 　横浜→新宿		□ 所属コードの変更 □ 交通費の変更確認
昇給・降給（0名） □	• 4カ月後に月額変更届	□ 基本給のマスタ変更 □ 手当額のマスタ変更
休職（0名） ※継続者含む □	• 私傷病→傷病手当金の手続き（健康保険） • 労災→休業（補償）給付の手続き	□ 社会保険料の請求 □ 住民税の請求
産前産後休業・育児休業（1名） □ 松本洋子2／15 　〜 □	• 出産手当金（健康保険） • 社会保険料免除の手続き（産前産後休業取得者申出書） • 育児休業給付金（雇用保険） • 育休復帰後の月額変更	□ 社会保険料の控除なし □ 休業に入る直前の給与から住民税の一括徴収 □ 休業中は支給・控除ともにゼロになる
介護休業（0名） □ □	• 介護休業給付金（雇用保険）	□ 社会保険料の免除なし □ 期間が1か月に満たないこともあるため住民税の一括徴収も行わない
住所変更（1名） □ 大野恵子4／13 □		□ 通勤費の変更（定期の場合は精算） □ 住宅手当の変更
結婚・離婚（1名） □ 大野恵子（→小野） 　4／13 □	• 氏名変更届（健康保険・厚生年金・雇用保険） • 被扶養者異動届（健康保険・厚生年金） • 住所変更（健康保険・厚生年金）	□ 氏名のマスタ変更 □ 扶養家族のマスタ変更 □ 寡婦または特別の寡婦にマスタ変更 □ 家族手当の確認 □ 所得税の確認
扶養家族の増減（1名） □ 斉藤健太4／9 　出生	• 被扶養者異動届（健康保険・厚生年金）	□ 扶養家族のマスタ変更 □ 家族手当の確認 □ 所得税の確認

人事

第2章　給料計算

給料計算

03 タイムカードを集計する

タイムカードにはさまざまな形態がありますが、給料計算をするうえで最も重要なデータです。

STEP 1　　タイムカードを集計する

- 打刻ミスを確認し出勤日数、労働時間を集計する

STEP 2　　月の休日数を確認する

- 月給制の場合、各月の出勤日数が異なっても給料の変動はないが、月間の休日数はあらかじめ決まっているので、その日数より少なくなると「欠勤」多くなれば「(所定) 休日出勤」となる

STEP 2　　法定休日と所定休日を区別する

- 法定休日は「1週1日」もしくは「4週4日」の休日のことをいう。「所定休日」とは法定休日のほかに会社が定めた休日を指す。法定休日に働いた場合は3割5分増し、所定休日は2割5分増しと割増率が異なる

STEP 3　　休みの種類を確認する

- 休日には、会社が決めた休日 (所定休日、または公休ともいう) のほかに、年次有給休暇、代休・振休、欠勤、無給の休暇 (子の看護休暇や生理休暇、介護休暇など)、慶弔休暇とさまざまな種類がある。有給なのか無給なのかで扱いが異なるため、必ず日数の確認をする必要がある

STEP 4　　休憩時間を勤務時間から差し引く

- 6時間超8時間以下の場合 45分　　8時間超 60分
  タイムカードに休憩時間の記載がない場合は確認が必要

STEP 5　　残業 (時間外労働) を計算する

- 残業は1日ごと、週ごとに確認する。1日の所定労働時間によって計算方法が異なる

STEP 6　　深夜勤務・休日労働を計算する

- 22時～翌朝5時までの時間帯は深夜時間帯で給与が2割5分増しに、法定休日に出勤した場合は3割5分増しとなる。勤務時間が8時間を超えた場合の時間外割増と重なる場合は5割増し

時間外労働の基礎を知る

❶ **時間外労働の考え方：** 1日8時間を超えたときと1週間に40時間を超えたときは (週5日を超えて勤務したとき)、それぞれ2割5分増しの割増賃金を支

払います。また、1日7時間が所定労働時間の会社の場合、7時間を超えて8時間までは割増なしの1時間あたりの時間給を支払い、8時間を超えたら2割5分増しというように、2段階で残業を処理します。

❷ **変形労働時間制の場合**：休日と同様、週平均40時間に収まるようにあらかじめカレンダーで労働時間を決めている場合、たとえ1日10時間働いたとしても割増賃金の支払いの必要はありません。一方で1日5時間と決められた日に7時間働いた場合、法定の労働時間である8時間を超えていませんが、2時間分の割増賃金を支払います。

休日出勤の基礎を知る

❶ **法定休日に働いた休日出勤**：法定休日である1週1日もしくは4週4日の休日を確保できていない場合に働くと休日出勤となり、3割5分の割増賃金を支払います。

❷ **所定休日に働いた所定休日出勤**：所定休日とは、会社で決めた休日です。土日が休みの会社なら、8時間勤務で月曜日から土曜日の6日間働いた場合は土曜日が「所定休日出勤」となり、割増率は2割5分増し（時間外）となります。

「起算日」が重要になる

❶ **給料の起算日**：月末締め、10日締めなど、毎月決まった日付が指定されていますが、給料計算期間の最初の日（月末締めの場合は1日）が週の途中である場合がほとんどです。その場合、給料締日とは別に次のような「起算日」が定まっているので確認しましょう（通常は日曜日か月曜日）。

> ❶ 週の労働時間をカウントするための起算日（通常は日曜日か月曜日）
> ❷ 「1週間に1日」「4週間に4日」の休日数をカウントするための起算日

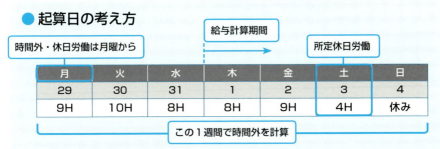

● 起算日の考え方

※ 1日から起算したら時間外労働の扱いにはなりませんが、月曜起算のため、土曜日の勤務がすべて時間外労働になります。

タイムカードを集計する

❶ タイムカードをチェックするときのポイント：次の４つに注意してチェックします。

Check! ❶ 月給者の出勤日数がその月の決められた日数と一致しているか

☐ 有給休暇・欠勤日数を合計すれば一致する　　　☐ 打刻漏れ

☐ 多く計上されている分は、休日出勤（所定・法定）としてカウントされている

Check! ❷ 打刻漏れについて本人と上司に確認すべきことがあるか

☐ 勤務予定表と一致しない　　　　　　　　　　☐ 休憩時間の記録がない

☐ 始業・終業時刻のいずれかが抜けている　　　☐ 遅刻早退がある→「有給申請」はあるか

Check! ❸ 所定・法定休日出勤があるか

☐ 所定休日、法定休日の区別ができている→割増賃金

☐ 代休や振替を月内に取れている→割増賃金不要

Check! ❹ 移動や出張があるか

☐ 交通費の申請・計上が正しくできているか　　☐ 出張精算書は提出されているか

● タイムカード集計表例

> シフトや勤務予定表をもとに打刻もれがないか確認する

2019年3月度

2			要出勤日数	出勤日数	欠勤日数	遅刻日数	遅刻早退	休日出勤	有給休暇
			20	20	0	0	0	0	1
鈴木 健二			勤務時間	普通残業時間	深夜残業時間	休日労働時間	休日深夜残業時間		
			194.00	45.00	3.00	0：00	0：00		

月	日	曜日	勤怠		始業時刻	終業時刻	休憩	勤務時間	普通残業時間	深夜残業時間	備考
3	1	金	1	出勤	9：00	22：33	1：00	13：33	3：00	0：33	
3	2	土									
3	3	日									
3	4	月	1	出勤	9：00	22：46	1：00	12：46	4：46	0：46	
3	5	火	1	出勤	8：55	22：18	1：00	12：23	4：18	0：18	
3	6	水	1	出勤	8：50	23：43	1：00	13：53	5：43	1：43	
3	7	木	1	出勤	8：56	21：18	1：00	11：22	3：18		
3	8	金	1	出勤	8：55	21：38	1：00	11：43	3：38		
3	9	土	1	出勤	9：00	18：14	1：00		8：14		土曜出勤
3	10	日									
3	29	金	1	出勤	8：50	18：32	1：00	8：42	0：32		
3	30	土									
3	31	日									
								193：58	45：16	3：20	
								194.00	45.00	3.00	

> 22時〜5時の深夜は別途計上する

> 土曜日は終日時間外扱い（2章04参照）

1カ月の合計労働時間について30分未満を切り捨て・30分以上を1時間に切り上げ

32

1日分・1時間分の給料の計算をマスターする

❶ **年間平均所定労働時間で考える場合：**次の例のように計算します。

> 例 **年間休日が120日、1日の就業時間が8時間、月額給料が25万円の場合**
>> 月間平均所定労働日数 365日－120日÷12カ月＝20.4日
>> 月間平均所定労働時間 20.4日×8時間＝163.2時間
>> 日割単価 25万円÷20.4日＝1万2,255円
>> 時間単価 25万円÷163.2時間＝1,532円

欠勤した場合の控除の方法をマスターする

❶ **欠勤した場合に日数分だけ差し引く場合：**上記のケースをあてはめてみましょう。

> 例 **月間所定労働日数が20日の月に19日欠勤したと考える場合**
>> 25万円－（1万2,255円×19日）＝1万7,155円 ⇒ 1日しか出勤していないのに、日割り単価よりも支給額が多い

> 例 **月間所定労働日数が20日の月に1日だけ出勤したと考える場合**
>> 1万2,255円×1日＝1万2,255円

年間平均で日割り単価を出しているために、月によって所定労働日数が異なることによって不都合が生じる場合があります。このため、欠勤の対応には次の方法で計算します。

❷ **控除方式と支給方式：**「10日」という区切りをつけて、「日割控除・日割支給」で計算します。

> 欠勤日数が10日未満：25万円－（1万2,255円×欠勤日数）
> 出勤日数が10日以上：1万2,255円×出勤日数

タイムカードと実際の誤差を確認する

❶ **タイムカードの時間が勤務時間：**15分単位や30分未満を切り捨てたりすることはできません。

「1カ月における時間外労働、休日労働および深夜業の各々の時間数の合計に1時間未満の端数が生じた場合に、30分未満の端数を切り捨て、それ以上を1時間に切り上げること」がルールです。

人事

第2章 給料計算

給料計算

04 有給休暇・振替休日・代休の管理をする

有給休暇は1回の付与日数が10日以上の人は、最低でも年5日は必ず取得してもらわなくてはいけないので、毎月の給料計算時に確認します。休日出勤と代休・振替休日の違いは給料にも影響するので、区別しておきます。

有給休暇の基礎を知る

❶ **有給休暇の取得方法を確認する：** 有給休暇が10日以上付与される従業員は会社側が年5日の有給休暇を時季指定で付与しなければなりません。計画的に付与した日に休みを取れているか、それ以外に自己申告で有給を取得しているかを分けてカウントし、「有給休暇取得管理台帳」に記録しておく必要があります。

● 年次有給休暇取得管理台帳例

年度分

本人指定と会社が指定する年休（時季指定）を区別する

年次有給休暇取得管理台帳

雇入れ年月日	前年度繰越分	4 日	合計階数	15 日	1日の所定労働時間	6 時間 30 分	部門名	経理課
平成28年4月1日		0 時間			時間単位年休1日の時間数	7 時間		
基準日	今年度	法定分 11 日		0 時間	労使協定で定める時間単位年休を認める日数	5 日	氏名	青木太郎
10月1日		法定を上回る分 0 日			労使協定で定める計画的付与日数	6 日		

指定区分	取得する日時（請求）	請求月日	使用者が時季変更した場合の日時	有給休暇の日数・時間数（実績）	残日数（時間数）	本人確認	備考
本人指定	10月20日から10月20日まで	10月15日	月 日から 月 日まで	1 日	14 日	了	
	月 日 時 分から 分まで		月 日 時 分から 分まで	時間	0 時間		
時季指定	11月1日から11月2日まで	月	月 日から 月 日まで	2 日	12 日	了	
	月 日 時 分から 分まで		月 日 時 分から 分まで	時間	0 時間		
	月 日から 月 日まで		月 日から 月 日まで	日	11 日		
本人指定	11月7日 13時00分から 11月7日 13時00分まで	10月20日	月 日 時 分から 月 日 時 分まで	4 時間	3 時間	了	
本人指定	11月16日から11月17日まで	11月10日	11月19日から11月20日まで	2 日	9 日	了	
	月 日 時 分から 分まで		月 日 時 分から 分まで	時間	3 時間		
本人指定	3月20日 13時00分から 3月20日 17時00分まで	3月16日	月 日 時 分から 月 日 時 分まで	4 時間	3 時間	了	

取得日数合計	9 日 / 4 時間		
時間単位年休の取得時間及び換算日数	11 時間	所要時間 換算日数 1 日 / 4 時間	
計画的付与日数の合計	取得日数		

時間単位年休は必ず取れるものではなく、労使協定を結んだ場合のみ（半日単位は義務）

※必ず5日の年休を時季指定するのではなく、本人が指定した日とあわせて5日以上あればよい

34

❷ **付与のタイミングと日数**：入社後、6カ月経つと有給休暇が付与されます。正社員の場合は10日、以後1年6カ月、2年6カ月……と経過するたびに付与日数も増えます。パートなど勤務日数が少ない場合は、「比例付与」といって正社員の付与日数に比例した日数が同じタイミングで付与されます。1回の付与が10日以上になった時点で、正社員同様、年休取得5日以上取得させることが、会社に義務づけられます。

❸ **有給使用できる日**：労働日ではない日に有給休暇を使うことはできません。

● 年次有給休暇付与日数（正社員または常勤者）

※週の所定労働日数が5日以上または週の所定労働時間が30時間以上

継続勤務年数	6カ月	1年6カ月	2年6カ月	3年6カ月	4年6カ月	5年6カ月	6年6カ月以上
付与休暇日数	10日	11日	12日	14日	16日	18日	20日

● 年次有給休暇付与日数（パート）

※週の所定労働時間が30時間未満　　　　　　■ 年次有給休暇時季指定義務の対象者

週所定労働時間	所定労働日数（1週）	所定労働日数（1年）	雇入れの日から起算した継続勤務期間 6カ月	1年6カ月	2年6カ月	3年6カ月	4年6カ月	5年6カ月	6年6カ月以上
30時間以上			10日	11日	12日	14日	16日	18日	20日
30時間未満	5日	217日以上	10日	11日	12日	14日	16日	18日	20日
30時間未満	4日	216日以下169日以上	7日	8日	9日	10日	12日	13日	15日
30時間未満	3日	168日以下121日以上	5日	6日	6日	8日	9日	10日	11日
30時間未満	2日	120日以下73日以上	3日	4日	4日	5日	6日	6日	7日
30時間未満	1日	72日以下48日以上	10日	2日	2日	2日	3日	3日	3日

正社員であれば所定休日に有給を申請することができません。また週3日のパートが、1週間に3日勤務＋2日有給ということもできません。1カ月に使える日数の上限は勤務日とあわせて所定労働日数を超えない範囲となります。1カ月の所定労働日数すべてを勤務して、所定休日に有給を取って30日分の給料にするといったことはできません。

❹ **半休・時間単位年休**：正午で区切ると、午前と午後で時間が異なるといったことが起こるため、半日単位の有給休暇の時間を就業規則で定めておきます。また時間単位年休に関しては、1時間単位以外（2時間単位など）でも設定することができます。なお、半日単位の有給を取れるようにすることは義務ですが、時間単位年休は任意の制度で、労使協定で取り決めます。

有給休暇の金額と給料への反映をマスターする

❶ **通常の賃金を使う場合**： 月給者 差し引かれる休暇分の給料が有給になるだけなので、1日分の単価を付与するのではなく、出勤日数と有給休暇の日数をあわせて所定労働日数になっていれば、月額の給料額はそのままとなります。
 パート 1日の勤務時間が決まっている場合は問題ありませんが、シフトなどで時間が変動する場合は、有給休暇を取ろうとする日の時間にあわせて金額が決まります。

❷ **平均賃金を使う場合**：次のいずれか高いほうの金額になります。通常の賃金よりも金額は低くなりますが、有給休暇を取得するたびに金額を計算する必要があり手間がかかります。また、月給者の場合は給料総額も減ります。

> ❶3カ月間に支払われた賃金の総額（直前の賃金締日からカウント）÷3カ月の暦日数
> ❷3カ月間に支払われた賃金の総額÷3カ月の労働日数×0.6

❸ **標準報酬日額を使う場合**：健康保険法の標準報酬日額の相当額になります。これは労使協定が必要になります。

代休と振替休日日基礎を知る

❶ **代休とは**：法定休日に出勤したとき代わりに休日を取ることを代休といいます。代休は休日出勤をしているので休日分の割増賃金が発生します。

計画年休と時季指定の違い

計画的付与（計画年休）は労働者が以ている有給の「5日を超える部分」について指定するのに対し、時季指定は最低でも年5日取得できるよう、「本人が指定する分とあわせて5日まで」指定するというものです。計画年休は労使協定が必要となり労働者が指定することができませんが、時季指定は労使話しあいで決めることができます。

給料計算

所得税を控除する

05

従業員（や役員）の源泉所得税は、会社が計算して天引きします。

用意する書類 ● 給料所得の源泉徴収税額表（月額表） ● 給料所得者の扶養控除等申告書 ● 通勤手当申請書

検索場所 国税庁／給料所得の源泉徴収税額表（月額表）

業務の時期 給料支給日の5営業日前まで

人事

第2章 給料計算

STEP 1　課税される金額を確認する

● 福利厚生目的で経済的メリットを与えた場合、現物給料が支給されたものとみなされる

STEP 2　非課税の手当を確認する

● 通勤手当など非課税となる手当が含まれている場合は、その分を除いて税金を計算する

STEP 3　社会保険料の金額を確認する

● 個人が負担した社会保険料は、課税所得から控除して計算する

STEP 4　源泉徴収税額表の「月額表」を用意する

● 給料から天引きする所得税は、国税庁のサイトに掲載されている「源泉徴収税額表」で確認する

STEP 5　扶養控除申告書で扶養の人数を確認する

● 扶養家族がいたり、本人や家族が障害者だったりすると税金が安くなる

STEP 6　住民税の特別徴収決定通知書を確認する

● 天引きする住民税の金額は、本人の住所地の区役所から送られてくる「通知書」で確認する

源泉所得税の基本を知る

❶ **所得税の計算：**額面金額から「給与所得控除の金額」をマイナスした金額に、税率を掛けて計算します。配偶者や扶養家族がいたり、障害がある場合は、さらに一定の金額を控除できます。

（給料の額面金額 − 給与所得控除の金額 − 所得控除の金額）× 所得税率 ＝ 源泉所得税

37

❷ **現物給料の税金計算**：福利厚生目的で会社が経済的メリットを与えた場合は、所得税が課税される場合があります。（通常の支給額＋現物支給額 Ⓐ － 控除の金額）×所得税率 － 現物支給額 Ⓐ ＝現金支給額

❸ **現物給料でも非課税となるもの**：例外として、次のような場合があります。

制服などの支給	職務の性質上、制服を着なければならない従業員や役員に対して支給または貸与される制服や身の回り品
永年勤続記念品などの支給	永年勤続の表彰で、おおむね10年以上勤務した従業員や役員に旅行券や記念品を支給する場合。ただし旅行券は換金性があるので、次の要件を満たしていなければ課税 ● 支給後1年以内に旅行に行くこと ● 旅行の内容がわかる書類を会社に提出すること ● 1年以内に使用しなかった旅行券は、会社に返還すること
社員旅行	4泊5日以内、かつ全従業員（役員を含む）の50％以上が参加
社宅	適正な家賃を徴収していれば非課税

非課税手当の基本を知る

❶ **通勤手当**：最高15万円までは非課税。非課税となるためには実費であることが条件なので、定期のコピーなどを保存しておきます。自転車などで通勤している場合は、自宅から会社までの距離によって、上限が決まっています。

❷ **食事手当**：支給を受ける人が、食事代の半分以上を負担していて、かつ会社が負担した金額の合計が、3,500円（税抜）以内なら非課税です。

● 非課税となる交通費

区分			金額
❶. 交通機関または有料道路を利用している場合			実費（最高15万円）
❷. マイカー・自転車通勤の場合	2km未満		全額課税
	2km以上	10km未満	4,200円
	10km以上	15km未満	7,100円
	15km以上	25km未満	1万2,900円
	25km以上	35km未満	1万8,700円
	35km以上	45km未満	2万4,400円
	45km以上	55km未満	2万8,000円
	55km以上		3万1,600円
❸. ❶と❷の両方を利用している場合			❶と❷の合計（最高15万円）

● 源泉徴収月額表

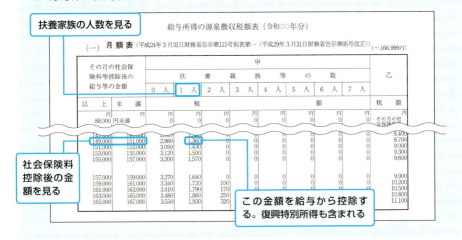

給与の源泉所得税の計算をマスターする

❶ **給与所得の源泉徴収税額表**：該当する税額を探します。
❷ **扶養控除等申告書**：扶養家族の人数や障害の有無などを確認します。
❸ **源泉所得税を計算する**：次のステップで計算します。

> ❶「給与所得の源泉徴収税額表の月額表」のページを開く
> ❷ 給料の合計額から「天引きした社会保険料」をマイナスする
> ❸ 左端の「社会保険料控除後の給与等の金額」欄であてはまる行を探し、甲欄の「扶養親族等の数」欄と交わる個所を確認する。
> ❹ そこに記載されている金額が天引きすべき所得税になる

❹ **本人や扶養家族が障害者だったり、離婚して子育てしていたりする場合**：それぞれ扶養家族が1人いると考え、扶養親族の数にさらに1をプラスして「扶養親族等の数」欄を見ます。
❺ **乙欄**：「扶養控除等申告書」を提出していない人は、「乙欄」を使います。
❻ **復興特別所得税**：通常の所得税に、2.1％をプラスした金額を天引きします。税額表に記載されている金額は、すでに復興特別所得税が含まれています。

> ! **日払いや週払いで給料を払う場合の所得税**
> ❶ 非正規雇用の人に日払いや週払いで給料を支払う場合は、「日額表」を使います。扶養控除申告書の提出がない場合は「乙欄」の税額を天引きします。
> ❷ 2カ月以内の短期雇用アルバイトや日雇い労働者への支払いで2カ月以内のものは、「丙欄」の金額を適用します。

39

給料計算

06 住民税を控除する

本人が住んでいる地方自治体から送られてくる明細どおりの金額を天引きします。

準備する書類
- 住民税特別徴収税額の決定・変更通知書
- DL 特別徴収に係る給与所得者異動届

特別徴収の基礎を知る

❶ **特別徴収とは**：会社が住民税を天引きし、従業員に代わって納税する方式を「特別徴収」といいます。毎年、5月ごろに各従業員が住む地方自治体から送られてくる「特別徴収決定通知書」の金額を使います。

❷ **年の途中で引っ越した場合**：年の途中で引っ越した場合も、5月までは1月1日現在の住民票所在地の市区町村に納付します。

● 特別徴収税額の決定通知書例

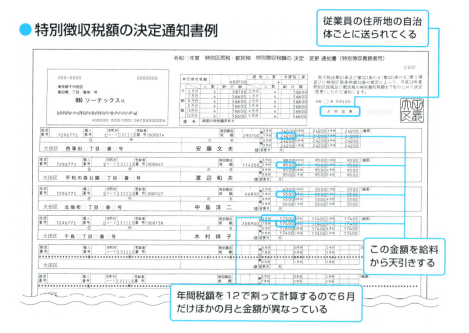

従業員の住所地の自治体ごとに送られてくる

この金額を給料から天引きする

年間税額を12で割って計算するので6月だけほかの月と金額が異なっている

給料計算

社会保険料や雇用保険料を控除する

07

社会保険料は給与額に応じた等級に基づいて決まるため、毎月の変動はありませんが、雇用保険は毎月の給料額に応じて計算されます。

| 用意する書類 | • 厚生年金保険料額表（日本年金機構）
• 健康保険料額表（協会けんぽ） |

検索場所 　**保険料額表** 協会けんぽ／保険料額表
　　　　　　 雇用保険料率 厚生労働省／雇用保険料率

業務の時期 　• 入社したとき　• 給料（固定給）が変わったとき

人事

第2章 給料計算

社会保険料の計算をマスターする

❶ **社会保険料の計算：**社会保険料（健康保険と厚生年金保険料）は、給料の額を標準報酬月額表と照らしあわせ「標準報酬月額」を確認します。そのうちの「折半額」（会社負担と本人負担を分けたもの）が控除額となります。

❷ **社会保険料の算定：**実際の給料額に料率を掛けるのではなく、給料は段階的に「等級に」分かれているので、その等級ごとに保険料額が決まっています。等級に分かれた金額のことを「標準報酬月額」といいます。

❸ **40歳以上になると介護保険料が控除される：**40歳になると介護保険料が控除されるようになります。給料から保険料を控除するタイミングは「40歳の誕生日の前日がある月」からです。4月2日生まれの人は4月1日＝4月分から控除しますが、4月1日生まれの人は誕生日の前日が3月31日なので3月分から控除することになります。介護保険料は40歳から65歳の誕生日の前日までが対象です。

❹ **通勤交通費も社会保険料に影響する：**標準報酬月額は通勤交通費も含まれます。定期券代など、1カ月の交通費がわかる場合は簡単ですが、パートなどは月のおおよその出勤日数から交通費を計算します。

❺ **給料から控除するタイミング：**法律上の決まりはありませんが、最初の給料日は保険料を控除せず、翌月から差し引いていくという方法が一般的です。社会保険料の納付が翌月末なので、それにあわせて前月分を控除するようにします。

41

● 令和3年3月分（4月納付分）からの健康保険・厚生年金保険の保険料額表

令和3年3月分（4月納付分）からの健康保険・厚生年金保険の保険料額表

・健康保険料率：令和3年3月分〜　適用　　・厚生年金保険料率：令和2年9月分〜　適用
・介護保険料率：令和3年3月分〜　適用　　・子ども・子育て拠出金率：令和2年4月分〜　適用

（東京都）　　　　　　　　　　　　　　　　　　　　　　　　　　　　　　　　　　　　（単位：円）

標準報酬		報酬月額	全国健康保険協会管掌健康保険料				厚生年金保険料（厚生年金基金加入員を除く）	
			介護保険第2号被保険者に該当しない場合 9.84% Ⓐ		介護保険第2号被保険者に該当する場合 11.64% Ⓑ		一般、坑内員・船員 18.300%※ Ⓒ	
等級	月額		全額	折半額	全額	折半額	全額	折半額
		円以上 ～ 円未満						
1	58,000	～ 63,000	5,707.2	2,853.6	6,751.2	3,375.6		
2	68,000	63,000 ～ 73,000	6,691.2	3,345.6	7,915.2	3,957.6		
3	78,000	73,000 ～ 83,000	7,675.2	3,837.6	9,079.2	4,539.6		
4(1)	88,000	83,000 ～ 93,000	8,659.2	4,329.6	10,243.2	5,121.6	16,104.00	8,052.00
5(2)	98,000	93,000 ～ 101,000	9,643.2	4,821.6	11,407.2	5,703.6	17,934.00	8,967.00
6(3)	104,000	101,000 ～ 107,000	10,233.6	5,116.8	12,105.6	6,052.8	19,032.00	9,516.00
7(4)	110,000	107,000 ～ 114,000	10,824.0	5,412.0	12,804.0	6,402.0	20,130.00	10,065.00
8(5)	118,000	114,000 ～ 122,000	11,611.2	5,805.6	13,735.2	6,867.6	21,594.00	10,797.00
9(6)	126,000	122,000 ～ 130,000	12,398.4	6,199.2	14,666.4	7,333.2	23,058.00	11,529.00
10(7)	134,000	130,000 ～ 138,000	13,185.6	6,592.8	15,597.6	7,798.8	24,522.00	12,261.00
11(8)	142,000	138,000 ～ 146,000	13,972.8	6,986.4	16,528.8	8,264.4	25,986.00	12,993.00
12(9)	150,000	146,000 ～ 155,000	14,760.0	7,380.0	17,460.0	8,730.0	27,450.00	13,725.00
13(10)	160,000	155,000 ～ 165,000	15,744.0	7,872.0	18,624.0	9,312.0	29,280.00	14,640.00
14(11)	170,000	165,000 ～ 175,000	16,728.0	8,364.0	19,788.0	9,894.0	31,110.00	15,555.00
15(12)	180,000	175,000 ～ 185,000	17,712.0	8,856.0	20,952.0	10,476.0	32,940.00	16,470.00
16(13)	190,000	185,000 ～ 195,000	18,696.0	9,348.0	22,116.0	11,058.0	34,770.00	17,385.00
17(14)	200,000	195,000 ～ 210,000	19,680.0	9,840.0	23,280.0	11,640.0	36,600.00	18,300.00
18(15)	220,000	210,000 ～ 230,000	21,648.0	10,824.0	25,608.0	12,804.0	40,260.00	20,130.00
19(16)	240,000	230,000 ～ 250,000	23,616.0	11,808.0	27,936.0	13,968.0	43,920.00	21,960.00
20(17)	260,000	250,000 ～ 270,000	25,584.0	12,792.0	30,264.0	15,132.0	47,580.00	23,790.00
21(18)	280,000	270,000 ～ 290,000	27,552.0	13,776.0	32,592.0	16,296.0	51,240.00	25,620.00
22(19)	300,000	290,000 ～ 310,000	29,520.0	14,760.0	34,920.0	17,460.0	54,900.00	27,450.00
23(20)	320,000	310,000 ～ 330,000	31,488.0	15,744.0	37,248.0	18,624.0	58,560.00	29,280.00
24(21)	340,000	330,000 ～ 350,000	33,456.0	16,728.0	39,576.0	19,788.0	62,220.00	31,110.00
25(22)	360,000	350,000 ～ 370,000	35,424.0	17,712.0	41,904.0	20,952.0	65,880.00	32,940.00
26(23)	380,000	370,000 ～ 395,000	37,392.0	18,696.0	44,232.0	22,116.0	69,540.00	34,770.00
27(24)	410,000	395,000 ～ 425,000	40,344.0	20,172.0	47,724.0	23,862.0	75,030.00	37,515.00
28(25)	440,000	425,000 ～ 455,000	43,296.0	21,648.0	51,216.0	25,608.0	80,520.00	40,260.00
29(26)	470,000	455,000 ～ 485,000	46,248.0	23,124.0	54,708.0	27,354.0	86,010.00	43,005.00
30(27)	500,000	485,000 ～ 515,000	49,200.0	24,600.0	58,200.0	29,100.0	91,500.00	45,750.00
31(28)	530,000	515,000 ～ 545,000	52,152.0	26,076.0	61,692.0	30,846.0	96,990.00	48,495.00
32(29)	560,000	545,000 ～ 575,000	55,104.0	27,552.0	65,184.0	32,592.0	102,480.00	51,240.00
33(30)	590,000	575,000 ～ 605,000	58,056.0	29,028.0	68,676.0	34,338.0	107,970.00	53,985.00
34(31)	620,000	605,000 ～ 635,000	61,008.0	30,504.0	72,168.0	36,084.0	113,460.00	56,730.00
35(32)	650,000	635,000 ～ 665,000	63,960.0	31,980.0	75,660.0	37,830.0	118,950.00	59,475.00
36	680,000	665,000 ～ 695,000	66,912.0	33,456.0	79,152.0	39,576.0		
37	710,000	695,000 ～ 730,000	69,864.0	34,932.0	82,644.0	41,322.0		
38	750,000	730,000 ～ 770,000	73,800.0	36,900.0	87,300.0	43,650.0		
39	790,000	770,000 ～ 810,000	77,736.0	38,868.0	91,956.0	45,978.0		
40	830,000	810,000 ～ 855,000	81,672.0	40,836.0	96,612.0	48,306.0		
41	880,000	855,000 ～ 905,000	86,592.0	43,296.0	102,432.0	51,216.0		
42	930,000	905,000 ～ 955,000	91,512.0	45,756.0	108,252.0	54,126.0		
43	980,000	955,000 ～ 1,005,000	96,432.0	48,216.0	114,072.0	57,036.0		
44	1,030,000	1,005,000 ～ 1,055,000	101,352.0	50,676.0	119,892.0	59,946.0		
45	1,090,000	1,055,000 ～ 1,115,000	107,256.0	53,628.0	126,876.0	63,438.0		
46	1,150,000	1,115,000 ～ 1,175,000	113,160.0	56,580.0	133,860.0	66,930.0		
47	1,210,000	1,175,000 ～ 1,235,000	119,064.0	59,532.0	140,844.0	70,422.0		
48	1,270,000	1,235,000 ～ 1,295,000	124,968.0	62,484.0	147,828.0	73,914.0		
49	1,330,000	1,295,000 ～ 1,355,000	130,872.0	65,436.0	154,812.0	77,406.0		
50	1,390,000	1,355,000 ～	136,776.0	68,388.0	161,796.0	80,898.0		

Ⓐ、Ⓑ、Ⓒ、は第3章の計算で使用

❻ **退職時の保険料控除：** 社会保険料の資格喪失日は「退職日の翌日」です。社会保険料は、資格を喪失した日（退職日の翌日）の属する月の前月まで発生します。

退職日	資格喪失日	最後の給料での徴収
5月31日	6月1日	4月分と5月分の2カ月分
5月30日	5月31日	4月分の1カ月分

❼ **社会保険料の改定のタイミング：** 固定的給料が2等級以上変更になった場合、4カ月目から保険料が変更になります。固定的給料が変更になったタイミングで、4カ月後の保険料が変わることをリストアップしておくようにします。

雇用保険料の計算をマスターする

❶ **雇用保険料の計算**：毎月の給料（交通費も含めた賃金の合計）に保険料率（従業員負担分）を掛けて計算します。控除のタイミングも社会保険のようにずれることがなく、入社月の分から控除していきます。

● 雇用保険料率表

事業の種類 \ 負担者	❶従業員負担	❷事業主負担	❸雇用保険料率（❶＋❷）
一般の事業	3/1,000	6/1,000	9/1,000
農林水産、清酒製造の事業	4/1,000	7/1,000	11/1,000
建設の事業	4/1,000	8/1,000	12/1,000

※平成31年度

社会保険料は育休中を除き、給料の支払いがなくても控除しますが、雇用保険料はその月に支払う給料額に料率を掛けます。

！ 年齢によって保険料の徴収が増えるタイミングとなくなるタイミング

年齢によって保険料の徴収が変わるので、従業員の年齢は常にチェックしておきます。

年齢	保険料の徴収など	提出書類
40歳	健康保険料に介護保険料控除が加わる	特になし
60歳	退職→嘱託社員として再就職した場合、1等級でも下がったら、通常の月額変更ではなく翌月に保険料の変更を行うことができる（同月得喪）	● 厚生年金・健康保険 被保険者資格喪失届・資格取得届
65歳	介護保険料の徴収が終了 介護保険第1号被保険者となる	特になし
70歳	厚生年金保険料の徴収が終了	● 厚生年金保険 70歳以上被用者該当届（標準報酬月額が変更になるときのみ）
75歳	健康保険料の徴収が終了	特になし

給料計算

08 明細書の発行と支払い

給料計算が終わったら、その計算根拠を一覧表にまとめて保管し、各人にそれぞれの明細書を交付します。

作成する書類
- 給料明細書（個人別）
- 賃金台帳（個人別）
- 月別給料一覧表（会社全体）

業務の時期 給料支給日の3営業日前まで

給料明細書と賃金台帳の作成をマスターする

❶ **個人別に給料明細書をつくる**：給料明細書は紙に印刷して渡すのが原則ですが、従業員の同意があれば電子情報で交付することも可能です。

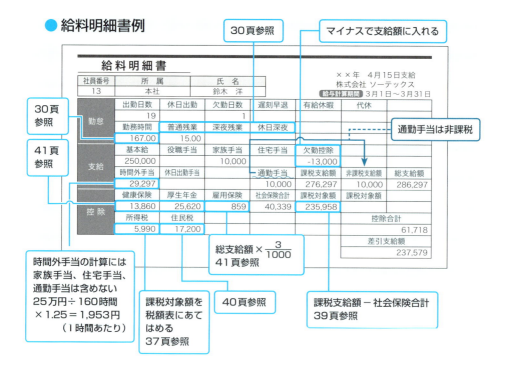

❷ **個人別に賃金台帳をつくる**：次の8つの事項を記載した賃金台帳を各人ごとに作成し、出勤簿およびタイムカードと一緒に3年間保管します。

❶ 氏名　❷ 性別　❸ 給料の計算期間　❹ 労働日数　❺ 労働時間数
❻ 時間外・休日・深夜労働時間数
❼ 基本給・時間外手当その他支給項目の種類とその金額
❽ 給料の一部を控除した場合は、その内容と金額

● 賃金台帳例

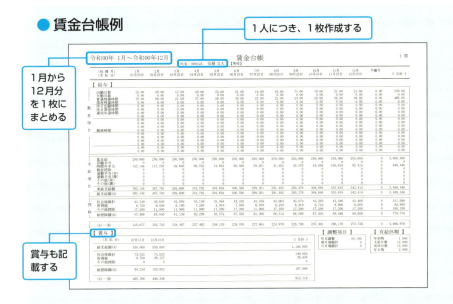

会計処理をマスターする

❶ **仕訳する**：現金を支払ったり税金を預かったりなど、複数の取引が発生しますが、次のように1つにまとめて仕訳します。

● 給料の仕訳例

❷ **支給控除一覧表をつくる**：給与ソフトに、「支給控除一覧表」というメニューがあります。全従業員（と役員）の情報を月ごとに一覧にまとめたものです。支給控除一覧表を印刷して計算ミスがないか、下記の項目をチェックします。

チェックする項目	チェック内容
入力	新たな項目について計算が正しく反映されているか
人数	入社・退職者・休職者の人数が一致しているか
年齢による社会保険の適用	介護保険 40〜65歳までが控除の対象　雇用保険 64歳まで　厚生年金 70歳まで　健康保険 75歳まで
社会保険料の変更	料率の変更、算定や月変があった場合の登録、退職者の控除
勤怠単価	昇給時に残業単価や不就労単価の改定は正しく行われているか
源泉所得税	甲欄・乙欄は正しく選択されているか、扶養情報が正しく反映されているか
住民税	住民税の合計額と納付書の合計額が一致しているか

● 支給控除一覧表例

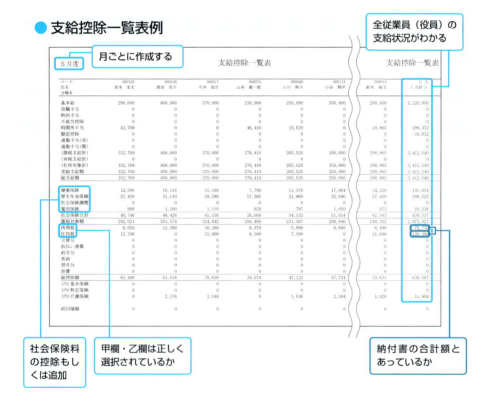

46

給料計算

給料から控除した税金を支払う

09

人事 第2章 給料計算

給与から天引きした税金は、会社がいったん預かったあと同額を国や各地方自治体に納付します。

用意する書類
- 所得税徴収高計算書（納付書）毎月納付用 または
- 所得税徴収高計算書（納付書）納期の特例用

必要があれば作成する書類
- 国税ダイレクト方式電子納税依頼書兼届出書（所得税）

提出期限 **原則** 給料支給日の翌月10日まで

納期の特例（所得税）を申請している場合
1月〜6月分→7月10日まで、7月〜12月分→1月20日まで

納期の特例（住民税）を申請している場合
12月〜5月分→6月10日まで、6月〜11月分→12月10日まで

STEP 1	**所得税の納付書を作成する**

- 源泉所得税は、会社が自分で税額を計算し、納付書を作成する

STEP 2	**住民税の納付書を用意する**

- 住民税は、従業員（や役員）の住所地の市区町村から納付書が送られてくる

STEP 3	**金融機関の窓口などで支払う**

- 源泉所得税は、納付をすることで申告と納税が同時に完了する

源泉所得税の納付作業をマスターする

❶ **源泉所得税の納付書を作成して納付する：**給料を支払ったら、自分で納付書を作成して、翌月10日までに金融機関の窓口で納付します。10日が土日または休・祝日のときは、その日の翌日が納期限となります。

● 源泉所得税の仕訳例

（借方）預り金（所得税）	30,000 /	（貸方）現金または預金	30,000

47

● 源泉所得税納付書（一般用）例

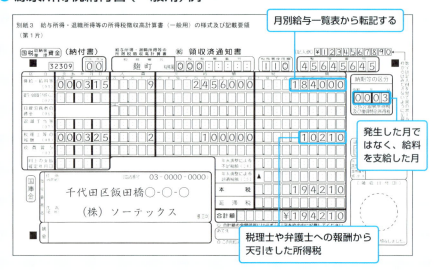

● 所得税納付書（納期特例分）例

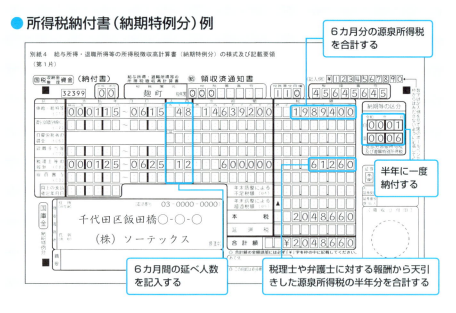

❷ **税理士などへ報酬を支払った場合**：税理士や弁護士、司法書士、公認会計士、社会保険労務士などから控除した源泉所得税は、給与と一緒の納付書に記載して、所轄の税務署に納付します。

インターネットを使って税金を払う方法

❶ **e-Taxを利用して納付する**：次の2種類です。

> ❶ e-Taxの画面からインターネットバンキングを利用して支払う
> ❷ e-Taxの画面からダイレクト納付を利用して支払う

ダイレクト納付は銀行とインターネットバンキングの契約をしていなくても使えますし、手数料もかかりません。事前に「ダイレクト納付利用届出書」を所轄の税務署に提出しておきます。

● **ダイレクト納付利用届出書例**

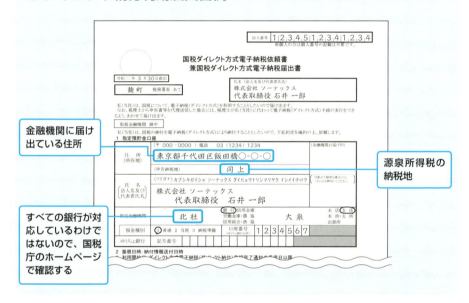

住民税の納付作業をマスターする

❶ **住民税の納付書が送られてくる**：預かった住民税は、給与を支払った月の翌月10日までに、各市区長村から送られてきた住民税の納付書を使って、金融機関の窓口で納付します。

● 住民税の仕訳例

（借方）預り金（住民税）	5,990	（貸方）現金または預金	5,990

● 住民税納付書(一般用)例

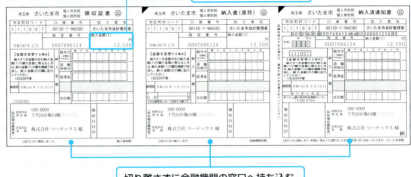

納期の特例を申請する

❶ **所得税**：支給人数が常時10人未満の会社は、年2回にまとめて納付できるという特例制度があります。

給料にかかる源泉所得税及び復興特別所得税	納付期日
1月〜6月分	7月10日
7月〜12月分	翌年1月20日

　所轄の税務署に「 DL 源泉所得税の納期の特例の承認に関する申請書」を提出します。申請書を提出した翌月から適用になります。

❷ **住民税**：住民税にも、納期の特例制度があります。納付の時期が所得税とはひと月ずれているので、注意します。

給料にかかる住民税	納付期日
12月〜翌年5月分	6月10日
6月〜11月分	12月10日

　各市区町村に「 DL 特別徴収税額の納期の特例に関する申請書」を提出します。

❗ 外国人や非居住者に給与や報酬を支払った場合

専用の「 DL 非居住者・外国法人の所得についての所得税徴収高計算書(納付書)」を使用します。非居住者への給与や報酬にかかる所得税だということがわかるように、「コード番号31」と記載します。納期の特例は使えません。

給料計算

給料以外の源泉所得税を 預かったとき

10

給料以外にも個人に報酬を支払うと、源泉所得税を預かる場合があります。

作成する書類	・報酬・料金等の所得税徴収高計算書（納付書）
用意する書類	・先方からの請求書
提出先	所轄の税務署
提出期限	報酬を支払った月の翌月10日まで
検索場所	**源泉徴収が必要な報酬** 国税庁／タックスアンサー／報酬・料金等の源泉徴収義務者
	報酬・料金等の納付書 国税庁／報酬・料金等の所得税徴収高計算書の様式及び記載要領
	コード表 国税庁／納付書の記載のしかた

人事

第2章 給料計算

STEP 1	**所得税の納付書を作成する**

● 個人に報酬を支払った場合、源泉所得税を預かったら会社が納付書を作成する

STEP 2	**金融機関の窓口などで支払う**

● 報酬を支払った月の翌月10日までに支払う

給料以外の源泉徴収の基礎を知る

❶ **源泉徴収が必要な報酬とは：** 個人に報酬や手数料を支払ったら、所得税を源泉徴収します。源泉徴収が必要な報酬は所得税法に限定列挙されているので、源泉徴収の対象となるかどうかをその都度確認します。また「謝金」「調査費」「日当」「旅費」などの名目で請求されたものも源泉徴収の対象となります。所得税法204条1項1～8号に規定されていない業務に対する報酬や、規定されていても支払先が法人の場合は、源泉徴収は必要ありません。

> ● **検索場所**
>
> 国税庁／報酬・料金などの源泉徴収
> (https://www.nta.go.jp/taxes/shiraberu/taxanswer/gensen/gensen35.htm)

51

区分	源泉徴収が必要な主な報酬一覧	源泉徴収税率	備考
1	• 原稿料　• デザイン料 • 講演料、放送謝金　• 著作権使用料 • 工業所有権の使用料 • 翻訳・通訳の報酬・料金 • 技芸・スポーツ・知識等の教授・指導料	10.21％	100万円を超える部分は20.42％
2	• 弁護士　• 公認会計士　• 税理士 • 測量士　• 建築士 • 不動産鑑定士などの報酬・料金	10.21％	100万円を超える部分は20.42％
3	• 司法書士 • 土地家屋調査士などの報酬・料金	（報酬の額－1万円） ×10.21％	
4	• プロ野球の選手　• プロサッカー選手 • プロゴルファー • モデルなどの報酬・料金	10.21％	100万円を超える部分は20.42％
5	• 外交員 • 集金人 • 電力量計の検針人	（報酬・料金の額 －12万円※） ×10.21％	※別に給与を支払う場合は、給与をマイナスした残額
6	• 芸能 • ラジオおよびテレビの出演 • 演出などの報酬・料金	報酬・料金の額 ×10.21％	100万円を超える部分は20.42％
7	• バー・キャバレーなどのホステス • バンケットホステス • コンパニオンなどの報酬・料金	（報酬・料金の額－ 控除金額※） ×10.21％	控除金額 5,000円×日数 ※別に給与を支払う場合は、給与をマイナスした残額
8	• 使用人を雇用するための支度金などの契約金	10.21％	100万円を超える部分は20.42％
9	• 事業の広告宣伝のための賞金	（賞金－50万円） ×10.21％	

❷ **請求書に源泉税の記載がないとき：**外注先からの請求書に源泉所得税の記載がない場合でも、支払者である会社に納付義務が発生します。誤って本人に全額を支払ってしまった場合は、税金分を返還してもらうことになります。制度上、報酬をもらった人は、確定申告で源泉された所得税の還付を受けるしくみになっているからです。うっかり納付が漏れたり遅れてしまうと、納税義務者である会社が不納付加算税や延滞税などのペナルティを支払わなければなりません。外注費や支払手数料に仕訳されるような支払いがあるときは、支払いの前に必ず源泉所得税の有無をチェックするよう習慣づけてください。

報酬・料金等の納付作業をマスターする

❶ **報酬・料金等の納付書を作成する**：個人に支払った源泉所得税は、報酬の種類によって、次の2種類の納付方法に分けられます。

支払先と支払い方法	書類名	納付期日
弁護士、公認会計士、税理士、社会保険労務士、弁理士、中小企業診断士、測量士、建築士、不動産鑑定士、技術士などいわゆる士業は、給与と一緒に納付する	給与所得・退職所得等の所得税徴収高計算書	給与と一緒に納付する。納期の特例も使える
そのほかの支払先は、給与とは別に納付書を作成する	報酬・料金等の所得税徴収高計算書	給与のように納期の特例は使えないので注意する

● 給料以外の報酬の源泉所得税納付書例

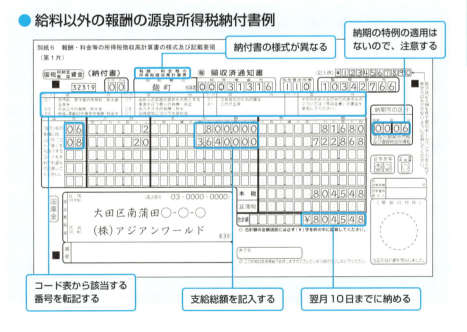

? 所得税の納付が遅れたら！

「不納付加算税」と「延滞税」という2つのペナルティが課されます。

不納付加算税 原則は10%。税務署から指摘を受ける前に自主的に納付した場合は5%に減額。不納付加算税の金額が5,000円未満の場合や、直前の1年間に延滞したことがなく、法定納期限の翌日から1カ月以内に納付した場合は免除。

延滞税 法定納期限の翌日から納付する日までの日数に応じて、課税。税率は延滞した日数や年度によっても変わるので、国税局のサイトで確認してください。延滞税の金額が1,000円未満の場合はかかりません。

給料計算

11 給料から控除した社会保険料を支払う

給料から天引きした社会保険料は、会社負担分とあわせて、年金事務所や労働基準監督署に支払います。

| 納付時期 | 社会保険 毎月月末　労働保険 年3回 |

| 検索場所 | 健康保険料・厚生年金保険料を口座振替 日本年金機構／申請・届出様式／健康保険料・厚生年金保険料に関する手続き |
| | 労働保険年度更新申告の電子申告 e-Gov（電子政府の総合窓口）／労働保険年度更新申告 |

社会保険料の納付作業をマスターする

❶ **社会保険料の納付**：天引きした本人負担分に、会社負担分の保険料を加えて、翌月末に年金事務所に納付します。

❷ **口座振替で納付する場合（社会保険料）**：引き落とされる金額は、年金事務所から毎月送られてくる「保険料納入告知額・領収済額通知書」で確認できます。

❸ **現金で納付する場合（社会保険料）**：社会保険料の納入告知書（納付書）が年金事務所から送られてくるので、毎月月末までに最寄りの金融機関などで納付します。

❹ **インターネット（Pay-easy）で納付する場合（社会保険料）**：電子納付を利用する場合は、保険料納入告知書に記載された「収納機関番号（0500）」「納付番号（16桁）」「確認番号（6桁）」の情報を使います。

❺ **社会保険料の仕訳**：仕訳は次のように2段階になります。

● 社会保険料の仕訳例

（借方）法定福利費	70,000	（貸方）現金または預金	70,000
（借方）預り金（健康保険料）	15,000	（貸方）法定福利費	35,000
預り金（厚生年金保険料）	20,000		

● 保険料納入告知額・領収済額通知書例

| 天引きした翌月末が納期限 |

保険料納入告知額・領収済額通知書

1154

あなたの本月分保険料額は下記のとおりです。

なお、納入告知書を指定の金融機関に送付しましたから、指定振替日（納付期限）前日までに口座残高の確認をお願いします。

下記の金額を指定の金融機関から口座振替により受領しました。

事業所整理記号	71HSA	事業所番号	02802
納付目的の月	令和00年 7月	納付期限	令和00年 8月 31日

健康勘定	厚生年金勘定	子ども・子育て支援勘定
健康保険料	厚生年金保険料	子ども・子育て拠出金
0	2,111,820	33,466
合　計　額		¥2,145,286 円

| 収納日 平成 00年 7月 31日 |
| 令和 00年 6月 分 保険料 |

健康勘定	厚生年金勘定	子ども・子育て支援勘定
健康保険料	厚生年金保険料	子ども・子育て拠出金
0	1,043,100	16,530
合　計　額		¥1,059,630 円

| 前月分の社会保険料が引き落とされる |

| 前々月の領収書 |

歳入徴収官
厚生労働省年金局事業管理課長
日本年金機構
大田　年金事務所

000-0000
千代田区 飯田橋○-○-○

（株）ソーテックス　石井 一郎　　様

(裏面へつづく)

労働保険料の納付作業をマスターする

❶ 労働保険料の納付：6月1日から7月10日までの間に、翌年の概算保険料と今年の確定保険料を合算して、納付します。

❷ 現金で納付する場合（労働保険料）：「労働保険申込書」を使って保険料を計算し、納付書に金額を書き込みます。申告書と納付書はミシン目でつながっているので、切り離さずに金融機関に持ち込んで納付します。概算保険料の金額が40万円以上などの場合、7月10日、10月31日、1月31日の3回に分けて分割で支払うこともできます。

❸ 口座振替で納付する場合（労働保険料）：引き落とし日は、9月6日、11月14日、2月14日と現金払より遅いのがメリットです。口座振替の手続きをすると、金融機関の窓口で年度更新の手続きができなくなるので注意してください。

❹ 電子納付する場合（労働保険料）：次の3つの方法で電子納付できます。

❶年度更新申告手続きと同時に電子納付する	電子申請を行った際に、サーバーから納付番号と確認番号が通知されるので、「引き続き電子納付を行う」をクリックする
❷後日、電子納付する	3カ月以内に、金融機関のホームページから納付する
❸後日ATMで電子納付する	「納付番号」「確認番号」「収納機関番号」を控えて納付する

● 労働保険料の仕訳例

（借方）法定福利費	200,000	/	（貸方）現金または預金	200,000
（借方）預り金（労働保険料）	24,000	/	（貸方）法定福利費	24,000

給料計算

12 ベースアップなどで給料の 金額が変わったら

社会保険料は残業などで毎月の給料の増減があっても変わりませんが、年の途中で固定給が大きく変わった場合は、社会保険料も変更されます。

提出する書類	● 健康保険・厚生年金保険 被保険者報酬月額変更届
添付書類	● 特になし　※被保険者が役員の場合は次のいずれかのコピーを提出する
	● 株主総会・取締役会等の議事録・報酬決定通知書／役員間の報酬協議書／債権放棄を証明する書類
提出先	年金事務所（事務センター）
提出時期	速やかに
検索場所	**月額変更届** 日本年金機構／月額変更届の提出

社会保険料の月額変更の基礎を知る

❶ **固定的賃金が変わった場合：**「固定的賃金」とは、基本給や手当だけでなく引っ越しをしたことによって毎月の定期代が大きく増えたというような場合も該当する場合があります。逆に残業代の変動は対象外です。

固定的賃金の変動	❶ 昇給（ベースアップ）、降給（ベースダウン）
	❷ 給料体系の変更（日給から月給への変更など）
	❸ 日給や時間給の基礎単価（日当、単価）の変更
	❹ 請負給、歩合給等の単価、歩合率の変更
	❺ 住宅手当、役付手当など、固定的な手当の追加、支給額の変更

❷ **標準報酬が2等級以上差が生じた場合**：固定的賃金の変更があった月から3カ月間の報酬の平均額が、現在の保険料のベースとなる標準報酬月額との間に2等級以上の差が生じた場合のことをいいます。ただし、次のような場合は対象外です。

❶ 固定的賃金が上がったが3カ月間の残業が少なく、平均2等級以上の差がつかない
❷ 固定的賃金が下がったが3カ月間の残業が多く、平均2等級以上の差がつかない

給料計算と月額変更の処理のポイント

例 12月に辞令が出て係長に昇進。役職手当2万円が支給され、報酬月額が23万円から26万円にアップした（月末締め翌月15日払い）

❶ 辞令がおりる：固定的賃金が上がったが、2等級以上の昇給ではない

❷ 残業代と合計すると3カ月の報酬額の平均が2等級以上の差が生じているので、随時改定（月額変更）の対象となる

	固定的賃金	残業代	合計
12月15日払	210,000円	15,000円	225,600円
1月15日払	225,000円	35,500円	260,500円
2月15日払	225,000円	31,900円	256,900円
3月15日払	225,000円	38,200円	263,200円
4月15日払	改定された保険料を控除		
5月15日払			

❸ 改定年月：4月に保険料が改定となるが、実際の給与計算では前月の社会保険料を控除していることから、5月15日支払いの給料から改定された保険料を控除する

● 健康保険・厚生年金保険 被保険者報酬月額変更届 厚生年金保険 70歳以上被用者月額変更届例

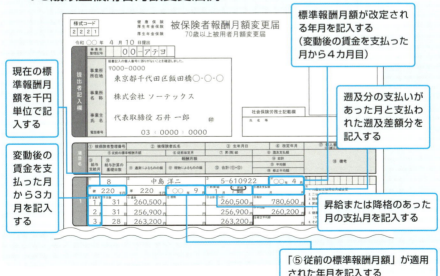

- 現在の標準報酬月額を千円単位で記入する
- 変動後の賃金を支払った月から3カ月を記入する
- 標準報酬月額が改定される年月を記入する（変動後の賃金を支払った月から4カ月目）
- 遡及分の支払いがあった月と支払われた遡及差額分を記入する
- 昇給または降格のあった月の支払月を記入する
- 「⑤従前の標準報酬月額」が適用された年月を記入する

給料計算

13 もし、給料計算を間違えたら

給料計算の間違いを発見したら、なるべく早めに対処することが重要です。

給料計算ミスの具体例と対応

❶ **毎月の給料**：次のようなミスが多く見られるので、注意します。

ミスの内容	修正方法	対応策	防止策
• 給料の変更	基本給・諸手当の変更によって残業単価や有給単価が変わる場合は、再計算をして翌月に差額を調整する	社会保険料は月額変更の対象になるのか確認し、申し送りシートにメモしておく	変更の手続きをするたびに給与計算の申し送りシートにメモをして、抜け漏れを防ぐ
• 住所変更による交通費の変更 （日割りが発生する場合も）	交通費や社会保険料、残業代に影響しない手当は、そのまま翌月分で調整する	住所変更は、日割り計算して対応し、定期代をマスタ登録する	
• 扶養家族の変更による所得税額の増減 • 社会保険や雇用保険の資格得喪による保険料の変更	雇用保険や所得税は支給額を修正すると金額が変わるが、月ごとに調整する必要はないので、翌月に調整した給与をもとに金額を算出する	いったん納付した所得税を修正する必要はない	

❷ **そのほかの想定されるミス**：次のようなミスが多いので注意します。

ミスの内容	修正方法	注意点と防止策
• 月額変更を忘れていて保険料が改定されていなかった	**月変**、**課税** 両方とも気づいた段階でさかのぼり、差額は調整金で処理する	固定的賃金の増減があったときに保険料が変更になる月（5カ月後）を定め、予定を記入しておくようにする
• 課税・非課税のマスタ設定を間違えていた		新しく設定した項目、新たに入社した従業員については念のため手計算で確認することも必要
• 産休に入った従業員の社会保険免除の処理を忘れてしまった	翌月に振込む （控除項目の社会保険の部分に同額をマイナスで計上する）	月の途中で産休に入った場合でも、月末に休業していたら社会保険料が免除になるが、総支給額がマイナスにならないため気づかないことが多い。いつから免除になるのか、あらかじめ確認しておく

第3章 入社1年目からできる人事のお仕事 賞与計算編

✅ 3章でできること！

01 賞与計算と支給の流れ
02 所得税を控除する
03 社会保険料や雇用保険料を計算する
04 明細書の発行
05 賞与から控除した税金を支払う
06 賞与支払届の提出・社会保険料の支払い

賞与とは、毎月の給料とは別に1年に3回以内の回数で支払われる臨時的な給与のことです。給料との違いをマスターしましょう。

賞与計算

01 賞与計算と支給の流れ

賞与とは、3カ月を超える期間ごと、年3回以下で支給される特別な給与です。月々の給料とは区別して考えて、手続きをする必要があります。

作成する書類 ・賞与明細 ・支給控除明細書 ・賞与支払届
準備する書類 ・賞与に関する就業規則の規定 ・賞与の査定

STEP 1　賞与の額を確定する
- 年俸制で賞与額が決まっている場合は別だが、業績や個々の貢献度に応じて支給額を会社が決めることができる

STEP 2　社会保険料を控除する
- 賞与は保険料率を掛けて計算する

STEP 3　雇用保険料を控除する
- 総額に保険料率を掛けて計算する

STEP 4　税金を控除する
- 所得税は賞与の税額表をもとに控除する。住民税は月割のため賞与での控除なし

STEP 5　賞与明細を作成し、賞与を支払う
- 夏期賞与・冬期賞与など名称は自由

STEP 6　賞与支払い届を届け出る
- 5日以内に、「健康保険・厚生年金保険 被保険者賞与支払届」を年金事務所へ届け出る

STEP 7　保険料の納付
- **社会保険**「賞与支払届」を提出すると、支給月に支払った給与と合算した納付書が送られてくるので、翌月末日までに納付する
- **雇用保険** 7月10日の年度更新のときにあわせて支払う

 賞与支給日前に退職した従業員に賞与を支払わなければならないか

賞与は、6カ月程度の賞与査定期間をもとに計算されます。そのため、査定期間に5カ月在籍して退職した場合などは、その間の賞与を請求されるトラブルがよく起こります。就業規則に「賞与支給日に在籍している者に支払う」と明記すること、整理解雇など、本人の意思がおよばない場合は支払うといった対応が必要です。

賞与計算

所得税を控除する

02

賞与から天引きする所得税は、毎月の給料とは違った方法で計算します。

準備する書類 ● 賞与に対する源泉徴収税額の算出率の表　● 前月の給与台帳
検索場所 国税庁／賞与に対する源泉徴収税額の算出率の表

人事

第3章　賞与計算

STEP 1	前月の給料支給額がわかるものを用意する

● 賞与の税金は、前月の給料の金額によって決まる

STEP 2	前月の社会保険料の金額を確認する

● 前月の給料から社会保険料を引いた金額で、税金の率が決まる

STEP 3	源泉徴収税額表を用意する

● 「賞与に対する源泉徴収税額の算出率の表」を使って所得税を計算する

STEP 4	扶養控除申告書の提出の有無を確認する

● 月給と同じように、扶養控除申告書の提出の有無によって、税額が変わる

源泉所得税の基本を確認する

❶ **賞与から天引きする源泉所得税の税率：**前月に支払った給料から社会保険料を控除した金額をもとに決まります。

❷ **源泉所得税の計算方法：**原則として次の計算式で計算します。

> （賞与の額面金額－社会保険料および労働保険料の額）
> 　　　　×前月の給料支給額から算出率の表に基づく所得税率＝源泉所得税

！ 決算賞与を支払う場合

従業員への賞与は無条件に損金計上できますが、決算日までに支給しなかった未払賞与は、実際に支払った期の損金にするのが原則です。ただし次の3つの条件を満たした場合は、未払いでも当期の損金として計上できます。
❶ 賞与の支給額を、すべての受給者に各人別に通知している
❷ 決算日後1カ月以内に、通知をした全員に払っていること
❸ 決算時に未払計上していること

61

❸ **賞与から天引きする税金：** 源泉所得税だけです。住民税は控除しません。

賞与の源泉所得税の計算をマスターする❶ 通常のケース

❶ **賞与に対する源泉徴収税額の算出率の表：** 前月の給料の金額から天引きした社会保険料の金額をマイナスします。次に「賞与に対する源泉徴収税額の算出率の表」のページを開き、甲欄の「前月の社会保険料等控除後の給与等の金額」欄と、「扶養親族等の数」の交差する欄を確認します。支給する賞与の額から社会保険料の額をマイナスした金額に、その行の左端に記載されている「賞与の金額に乗ずべき率」を掛けて、源泉所得税を計算します。

> **賞与支給額** 54万3,200円 　**扶養家族** 2人
> **賞与から控除される社会保険料の合計** 8万2,454円
> **前月の給料支給額** 24万5,000円
> （54万3,200円 － 8万2,454円）× 2.042％ ＝ 9,408円

● **賞与に対する源泉徴収税額の算出率の表**
（https://www.nta.go.jp/publication/pamph/gensen/zeigakuhyo2017/data/15-16.pdf）

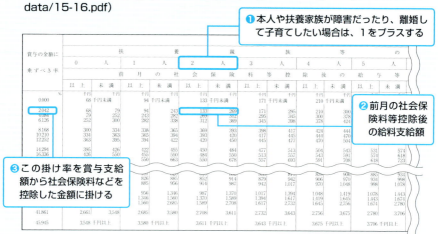

❶ 本人や扶養家族が障害だったり、離婚して子育てしたい場合は、1をプラスする
❷ 前月の社会保険料等控除後の給与支給額
❸ この掛け率を賞与支給額から社会保険料などを控除した金額に掛ける

> ⚠ **役員賞与を支払う場合**
> 役員賞与は、原則として法人税の計算上、損金に計上することができません。ただし事前に支給額を確定し、支払う時期と金額を税務署に届け、その届出書どおりに支払えば認められます。これを「事前確定届出給与」といいます。税務署に届け出る日は、次のうちいずれか早いほうの日にちです。
> ● 株主総会の決議の日から1カ月以内
> ● 決算から4カ月以内

賞与の源泉所得税の計算をマスターする❷ イレギュラーケース

❶ **乙欄を使う人**：「給与所得者の扶養控除等申告書」を提出していない人などは乙欄で計算します。前月の給料から社会保険料を引いた金額を探し、該当する行の左端の欄に記載されている税率を賞与の額から社会保険料をマイナスした金額に掛けて計算します。

❷ **前月中に給与の支払いがない場合**：通常月と同じように「月額表」の甲欄または乙欄を使って計算します。

> （賞与の額 − 社会保険料）× $\frac{1}{6}$（12※）＝Ⓐ
> Ⓐにかかる通常の源泉所得税を月額表で求める＝Ⓑ
> Ⓑ×6（12※）＝賞与にかかる源泉所得税　※算定期間が6カ月を超えるときは12

❸ **賞与の額が前月給料の10倍を超える場合**：通常と同じように「月額表」の甲欄または乙欄を使って計算します。

> （賞与の額 − 社会保険料）× $\frac{1}{6}$（12※）＝Ⓐ
> Ⓐ＋（前月の給料 − 前月の社会保険料）＝Ⓑ
> Ⓑにかかる通常の源泉所得税を月額表で求める＝Ⓒ
> Ⓒ − 前月の給料で控除した所得税＝Ⓓ
> Ⓓ×6（12※）＝賞与にかかる源泉所得税　※算定期間が6カ月を超えるときは12

● 賞与の源泉所得税まとめ

	賞与の区分		使用する税額
扶養控除等申告書の提出有	前月中に給与の支払有	賞与の額が給与の10倍以内	算出率表の甲欄
		10倍を超えるとき	月額表の甲欄
	前月中に給与の支払いなし		月額表の甲欄
扶養控除等申告書の提出なし	前月中に給与の支払有	賞与の額が給与の10倍以内	算出率表の乙欄
		10倍を超えるとき	月額表の乙欄
	前月中に給与の支払いなし		月額表の乙欄

人事

第3章　賞与計算

賞与計算

03 社会保険料や雇用保険料を計算する

賞与も社会保険料や雇用保険料を控除しますが、月額で支払う給料とは計算方法が少し異なります。

準備する書類 ●健康保険 ●厚生年金保険の保険料額表
検索場所 全国健康保険協会／健康保険ガイド／保険料率

賞与の社会保険料の計算をマスターする

❶ **社会保険料の計算方法**：賞与は総支給額から1,000円未満を切り捨てた額（標準賞与額）に保険料率を掛けて、会社と折半した額を控除します。端数は50銭以下切り捨て、50銭超切り上げで計算します。

総支給額 54万3,200円 ⇒ **標準賞与額** 54万3,000円

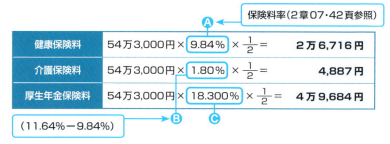

保険料率（2章07・42頁参照）

健康保険料	54万3,000円 × 9.84% × 1/2 =	2万6,716円
介護保険料	54万3,000円 × 1.80% × 1/2 =	4,887円
厚生年金保険料	54万3,000円 × 18.300% × 1/2 =	4万9,684円

（11.64％－9.84％）

賞与の雇用保険料の計算をマスターする

❶ **雇用保険料の計算方法**：総支給額に雇用保険料率を掛けて計算します。

雇用保険料 54万3,200円 × $\frac{3}{1000}$ ＝ 1,630円

！ 標準報酬月額と標準賞与額の違い

社会保険料は料率が決められていますが、一定の金額の幅で等級が定められています。その等級に応じた金額が標準報酬月額となり、実際の給料の額とは異なるものに保健料率を掛けることになります。それに対して標準賞与額は実際の支給額から1,000円未満を切り捨てるだけなので、より正確な保険料が計算されることになります。

賞与計算

明細書の発行

04

賞与の計算根拠を一覧表にまとめて保管し、各人に明細書を配布します。

作成書類
- 賞与明細書(個人別)
- 賃金台帳(個人別)
- 賞与一覧表(会社全体)

賞与計算後に作成する書類

① **賞与の計算が終わった**：各人に賞与明細書を渡します。各人ごとの賃金台帳を作成し、給料と同じ要領で会社全体の「賞与一覧表」も作成しておきます。

● 従業員に54万3,200円の賞与を支払ったときの賞与の仕訳例

(借方) 賞　与	543,200	(貸方) 現金または未払金	450,911
		(貸方) 預り金(源泉所得税)	9,400
		(貸方) 預り金(健康保険料)	26,878
		(貸方) 預り金(厚生年金保険料)	49,684
		(貸方) 預り金(介護保険料)	4,697
		(貸方) 預り金(雇用保険料)	1,630

● 賞与明細書例

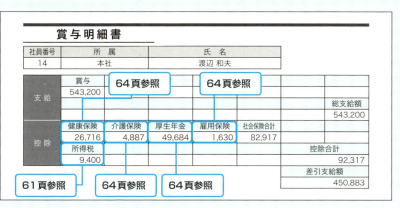

65

賞与計算

05 賞与から控除した税金を支払う

賞与から天引きした所得税は、預かった同額を所轄の税務署へ支払います。

作成書類
- 所得税徴収高計算書（納付書）毎月納付用 or
- 所得税徴収高計算書（納付書）納期の特例用

準備する書類
- 賞与一覧表

提出期限
[原則] 給料支給日の翌月10日まで

[納期の特例（所得税）を申請している場合]
1〜6月分⇒7月10日まで、7〜12月分⇒1月20日まで

[納期の特例（住民税）を申請している場合]
6〜11月⇒12月10日まで、12〜5月まで⇒6月10日まで

納付書の作成

❶ **源泉所得税の納付書を作成する：**預かった源泉所得税は、賞与を支払った月の翌月10日までに、所轄の税務署長宛に支払います。10日が土日または休・祝日のときは、翌日が納期限となります。賞与支給月に支払った給与の納付書を作成する際に、「賞与」欄に次の事項を記載し、給与の源泉所得税とあわせて1枚の納付書で支払います。

> 支給年月日・支給人数・給料支給額・源泉徴収税額

すでに給与にかかる所得税の納付書を作成済みの場合は、給与と賞与の納付書を2枚作成してもかまいません。

電子申告の手続きをしておけば、インターネット経由でパソコンから支払うこともできます。源泉所得税は納付書が申告書を兼ねているので、納付することで申告も完了します。税金を納付したら、次のような仕訳をします。

● 源泉所得税の仕訳例

（借方）預り金（源泉所得税）	9,400	（貸方）現金または預金	9,400

賞与計算

賞与支払届の提出・社会保険料の支払い

06

人事

第3章 賞与計算

賞与支払届は、賞与の支給がなくても届け出が必要です。

	社会保険	雇用保険
作成する書類	● 健康保険・厚生年金保険 被保険者賞与支払届 ● 健康保険・厚生年金保険 被保険者賞与支払届総括表	年度更新のときに年間の給与とあわせて申告・保険料を納付する
提出先	管轄の年金事務所（事務センター）	申告書・納付書を労働基準監督署または金融機関へ
提出の時期	賞与の支払いから5日以内	7月10日
支払方法	日本年金機構から納入通知書が送られてくる振込もしくは口座振替によって支払う	● 金融機関で納付 ● 電子申請 ● 口座振込

賞与支払届の基本を知る

❶ **支給しなくても提出する**：5日以内に「健康保険・厚生年金被保険者賞与支払届」「健康保険・厚生年金保険被保険者賞与支払届総括表」を年金事務所（年金事務センター）に提出します。支払い額がなくても提出する必要があります。

❷ **退職月に賞与を支払うとき**：賞与支払月に資格を喪失した場合、月末退職の場合を除き、社会保険料はかかりません。

社会保険料の納付は口座引き落とし

❶ **賞与・給料あわせて納付**：賞与支払い月の翌月末までに同じ月に支払った給料の保険料（従業員負担分・会社負担分の合計）とあわせて、会社の指定口座から引き落とされます。

> **内訳** 健康保険料＋介護保険料＋厚生年金保険料＋子ども・子育て拠出金
>
> （標準賞与額×0.34％）

67

● 健康保険・厚生年金保険 被保険者賞与支払届例

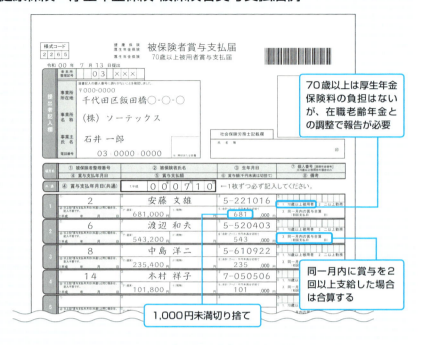

● 賞与支払届・総括表

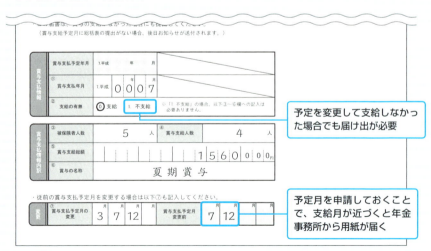

第4章 入社1年目からできる経理のお仕事 年末調整編

☑ 4章でできること！

01 年末調整の流れ
02 「給与所得者の扶養控除申告書」を回収する
03 「給与所得者の保険料控除申告書」を回収する
04 「給与所得者の基礎控除申告書」を回収する
05 年末調整の計算をする
06 「一人別源泉徴収簿」と「源泉徴収票」を作成する
07 過不足額を調整する
08 「給与支払報告書」を提出する

年末調整とは、会社が従業員の代わりに行う「確定申告」のことをいいます。

年末調整

01 年末調整の流れ

年末調整の準備は、11月の上旬からスタートします。

STEP 1 翌年分の「扶養控除申告書」、今年分の「配偶者控除申告書」「保険料控除申告書」を配布する

● 「扶養控除申告書」は全員に、あとの2つは年末調整が必要な人だけに配る

STEP 2 配布した各種書類を回収する

● マイナンバーの取り扱いに注意が必要。2年目以降の住宅ローン控除を受けたい人からは「住宅借入金特別控除申告書」を受け取る

STEP 3 回収した各種書類を確認する

● 記入漏れや印鑑の押し忘れがないか確認する。また各証明書の添付漏れがないか要注意

STEP 4 今年分の扶養控除申告書を用意する

● 今年分の「扶養控除申告書」は1年前に回収してあるはずなので用意する。2年分の申告書を見比べながら住所や扶養家族情報に変更がないかを確認する

STEP 5 年末調整の計算をする

● 年間の給料・賞与を合計して、その年の給与の支給総額を計算する。次に保険料控除などの控除額をマイナスして、課税すべき所得金額を算出する。この課税すべき金額に所得税率を掛けて、その年に支払うべき所得税額を計算する。その金額と、毎月の給与や賞与から天引きした源泉所得税の合計額との差額を計算し、不足していれば徴収し、天引きしすぎている場合は還付する

STEP 6 年末調整の結果や根拠を記載した必要書類を作成する

● 年末調整の計算根拠がひと目でわかる「一人別源泉徴収簿」、各人に交付する「源泉徴収票」、市区町村に提出する「給与支払報告書」などをつくる。これらの書類は、年末調整をしなかった人の分も作成が必要

STEP 7 12月の給料または賞与の金額に、年末調整の金額を加算または減算する

● 給与明細書または賞与明細書に、年末調整の金額を記載する

STEP 8 源泉徴収票を交付する

● 12月分の「給料明細書」または「賞与明細書」と一緒に、「源泉徴収票」を渡す。「源泉徴収票」は、年末調整をしなかった人にも交付が必要

STEP 9	納付書を作成し、源泉所得税を納付する

- 12月分の納付すべき源泉所得税から、年末調整で加減算した金額をプラス・マイナスする。従業員に還付した金額だけ納付する税金が減るので、会社が損をしたり得をしたりすることはない

STEP 10	「給与支払報告書」を市区町村に提出する

- 翌年1月31日までに、従業員や役員の住民票所在地の市区町村に提出する。各市区町村は、この「給与支払報告書」をもとに、各人の翌年の住民税を計算する

STEP 11	法定調書合計表を作成する

- 年収が150万円超の役員や500万円超の従業員などの「源泉徴収票」を税務署に提出する

年末調整と確定申告の違い

❶ **年末調整は会社による確定申告の代行：**給与所得者にかぎらず、不動産収入があったり、株を売って儲かったりした人は、毎年3月15日までに、自分で所得税を計算して、税務署に申告しなければなりません。これを「確定申告」といいます。しかし会社員の場合は、会社が個人の代わりに税務署へ申告・納税を行うことになっています。これを「年末調整」といいます。ただし次のような場合には、年末調整だけでは申告納税は完結しないので、年末調整にプラスして確定申告も行わなければなりません。

> ❶ メインの会社以外の会社からも、20万円超の給与をもらっている
> ❷ 副業をしたり、不動産を貸していて、給与以外の所得が20万円を超えている
> ❸ 同族会社の役員などが、給与以外に自分の会社から不動産収入をもらっている
> ❹ 医療費控除やふるさと納税など、年末調整ではできない所得控除を受けたい
> ❺ 初年度の住宅ローン控除など、年末調整ではできない所得控除を受けたい

年末調整の対象となる人ならない人

❶ **対象になる人：**「扶養控除申告書」を会社に提出し、給料計算時に甲欄を適用して源泉税を計算している人。

❷ **対象にならない人：**給与の計算時に、「乙欄」や「丙欄」を適用して源泉所得税を計算している人は対象外です。「扶養控除申告書」を提出している人でも、給与の収入金額が2,000万円を超える人などは、年末調整をしません。対象外となった人は、自分で翌年3月15日までに最寄りの税務署で確定申告をし、月々の源泉徴収税額との差額を精算することになります。

経理

第4章 年末調整

71

●年末調整の手順

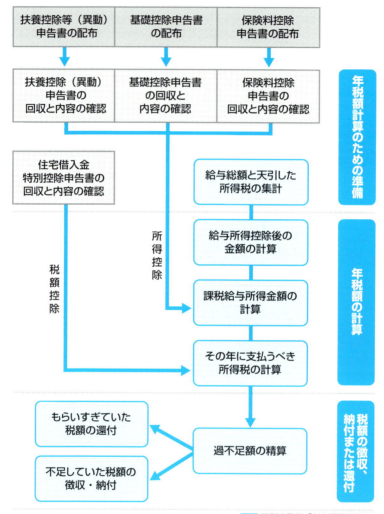

参考 国税庁発行「年末調整の流れ」

> **!** **締め日などの関係で、働いた月と支給日が異なる場合**
>
> あくまで支給日ベースで考えます。たとえば、月末締めの翌月15日支給という場合には、支給した月ベースで、1月〜12月分の給与を集計します。一方、会計帳簿には、発生ベースで締め日の月に記帳している会社が多いので、混同しないように気をつけます。

年末調整

「給与所得者の扶養控除申告書」を回収する 02

本人に扶養の対象となる親族がいれば、一定の金額の所得控除が受けられます。

- **配布する書類** ● 給与所得者の扶養控除等（異動）申告書（扶養控除申告書）
- **検索場所** 国税庁／［手続名］給与所得者の扶養控除等の（異動）申告
- **配布の時期** 11月15日ごろ
- **回収の時期** 11月末ごろ

STEP 1　「給与所得者の扶養控除申告書」を配布する
- 翌年1月1日以降に扶養控除を受けるための書類なので、ここで配布する申告書は翌年度のものになる

STEP 2　「給与所得者の扶養控除申告書」を回収する
- 今年度、最後に支払う給料または賞与の2週間前には回収する

STEP 3　記入漏れや添付漏れがないかを確認する
- 印鑑の押印漏れや明らかな記入ミスがあったら、本人に連絡する。中途入社の人からは、前職分の「源泉徴収票」を添付してもらう

STEP 4　今年の給与所得者の扶養控除申告書も用意する
- 今年度の「給与所得者の扶養控除申告書」は、昨年末に回収しているので、2年分の書類を比較して、住所や扶養親族の数に変更がないかを確認する

経理　第4章　年末調整

扶養控除の基礎を知る

❶ **扶養控除の対象となる人：** 配偶者以外の親族で、12月31日現在納税者と生計を一にしている人、かつ年間の合計所得金額が48万円以下で16歳以上の人です。ただし、青色事業専従者や白色事業専従者は除きます。

国外に扶養家族がいる場合

1年以上の留学をしている家族や、日本で働く外国人が母国に残してきた親族について扶養控除を受けるためには、「❶親族関係書類」（戸籍の附表やパスポートのコピー、外国政府が発行した証明書など）と「❷送金関係書類」（その年度中の金融機関の送金依頼書やカードの利用明細書など）を「扶養控除申告書」に添えて、提出してもらいます。

● 主な所得控除の一覧

基礎控除	所得金額		控除額
	2,400万円以下		48万円
	2,400万円超2,450万円以下		32万円
	2,450万円超2,500万円以下		16万円
	2,500万円超		0円

扶養控除	区 分	年 齢	控除額
	年少扶養	16歳未満	0円
	扶養親族	16歳～19歳未満	38万円
	特定扶養	19歳～23歳未満	63万円
	扶養親族	23歳～70歳未満	38万円
	老人扶養	70歳以上	48万円
	同居老親等	70歳以上	58万円

配偶者控除	納税者本人の合計所得金額	一般	70歳以上
	900万円以下	38万円	48万円
	900万円超　950万円以下	26万円	32万円
	950万円超1,000万円以下	13万円	16万円

障害者控除 ※	障害者	障害者手帳に身体上または精神上の障害があると記載されている人。知的障害があると認定された人など	27万円
	特別障害者	身体障害者手帳が1級または2級。精神障害者手帳が1級。重度の知的障害者と判定された人。6カ月以上寝たきりで、複雑な介護を必要とする人など	40万円
	同居特別障害者	特別障害者のうち、本人や配偶者、生計を一にする親族と同居を常としている人	75万円

寡婦・ひとり親控除	寡婦	・夫と離婚後、婚姻をしていない人のうち、扶養親族がいる人 ・夫と死別後、婚姻をしていない人（いずれも所得500万円以下に限る）	27万円
	ひとり親	事実上の婚姻関係にある人がいない人で、子がいる人。かつ所得が500万円以下の人	35万円

※ 本人だけでなく、配偶者や扶養親族が当てはまる場合にも適用がある

● 給与所得者の扶養控除等（異動）申告書例

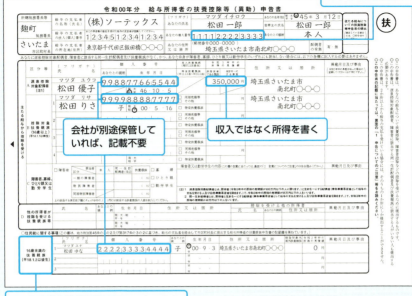

- 16歳未満の扶養親族はここに書きます

添付書類とマイナンバー

❶ **添付書類を確認する**：次の場合も、証明する書類を添付してもらいます。

> ❶年の途中で入社した人で、前職分の給与とあわせて年末調整したい人は、前職の「源泉徴収票」
> ❷非居住者である親族について扶養控除または障害者控除の適用を受けたい人は、親族関係がわかる書類と扶養親族への送金がわかる書類

❷ **マイナンバーの記載は必要か**：従業員本人だけでなく、控除対象となる配偶者や扶養親族のマイナンバーの記載が義務づけられています。しかし、会社がマイナンバーを記載した帳簿を、別途作成して保管していれば、不要です。その場合、「記載すべきマイナンバーが、給与支払者に提供済のマイナンバーと相違ない」旨の記載をしておきます。

> **！ 年の途中で扶養親族が増えたり、亡くなった場合**
>
> 12月31日現在の現況で判断するので、今年の扶養親族に加えて計算します。亡くなった場合、死亡の日の現況で判断するので、今年分の控除の対象として計算します。

年末調整

03 「給与所得者の保険料控除申告書」を回収する

生命保険や地震保険を支払っていると、所得控除が受けられます。

配布する書類	● 給与所得者の保険料控除等申告書（保険料控除申告書）
検索場所	国税庁／［手続名］給与所得者の保険料控除等の申告
配布の時期	11月15日ごろ
回収の時期	11月末ごろ

STEP 1　「給与所得者の保険料控除申告書」を配布する

● 年末調整において、地震保険料や生命保険料などの保険料控除を受けるための書類

STEP 2　「給与所得者の保険料控除申告書」を回収する

● 今年度、最後に支払う給料または賞与の2週間前には回収する

STEP 3　記入ミスや添付漏れがないかを確認する

● 印鑑の押印漏れや明らかな記入ミスがあったら、本人に連絡する。保険料の控除を受けるためには、保険会社などが発行した控除証明書の添付が必要

「給与所得者の保険料控除申告書」の基礎を知る

❶ **「給与所得者の保険料控除申告書」とは**：生命保険料控除などの所得控除を受けるための書類です。税務署長から提出を求められたとき以外は、給与の支払者が保管しておきます。

❷ **保険料控除の計算**：次のようなものがあります。

生命保険料控除の計算方法

● 平成24年1月1日以後に締結した生命保険契約の場合

年間の支払保険料	生命保険控除額
2万円以下	支払保険料等の全額
2万円超 ～ 4万円以下	支払保険料等 $\times \dfrac{1}{2} + 1$万円
4万円超 ～ 8万円以下	支払保険料等 $\times \dfrac{1}{4} + 2$万円
8万円超	一律4万円

● 平成23年12月31日以前に締結した生命保険契約の場合

年間の支払保険料	生命保険控除額
2万5,000円以下	払保険料等の全額
2万5,000円超 〜 5万円以下	支払保険料等 × $\frac{1}{2}$ + 1万2,500円
5万円超 〜 10万円以下	支払保険料等 × $\frac{1}{4}$ + 2万5,000円
10万円超	一律5万円

地震保険料控除の計算方法

区分	年間の支払保険料	控除額
(イ) 地震保険料	5万円以下	支払金額
	5万円超	5万円
(ロ) 旧長期損害保険料	1万円以下	支払金額
	1万円超2万円以下	支払金額 × $\frac{1}{2}$ + 5,000円
	2万円超	1万5,000千円
(イ)(ロ) の両方ある場合		❶ ❷ それぞれの方法で計算した金額の合計額（最高5万円）

● 給与所得者の保険料控除申告書例

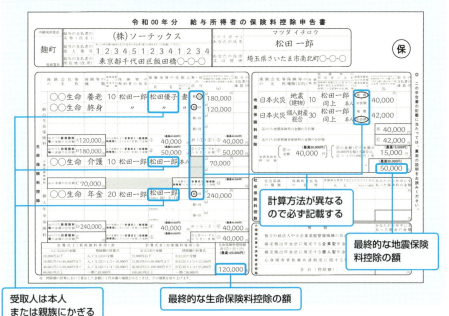

受取人は本人または親族にかぎる

最終的な生命保険料控除の額

計算方法が異なるので必ず記載する

最終的な地震保険料控除の額

年末調整

04 「給与所得者の基礎控除 申告書」を回収する

配偶者控除は、本人と配偶者両方の所得をチェックしてから計算します。

配布する書類 給与所得者の基礎控除申告書 兼 配偶者控除等申告書
兼 所得金額調整控除申告書

検索場所 国税庁／[手続名]給与所得者の基礎控除等の申告

配布の時期 11月15日ごろ　　**回収の時期** 11月末ごろ

STEP 1	**「給与所得者の基礎控除申告書 兼 配偶者控除等申告書」を配布する**

● 基礎控除または配偶者控除または配偶者特別控除の適用を受けたい人が提出する書類

STEP 2	**「給与所得者の基礎控除申告書 兼 配偶者控除等申告書」を回収する**

● 今年度、最後に支払う給料または賞与の2週間前には、回収する

STEP 3	**記入ミスや添付漏れがないかを確認する**

● 印鑑の押印漏れや明らかな記入ミスがあったら、本人に連絡する

「基礎控除申告書　兼　配偶者控除等申告書　兼 所得金額調整控除申告書」の基礎を知る

❶ **基礎控除とは**：扶養家族や障害者の有無に関わらず、すべての人に適用される控除です。ただし、所得が2,500万円を超える人への適用はありません。控除額は納税者本人の所得に応じて、74頁の表に記載のとおりです。

❷ **配偶者控除とは**：納税者本人の所得が1,000万円以下でかつ、配偶者の所得が48万円以下の場合に適用される控除です。控除額は配偶者の年齢に応じて、74頁の表のとおりです。「所得金額」は、給与の額面金額から給与所得金額をマイナスして計算します。

❸ **配偶者特別控除とは**：配偶者の所得が48万円を超えるため配偶者控除が受けられない場合でも、所得金額に応じて段階的に控除が受けられる制度です。納税者本人の所得が1,000万円を超える人、または配偶者の所得が133万円を超える人には適用がありません。控除額は本人と配偶者の所得に応じて、次頁の表のとおりです。

● 配偶者特別控除の控除額

		控除を受ける納税者本人の合計所得金額		
		900万円以下	900万円超 950万円以下	950万円超 1000万円以下
配偶者の合計所得金額	48万円超 95万円以下	38万円	26万円	13万円
	95万円超 100万円以下	36万円	24万円	12万円
	100万円超 105万円以下	31万円	21万円	11万円
	105万円超 110万円以下	26万円	18万円	9万円
	110万円超 115万円以下	21万円	14万円	7万円
	115万円超 120万円以下	16万円	11万円	6万円
	120万円超 125万円以下	11万円	8万円	4万円
	125万円超 130万円以下	6万円	4万円	2万円
	130万円超 133万円以下	3万円	2万円	1万円

● 給与所得者の基礎控除申告書 兼 給与所得者の配偶者控除等申告書 兼 所得金額調整控除申告書例

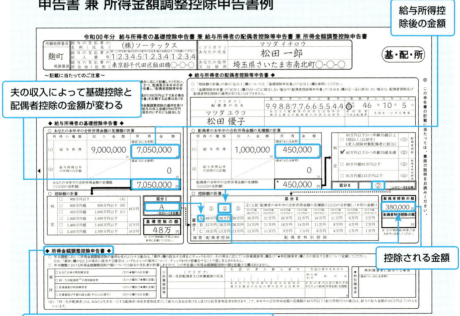

年末調整

05 年末調整の計算をする

申告書に記載されている内容に沿って、最終的に納付すべき所得税を計算します。

作成する書類 ● 一人別源泉徴収簿　● 源泉徴収票
● 年末調整過不足一覧表

検索場所 **給与所得控除の速算表** 国税庁／タックスアンサー／給与所得控除

業務の時期 最終の給与または賞与支給日の１週間前まで

STEP 1	**年間の給与総額を合計する**

● その年に支払った給料と賞与の金額を合計して、給与総額を計算する。中途入社の人は、前職分の給与の金額も合算する

STEP 2	**給与所得控除後の額を計算する**

● 給与所得の金額は、年間の給与総額から給与所得控除の金額をマイナスして計算する

STEP 3	**社会保険料の金額を集計する**

● 給与から天引きした健康保険・厚生年金・雇用保険の金額を集計する。中途入社の人は、前職分の給与の金額も合算する

STEP 4	**扶養控除の金額を計算する**

● 基礎控除の金額に扶養控除や障害者控除など人的控除の金額を合算する

STEP 5	**保険料控除の金額を計算する**

● 生命保険や地震保険の控除額を計算する

STEP 6	**その年の課税所得を計算する**

● **ステップ2** の給与所得控除後の金額から各種所得控除額をマイナスして計算する

STEP 7	**算出所得税の金額を計算する**

● 課税所得に応じた所得税率を掛けて計算する

STEP 8	**住宅ローン控除の金額を計算する**

● 2年目以降の人のみ、年末調整で計算できる

STEP 9	その年の年調年税額を計算する

● ステップ7 で計算した税額から ステップ8 の控除額をマイナスし、復興特別所得税2.1%を掛けて計算する

STEP 10	給与から天引きした所得税を合計する

● その年に給料と賞与から天引きした源泉徴収税額を集計する。中途入社の人は、前職分の税額も合算する

STEP 11	年末調整の過不足額を計算する

● ステップ9 で計算した金額と ステップ10 の金額の差額を還付または徴収する

年末調整の計算手順の基礎を知る

❶ **給与所得控除後の金額を計算する：** サラリーマンにも一定の経費を認めましょうというのが、「給与所得控除」です。

> 給与所得控除後の金額 Ⓐ ＝ 給与の額面総額 － 給与所得控除の金額

給与所得控除の金額は、次表で計算します。

● 給与所得控除の金額

給与等の収入金額 （給与所得の源泉徴収票の支払金額）	給与所得控除額
162万5千円以下	55万円
162万5千円超〜180万円以下	収入金額×40％－10万円
180万円超〜360万円以下	収入金額×30％＋8万円
360万円超〜660万円以下	収入金額×20％＋44万円
660万円超〜850万円以下	収入金額×10％＋110万円
850万円超	195万円（上限）

❷ **社会保険料控除の額を計算する：** 給与から天引きした健康保険・厚生年金・雇用保険の金額を集計します。

❸ **基礎控除や配偶者控除、扶養控除の額を計算する：**「扶養控除申告書」を確認しながら計算します。

❹ **保険料控除の額を計算する：**「基礎控除申告書」や「保険料控除申告書」に記載されている数字を確認しながら、控除額を計算します。

❺ **課税所得金額を計算する：** 給与の支給総額から、所得控除額をマイナスして、課税される所得金額を計算します。

経理

第4章 年末調整

> 給与所得控除後の金額 Ⓐ － 社会保険料の額 － 基礎控除の額 － 人的控除の額
> － 保険料控除の額 ＝ 課税される所得金額 Ⓑ（千円未満切り捨て）

❻ **算出所得税の金額を計算する：** 各人の所得税を計算します。次の速算表で簡単に計算できます。

> 課税される所得金額 Ⓑ × 税率 － 控除額 ＝ 算出所得税額 Ⓒ

● 所得税の速算表

課税される所得金額	税 率	控除額
195万円以下	5%	0円
195万円超 ～ 330万円以下	10%	9万7,500円
330万円超 ～ 695万円以下	20%	42万7,500円
695万円超 ～ 900万円以下	23%	63万6,000円
900万円超 ～ 1,800万円以下	33%	153万6,000円
1,800万円超 ～ 4,000万円以下	40%	279万6,000円
4,000万円超	45%	479万6,000円

❼ **住宅ローン控除の額を計算する：** 住宅ローン控除は、初年度は確定申告をしなければなりませんが、2年目以降は年末調整で控除できます。住宅ローン控除を受けたい人から「給与所得者の（特定増改築等）住宅借入金等特別控除申告書」のうち、該当する年度分と金融機関から発行してもらった「住宅ローンの残高証明書」を提出してもらいます。

　生命保険料控除などの所得控除は、所得の金額をマイナスしますが、住宅ローン控除は税金の額をダイレクトにマイナスして計算します。所得税の計算ができたら、復興特別所得税2.1％を掛けて、最終的に給与所得者本人が納付すべき「年調年税額」を計算します。

> 年調年税額 Ⓓ ＝（算出所得税額 Ⓒ － 住宅ローン控除の額）× 102.1％

❽ **所得税の過不足額を計算する：** 次に給料や賞与から天引きした所得税の額を集計します。中途入社の人は、前職の「源泉徴収票」に記載されている税額も加算します。年調年税額 Ⓓ との差額を計算し、不足していれば徴収し、多い場合は還付します。

年末調整

「一人別源泉徴収簿」と 「源泉徴収票」を作成する

06

年末調整が終わったら、その結果をアウトプットします。

作成する書類 ● 一人別源泉徴収簿 ● 源泉徴収票

検索場所 **一人別源泉徴収簿** 国税庁／［手続名］給与所得・退職所得に対する源泉徴収簿の作成

源泉徴収票 国税庁／［手続名］給与所得の源泉徴収票

「一人別源泉徴収簿」の基礎を知る

❶ **一人別源泉徴収簿とは**：1人につき1枚作成します。月々の給与の額、給与から天引きした社会保険料の額、源泉所得税の額、扶養控除の金額や保険料控除額、住宅ローン控除の金額など、「源泉徴収簿」に沿って計算すれば、年末調整を正しく計算できるというすぐれものです。「源泉徴収票」は、「源泉徴収簿」の数字を転記すれば簡単に作成できます。

経理

第4章 年末調整

● 一人別源泉徴収簿例

この部分を源泉票に転記する

実際控除額を記入する

最終的な年税額

年末調整で還付される税額

83

❷ **源泉徴収票を作成する**：「源泉徴収票」とは、会社が支給した1年間の給与支給額や源泉徴収した所得税の金額を証明するための書類で、法律で作成が義務づけられているものです。「源泉徴収票」は同じものを4部作成し、1部を税務署に提出し、1部を給与所得者本人に交付します。翌年1月31日までに交付すればよいため、その年の最後の給与か翌年1月の給料（または賞与）支給時に、給料明細書と一緒に渡します。残りの2部は、各人の1月1日現在の住民票所在地の市区町村に提出します。市区町村に提出する書類のことを、「給与支払報告書」といいます。

● 給与所得の源泉徴収票例

> 本人に対する源泉票には記載しない

令和　　年分　給与所得の源泉徴収票

種別	支払金額	給与所得控除後の金額	所得控除の額の合計額	源泉徴収税額
給与・賞与	9 800 000	7 850 000	3 185 356	505 300

支払を受ける者　住所又は居所　埼玉県さいたま市南区南本町○-○-○
氏名（フリガナ）マツダ ヒロシ　松田 博史
（受給者番号）0012
（個人番号）1 2 3 1 2 3 1 2 3 1 2 3
（役職名）課長

（源泉）控除対象配偶者の有無等	配偶者（特別）控除の額	控除対象扶養親族の数（配偶者を除く。）			16歳未満扶養親族の数	障害者の数（本人を除く。）		非居住者である親族の数
有 従有	210 000	特定 1	老人 1 従人 1	その他 1 従人		特別	その他	

社会保険料等の金額	生命保険料の控除額	地震保険料の控除額	住宅借入金等特別控除の額
757 856	120 000	27 500	

（摘要）

> 「一人別源泉徴収簿」から転記する

生命保険料の金額の内訳	新生命保険料の金額 100,000	旧生命保険料の金額	介護医療保険料の金額 100,000	新個人年金保険料の金額 40,500	旧個人年金保険料の金額 360,000

住宅借入金等特別控除の額の内訳

（源泉・特別）控除対象配偶者	（フリガナ）マツダ ヨウコ　氏名 松田 陽子　個人番号 9 9 8 8 7 7 6 6 5 5 4 4	区分	配偶者の合計所得 550,000	国民年金保険料等の金額	旧長期損害保険料の金額 28,600

| 控除対象扶養親族 | （フリガナ）マツダ リサ　氏名 松田 りさ　個人番号 9 9 9 9 8 8 7 7 6 6 5 5 | 区分 子 | 16歳未満の扶養親族 | （フリガナ）マツダ ハナ　氏名 松田 はな | 区分 子 | （備考） |

未成年者・外国人・死亡退職・災害者・乙欄・本人が障害者・寡婦・寡夫・勤労学生　中途就・退職　受給者生年月日

年末調整

過不足額を調整する

07

年末調整の過不足額が計算できたら、給与と納付する源泉所得税の両方を調整します。

業務の時期 **給与明細書** 12月最後の給料（賞与）または翌年1月の給料

納付書 翌年1月10日（納期の特例の適用がある場合は1月20日）

STEP 1	過不足額を給与（または賞与）に反映する

● 各人ごとに、徴収または還付する

STEP 2	過不足額を「給与所得・退職所得などの所得税徴収高計算書」に反映する

● 1月に納付する源泉所得税から、過不足額を加減算する

経理

第4章 年末調整

過不足額を「給与明細書」「給与所得・退職所得などの所得税徴収高計算書」に反映する

❶ **差額を還付する：** 源泉徴収をした所得税（と復興特別所得税）の合計額が、年調年税額より多い場合は、その差額を還付します。少ない場合は不足額を徴収します。加減算の時期は12月最後の給料や賞与が一般的ですが、翌年1月の給料で調整しても問題ありません。

❷ **過不足額を給与明細書に反映する：** 名目に決まりはありませんが、「年調還付金」または「年末調整額」といったわかりやすいものにします。還付の場合は、金額をマイナスで表記し、徴収の場合はプラス表記します。

過不足額を「給与所得・退職所得などの所得税徴収高計算書」に反映する

❶ **1月10日（納期の特例の場合は1月20日）に納付する納付書：** 通常どおりの「源泉徴収税額」から、年末調整の過不足額を加減算します。

その月に支払うべき源泉徴収税額 ＝ 通常の源泉所得税
　　　　　　　＋「年末調整による不足税額」－「年末調整による超過税額」

85

● 給与所得・退職所得などの所得税徴収高計算書（一般用）例

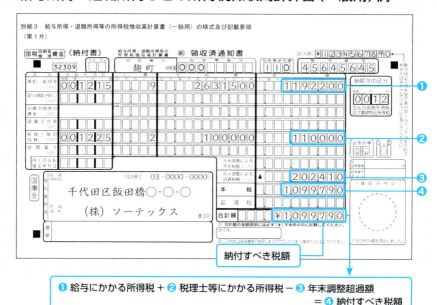

❶ 給与にかかる所得税 ＋ ❷ 税理士等にかかる所得税 － ❸ 年末調整超過額
　　　　　　　　　　　　　　　　　　　　　　　　　　　　　＝ ❹ 納付すべき税額

● 年末調整の仕訳例　12月最後の給料と一緒に年末調整を還付する

（借方）給料手当	430,000	（貸方）現金または未払金	347,000
（借方）預り金（年末調整）	10,000	（貸方）預り金（所得税）	30,000
		（貸方）預り金（住民税）	25,000
		（貸方）預り金（健康保険料）	15,000
		（貸方）預り金（厚生年金保険料）	20,000
		（貸方）預り金（雇用保険料）	3,000

● 所得税の納付の仕訳例　1月10日に源泉徴収した税金を納付するときは、預かった3万円から還付した1万円を引いて納付する

（借方）預り金（所得税）	20,000	／	（貸方）現金または預金	20,000

年末調整の還付金がひと月分の税額より多いとき

年末調整の加減算の結果、還付額が多くて、1月に納付する税額がマイナスとなった場合は、その計算過程および納付額0円と記載した納付書を所轄税務署に提出します。その際、還付しきれなかった税額を「摘要」欄に記載し、2月に納付する所得税額から相殺します。還付金額が大きくて、2月分の納付税額からも相殺しきれない場合は、「還付請求書」を作成し、税務署に還付申請をします。

86

年末調整

「給与支払報告書」を提出する 08

源泉徴収票を作成したら、うち2枚を市区町村に提出します。

作成する書類	● 給与支払報告書（個人別明細書）　● 給与支払報告書（総括表）
提出先	給与所得者の住民税所在地の市区町村
検索場所	各地方自治体のホームページ／給与支払報告
提出期限	1月31日まで

STEP 1	給与支払報告書（個人別明細書）を作成する

● 源泉徴収票を4枚作成し、うち2枚を市区町村提出用に使う

STEP 2	給与支払報告書を市区町村ごとにまとめる

● 給与支払報告書は、給与所得者の住民税所在地に提出する

STEP 3	給与支払報告書（総括表）を作成する

● 給与支払報告書（個人別明細書）の表紙として使う

STEP 4	市区町村に提出する

● 1月31日までに、郵送またはインターネットで提出する

「給与支払報告書（個人別明細書）」を作成する

❶「個人別明細書」の記載内容：「源泉徴収票」と同じです。「源泉徴収票」を4枚作成し、うち2枚を「給与支払報告書」として使用します。

「給与支払報告書（総括表）」を作成する

❶「総括表」は各地方自治体ごと：各地方自治体ごとに1枚、「個人別明細表」の表紙として作成します。年末になると、各自治体から「給与支払報告書（総括表）」が送られてきますが、今年その市区町村に従業員や役員が住んでいなければ、提出する必要はありません。今年から提出する市区町村の「給与支払報告書（総括表）」は、自治体のホームページからダウンロードするか、年末調整ソフトを使って印刷します。

「給与支払報告書(総括表)」を提出する

❶ **市区町村に提出する**：「個人別の給与支払報告書」に、「総括表」を添えて、1月31日までに、従業員の1月1日現在の住民票所在地の市区町村に提出します。前年中に退職した人は、退職した日現在に居住する市区町村長に提出します。

❷ **電子で提出する**：紙の提出に代えて、インターネットを利用した住民税の電子申告システム(eLTAX)による申告ができる市区町村も増えています。eLTaxを利用する場合は、「eLTax地方税のポータルサイト」から手続きを行います。

> **検索場所**
> eLTAXトップ／Q&A／サイトマップ
> (http://www.eltax.jp/www/contents/1397032194232/index.html)

● 給与支払報告書(総括表)例

年末調整のやり直しはできるの？

年末調整が終わったあとに、結婚や離婚などで扶養控除の金額が変わった、新しく生命保険に加入した、保険料控除の証明書が見つかったなどの理由で、税額が変わってしまうことがあります。その場合、「扶養控除申告書」や「保険料控除申告書」を再提出してもらえば、翌年1月31日まで、年末調整をやり直すことができます。1月末をすぎてしまったら、本人に確定申告をしてもらいます。

第5章 入社1年目からできる経理のお仕事 法定調書編

☑ 5章でできること！

01 「法定調書」の基本
02 給与や退職金を支払った場合
03 給与以外の報酬を支払った場合
04 「不動産に関する支払調書」の作成
05 「給与所得の源泉徴収票等の法定調書合計表」を作成する

原則として、個人に支払った1年間のお金の動きをまとめて税務署に提出します。

法定調書

01 「法定調書」の基本

法定調書とは、支払いをした会社側が作成して、税務署に提出する書類です。

作成する書類 ●給与所得の源泉徴収票 ●退職所得の源泉徴収票 ●報酬、料金、契約金及び賞金の支払調書 ●不動産の使用料等の支払調書 ●不動産等の譲受けの対価の支払調書 ●不動産等の売買又は貸付けのあっせん手数料の支払調書 ●給与所得の源泉徴収票等の法定調書合計表

提出先 所轄の税務署

提出期限 1月31日まで

STEP 1	給与や退職金の「源泉徴収票」を作成する
●年末調整時または退職金の支払時に作成したものを使う	

STEP 2	「給与以外の支払いに対する支払調書」を作成する
●個人に支払った報酬や料金から源泉税を徴収すべき場合	

STEP 3	「家賃の支払いに対する支払調書」を作成する
●すべての家賃について作成する	

STEP 4	「不動産の売買に関する支払調書」を作成する
●すべての取引について作成する	

STEP 5	法定調書の合計表を作成する
●6種類の支払調書をまとめた表紙のようなもの	

STEP 6	作成した書類を提出する
●1月31日までに所轄の税務署に提出する	

法定調書の基本を知る

❶ **法定調書とは**：所得税法などの法律によって税務署に提出が義務づけられている資料のことをいいます。法定調書は、金銭を支払った側に提出義務があります。支払者が、いつ、誰に、いくら支払ったかを報告することで、税務署は

90

金銭の動きを把握し、受け取った側が正しく申告しているのか参考にします。法定調書の記載内容を間違えても、作成者側にペナルティはありませんが、受け取った側の申告内容と異なっていると、相手方に迷惑がかかるので、ミスのないよう慎重に作成しなければなりません。

● **法定調書のしくみ**

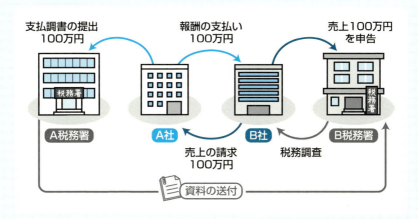

❷ **提出が義務づけられている主な支払調書**：現在は60種類の法定調書がありますが、そのうちすべての会社に義務づけられているのは6種類（95頁参照）です。会社は毎年1月31日までにこれらの法定調書を作成し、税務署に提出します。税務署に提出する法定調書には、金銭の支払いを受ける人および支払者のマイナンバーを記載しなければなりません。ただし、源泉徴収票や支払調書など、支払いを受ける人に交付するものについては、マイナンバーは記載しないので注意してください。

法定調書を提出する

❶ **1月31日までに所轄の税務署に提出**：「給与所得の源泉徴収票等の法定調書合計表」と上記6種類の源泉徴収票や各種支払調書をまとめて提出します。期限に遅れてもペナルティはありませんが、法定期限までに提出しないと税務署から「おたずね」が届きます。1月31日が土日の場合は、次の月曜日が期限となります。

法定調書

02 給与や退職金を支払った場合

給与や退職金の源泉徴収票は、一定のものだけを税務署に提出します。

作成する書類
- 給与所得の源泉徴収票
- 退職所得の源泉徴収票

提出先 所轄の税務署

検索場所 　**給与の源泉徴収票** 国税庁／給与所得の源泉徴収票

　退職金の源泉徴収票 国税庁／退職所得の源泉徴収票

提出期限 1月31日まで

● 税務署に提出する源泉徴収票の範囲

年末調整したもの	
役 員	150万円を超えるもの
弁護士、司法書士、税理士などに給与を支払った場合	250万円を超えるもの
そのほか	500万円を超えるもの
年末調整をしなかったもの	
「扶養控除等申告書」を提出した退職者	250万円を超えるもの
「扶養控除等申告書」を提出しているが、給与が2,000万円を超えるため年末調整をしなかった人	2,000万円を超えるもの
「扶養控除等申告書」を提出しなかった人で、乙欄または丙欄の適用者	50万円を超えるもの

! 支払調書を間違えたとき

法定調書の間違いに気づいたら、次の手順で最初に提出した法定調書を無効にし、再提出すると同時に、受給者にも「再交付」と書いた正しい「法定調書」を再送します。
❶ 最初に提出した「法定調書」をコピーし、右上部余白に「無効」と赤書きする
❷ 最初に提出した「合計表」をコピーし、「調書の提出区分」欄に「4」(無効)と記入する
❸ 正しい「法定調書」を作成し、右上部余白に「訂正分」と赤書きする
❹ 訂正後の「合計表」を作成し、「調書の提出区分」欄に「3」(訂正)と記入する

法定調書

給与以外の報酬を支払った場合

03

源泉徴収の義務と税務署への提出義務範囲は異なっています。

- **作成する書類** 報酬、料金、契約金及び賞金の支払調書
- **提出先** 所轄の税務署
- **検索場所** 国税庁／報酬、料金、契約金及び賞金の支払調書（同合計表）
- **提出期限** 1月31日まで

● 税務署に提出する主な支払調書の例

支払先	支払金額
外交員、集金人の報酬・料金、バー、キャバレーなどのホステス報酬やコンパニオン報酬など	その年の支払金額が50万円を超えるもの
広告宣伝のための賞金など	その年の支払金額が50万円を超えるもの
馬主が受ける競馬の賞金	1回の支払金額が75万円を超えるもの
弁護士や税理士などに対する報酬、作家や画家に対する原稿料や画料、講演料など	その年の支払金額が5万円を超えるもの
その他の報酬・料金	その年の支払金額が5万円を超えるもの

● 報酬、料金、契約金及び賞金の支払調書例

経理　第5章　法定調書

93

法定調書

04 「不動産に関する支払調書」の作成

不動産を借りたり、購入したときに作成します。

作成する書類
- 不動産の使用料等の支払調書
- 不動産等の譲受けの対価の支払調書
- 不動産等の売買又は貸付けのあっせん手数料の支払調書

提出先 所轄の税務署

検索場所
- 不動産の使用料　国税庁／不動産の使用料等の支払調書
- 不動産の譲り受け　国税庁／不動産等の譲受けの対価の支払調書
- 不動産のあっせん手数料　国税庁／不動産等の売買又は貸付けのあっせん手数料の支払調書

提出期限 1月31日まで

● 不動産に関する支払調書の提出範囲

❶ 大家さんに家賃などを支払ったとき	その年中の支払金額が15万円を超えるもの
❷ 不動産を購入したとき	その年中の支払金額が100万円を超えるもの
❸ 不動産の仲介料を支払ったとき	その年中の支払金額が15万円を超えるもの

● 不動産の使用料等の支払調書例

法定調書

「給与所得の源泉徴収票等の法定調書合計表」を作成する

05

6種類の支払調書をまとめて、「法定調書合計表」を作成します。

作成する書類	給与所得の源泉徴収票等の法定調書合計表（法定調書合計表）
提出先	所轄の税務署
検索場所	国税庁／給与所得の源泉徴収票合計表
提出期限	1月31日まで

「法定調書合計表」の基礎を知る

❶ **「法定調書合計表」とは：**会社は、次の6種類の「法定調書」を、毎年1月31日までに作成して、所轄の税務署に提出しなければなりません。「法定調書合計表」とは、これら6種類の法定調書の表紙として提出枚数や合計金額をまとめたものです。

> ❶給与所得の源泉徴収票
> ❷退職所得の源泉徴収票
> ❸報酬、料金、契約金及び賞金の支払調書
> ❹不動産の使用料等の支払調書
> ❺不動産等の譲受けの対価の支払調書
> ❻不動産等の売買又は貸付のあっせん手数料の支払調書

「法定調書合計表」の作成のしかた

❶ **書き方：**「俸給、給与、賞与等の総額」欄や「退職手当等の総額」欄には、給与の総件数と総額を、「源泉徴収票を提出するもの」欄には、税務署に提出する人数と総額を記入します。「報酬、料金、契約金及び賞金の支払調書合計表」の「人員」欄には、個人分と会社分を分けて記入しますが、「支払金額」と「源泉徴収税額」欄は、合算して記入します。「不動産の使用料等の支払調書合計表」「不動産等の譲受けの対価の支払調書合計表」「不動産等の売買又は貸付けのあっせん手数料の支払調書合計表」のうち、「総額」と書いてある欄には、支払ったすべての人数と支払金額の合計額を、「支払調書を提出するもの」欄には、税務署に法定調書を提出する人数と支払金額の合計額を記入します。

経理

第5章 法定調書

95

● 法定調書合計表例

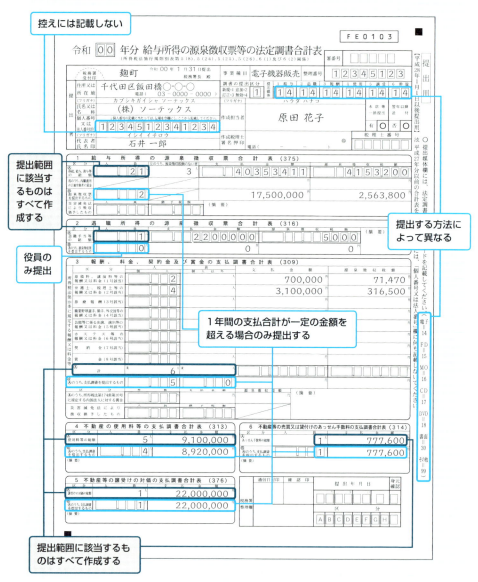

第 6 章

入社1年目からできる人事のお仕事 採用事務編

☑ 6章でできること!

- 01 求人募集から入社までの流れ
- 02 求人と面接のポイント
- 03 採用が決まってから、入社までに準備すること
- 04 社会保険の加入手続きをする
- 05 雇用保険の加入手続きをする
- 06 派遣社員を依頼するとき
- 07 外国人を採用するとき

人手不足の時代、今までよりも幅広い層に求人をかける必要が出てきています。求人媒体の活用法や面接のポイント、採用の手続きの流れを押さえましょう。

採用事務

01 求人募集から入社までの流れ

いい人材を獲得し、会社といい関係を築いてもらうためには、採用担当者の丁寧で細やかな対応が大切です。

準備する書類 ● 面接記録表
作成する書類 ● 求人票
提出先 **求人票** 管轄のハローワーク

STEP 1	**内定者と定期的にコミュニケーションを取る**

● 人が動く時期を考えて求人のタイミングを考える

STEP 2	**求人広告を出す**

● 募集する社員のイメージや業務の内容を整理し、広告媒体を通じて募集広告を出す

STEP 3	**面接の調整をする**

● 受付日・応募者氏名・連絡先・面接希望日などを一覧にした受付表を作成しておく

STEP 4	**面接にあたり、応募者の対応をする**

● 応募者に対し、求人広告の内容と求職者の希望の条件に相違がないか、要件にあっているかなどを事前に確認する。

STEP 5	**内定通知書を出す（採用まで期間が空く場合）**

● 新卒者や新年度の採用など、入社まで数カ月空く場合は「内定通知書」を出す。やむを得ない事情が発覚したときや、会社の状況が変わった場合には内定を取り消すことができるが、解雇と同様に十分な理由が必要

STEP 6	**内定者と定期的にコミュニケーションを取る**

● 内定から入社まで、長いときには半年近く期間が空くことがあるため、定期的な連絡をして内定者に安心感を持ってもらう。社内行事などがあれば招待するといったことも有効

STEP 7	**入社関係書類を送付する**

● 入社日にスムーズに手続きができるよう、そろえてほしい入社書類を連絡しておく

STEP 8	**入社手続きをする**

● 労働条件通知書（雇用契約書）を提示する。保険関係の手続きをする

採用事務

求人と面接のポイント

02

できるかぎり具体的に採用した人材像について、職務内容や条件を絞り込む
と選考・面接の業務効率が上がります。

作成する書類 **ハローワークの場合**
- 求人票　　● 事業所登録シート　　● 企業紹介状

提出先　管轄のハローワーク

人事

第6章　採用事務

● 求人媒体の特徴と活用ポイント

求人媒体		ターゲット	ポイント
ハローワーク		地元の求職者や知識・経験を持つ40歳以上の求職者を採用しやすい傾向あり	● 休憩時間や残業計算の方法、昇給のルールなどを法律のルールにしたがって正しく詳細に記載する必要がある ● 掲載は無料のため、2週間ごとの更新時期を見てこまめに掲載すれば、常に上位で閲覧される ● 「経験者歓迎」。「経験者尚可」はOKといった表現はNG ● 企業登録すれば、インターネットからの募集が可能
求人誌 新聞 フリー ペーパー	無料・有料の求人誌	学生などのアルバイト	● 服装や髪形の自由度や試験前の休み調整など、学生が知りたい情報をヒアリングしてくれる
	新聞の折り込み	年代層が高めのパート会社の近隣に住む人	● 掲載から応募までの流れがスピーディーなので急募案件には向いている
求人サイト	大手求人サイト	新卒採用、中途採用、などのサイトを展開している運営会社が多く、年齢、能力など企業が希望するピンポイントの人材に標準をあわせることができる	● サイト上で細かい検索がかけられるようになっているため、職種も詳細に絞り込むことができる ● ハローワーク同様に「女性のみ」「40歳未満」というような性別や年齢の制限を設けることは禁止されているが、「求める人材像」を字数制限なく記載することができるため、会社の希望を伝えやすい
	専門特化型	一定の資格や業種に特化して求職している人	● より詳細な職務内容を求める場合に有効

99

● 有料求人媒体なら、こんな設定もできる

> 労働条件以外の会社の特徴を絞り込み検索できる

仕事の特徴	☐ 転勤無し　☐ フレックス勤務　☐ 残業月30時間以内 ☐ 原則定時退社　☐ 海外勤務・出張あり　☐ 英語を使う仕事 ☐ 中国語を使う仕事　☐ その他の言語を使う仕事
会社の特徴	☐ 外資系企業　☐ 中途入社5割以上　☐ 女性社員5割以上 ☐ 社内ベンチャー制度　☐ 独立支援制度　☐ 3年連続売上UP ☐ 20代管理職登用実績　☐ 産休・育休取得実績あり ☐ 育児中の社員在籍中
待遇・職場 環境の特徴	☐ 服装自由　☐ 年間休日120日以上　☐ 5日以上連続休暇取得可能 ☐ 完全週休2日制　☐ マイカー通勤可　☐ オフィス内禁煙・分煙 ☐ 社宅・家賃補助制度　☐ 交通費全額支給

> 選択肢が豊富にあるため、自由記入欄では気づかない特徴についてもアピールできる

面接時の記録

❶ **所定の様式をつくる**：面接時の記録はすべて残しておくことで入社後の認識の違いを防いだり、事実確認をするときにも役立ちます。

競業避止義務を確認する

❶ **前職に対する競業避止義務**：従業員が会社の事業と競合する事業を自ら営んだり、競合他社の取締役を務めたりといった競業行為を制限する義務のことです。

立場	制限されるもの	確認事項
取締役など	• 取引しているサービスの情報流出 • 今後取引する予定のサービスの情報流出	特に法律では定められていないものの、左記に対して、「期間」「エリア」「代償としての退職金や特約手当」を受け取っているか
一般の従業員	**個別に定める** • 同業他社への転職・近郊での開業によるサービス・ノウハウの提供 • 業務の過程でできたネットワーク、交渉術、業務上の視点、手法など	

❷ **自社を退職した場合の競業避止義務**：入社の段階で誓約書を交わしておくことが理想です。

他社で働いている人が入社する場合（副業）

❶ **どちらの会社で雇用保険に加入するか**：2つの会社で20時間以上勤務することになった場合、雇用保険の要件は満たすことになりますが、雇用保険に関しては2つの事業所で加入することはできません。考え方は、労働時間の長さではなく、賃金の多いほうの会社で加入します。

❷ 割増賃金は副業先が支払う：副業をした場合、複数の会社で労働時間を合算して考えるため、副業先は法定労働時間に満たなくても割増賃金を支払う必要があります。

● 面接記録表例

面接記録票

面接実施日　令和○○年○○月○○日

| 整理番号 | ○○○○-○○ | フリガナ | ナカムラトモヤ |
| | | 氏　名 | 中村 智哉 |

| 面接担当者職　名 | 人事部 | 面接担当者氏　名 | 武田 孝夫 ㊞ |

区　分	ポイント	メ　モ
志望動機と当社について知っていること	志望の動機が明確であるか。当社に対する関心があるかどうか。事前準備のできる人物かどうか	HPを見て会社の特徴を捉えている。これまでの職歴ともつながりがある
過去に退職歴がある場合は、その理由と経緯	退職理由に不自然な点はないか。複数の退職歴がある場合は、各退職理由を総合的にみて矛盾しないか	2社目の退職理由が人間関係によるメンタル不調
得意とする業務のスキルと経験	得意とする業務のスキルと経験について、自己PRさせる。積極性の確認。当社に必要なスキルかどうか	給与計算はシンプルな月給制中心。年度更新、算定基礎届、年末調整は未経験
健康状態	健康状態に不安要素がなく、担当する職務に就くことができるか。薬の服用や再発の可能性があるか	メンタル不調は回復しており薬の服用、再発のおそれは今のところなし
性格の長所と短所	自覚長所と短所の確認。具体的にどのようなときそう感じるのか説明してもらう。（客観的な性格傾向分析検査の実施が必要）	事務作業は丁寧にミスなくできる。一方で把握するまでに時間がかかる
矛盾点の確認	全体を通して、話の内容に矛盾点がないかどうか。矛盾点がある場合は、本人に再確認する	
待遇	給与、勤務時間等の勤務条件の伝達と確認	試用期間3カ月20万、本採用後23万就業規則どおり夏の賞与は対象外を了承
質疑	興味・関心の領域と積極性の確認	残業時間休日出勤についての質問

服装の印象	10に近いほど良い	1	2	3	4	5	6	7	8	9	10
										✓	

言葉遣いの印象	10に近いほど良い	1	2	3	4	5	6	7	8	9	10
									✓		

総合所見	仕事に就いていない期間や病気療養の期間があるが、コツコツ努力して取り組んでもらえる印象。はじめから負荷をかけすぎないようにする

ヒアリング後に事実が発覚した場合は、内定取消や解雇も発生する
- メンタル不調で休職したことがあったが、まだ治っていなかった
- 運転手として採用を決めたのに薬の服用を申告しなかった

人事

第6章 採用事務

❸ **社会保険の加入**：加入要件は「週の所定常勤労働時間が正社員の4分の3以上」なので、複数の会社に勤務しながら両方で社会保険に加入することはほとんどありません。しかし、一方の会社が代表取締役の場合は時間に関係なく加入しなければならないため、2カ所で社会保険の加入要件が生じます。その場合は、「健康保険・厚生年金保険 被保険者所属選択・二以上事業所勤務届」を年金事務所に提出します。どちらの事業所を主とするかを届け出ますが、保険料はそれぞれの報酬額に応じて按分し、それぞれの事業所ごとに支払います。

● **入社時の健康状態に関する申告書例**

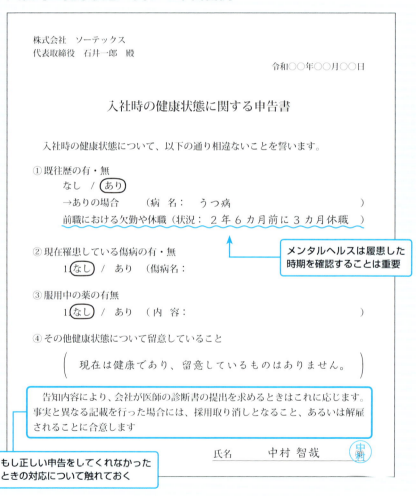

● 退職後の競業避止義務に関する契約書例

退職後の競業避止義務に関する特約契約書

株式会社ソーテックス（以下甲という）は、従業員　中村智哉（以下乙という）との間で次のように契約します。

1. 甲は、乙に対して退職後の競業避止義務を求めることとします。
2. 乙は、甲を退職した後、甲と競業する会社に就職してはいけません。また、甲と競業する事業を起業してはいけません。この競業避止の義務は、乙が甲を退職してから2年間有効とします。競業避止の対象地域は、東京都とします。
3. 乙が甲を退職した後で、この契約に反した時は、甲が要求する損害賠償額を支払うこととします。
4. この誓約書で競業とは、当社が行う以下の業務とします。
   (1) 貴社と競業関係に立つ事業者に在籍、就職若しくは役員に就任すること
   (2) 貴社と競業関係に立つ事業者の提携先企業に就職若しくは役員に就任すること。
   (3) 自ら開業し、貴社と競業関係に立つ事業を行うこと。

> 期間とエリアを確認し判断に迷ったときは弁護士などに相談する

● 健康保険・厚生年金保険 被保険者所属選択・二以上事業所勤務届例

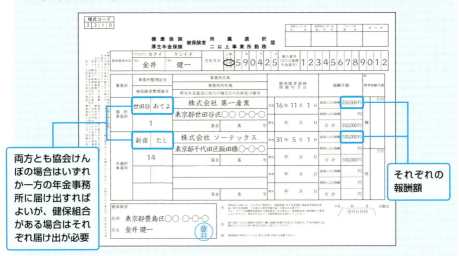

> 両方とも協会けんぽの場合はいずれか一方の年金事務所に届け出すればよいが、健保組合がある場合はそれぞれ届け出が必要

> それぞれの報酬額

●内定通知書（労働条件記載なし）例

> 新卒など、入社までに相当の期間があると会社の状況の変化も考えられるため、具体的な条件は記載しない

加藤 進 様

令和○○年1月15日
東京都千代田区飯田橋○-○-○
株式会社ソーテックス　人事部

内 定 通 知 書

拝啓　時下ますますご清栄のこととお喜び申しあげます。

さて、このたびは、当社の社員採用試験をお受けいただき、ありがとうございました。

慎重に選考の結果、あなたは採用が内定いたしましたので、お知らせいたします。

つきましては、添付の書類に必要事項を記入、押印のうえ、ご返送くださいますようお願い申しあげます。なお万一、期日までにお届けがないときは、採用取り消しとなりますのでご承知ください。

まずはご通知申しあげます。

敬具

記

1．期　限　　　令和○○年2月15日まで必着
2．添付書類　　入社承諾書

> 入社までに期間があること、ほかの企業への就職活動を継続する意思があるかの確認をする

以上

> 人材不足の時代、優秀な人材を獲得することがとても難しくなってきています。一方的に「内定通知」を出すだけでなく、入社まで安心してすごせるようにできるかぎり詳細な条件提示をすることが重要です。

採用事務

採用が決まってから、入社までに準備すること

03

重要な戦力となる内定者は、期待と同時にたくさんの不安を抱えています。入社日まで丁寧にフォローし、安心して入社できるようにします。

内定者とのコミュニケーション

❶ **入社日まで期間が空く場合：**会社からの連絡がまったくないと内定者も不安になってしまいます。距離感を保ちつつ、こまめな連絡を心がけます。

❷ **入社前研修（参加必須）：**入社前であっても給料を支払う必要があります。一般的には内定時に提示した給料の額を日割り・時間割にして支払うことが多いですが、雇用契約を結ぶ前でもあるため、必ずしも契約上の額を支払わなくても問題ありません。ただし、内定者には事前に説明するようにします。

入社時に必要な書類の基礎を知る

❶ **早めに連絡する：**配偶者の扶養に入っていた人などは、配偶者の勤め先で書類の準備に時間がかかることもあるので、早めに連絡します。

● 入社時に必要な書類

❶ 誓約書　　❷ 身元保証書（5年を目途に更新）　　❸ 入社承諾書
❹ 健康診断書（提出日前3カ月以内に受診したもの、もしくは入社後1カ月以内に受診）
❺ 住民票記載事項証明書（内容は会社指定）
❻ 源泉徴収票（入社の年に給与所得のあった者にかぎる）
❼ 給与所得者の扶養控除申告書　　❽ 年金手帳の写し※
❾ 雇用保険被保険者証の写し（所持者）
❿ **DL** 給与振込口座申請書（社内様式）
⓫ 個人番号通知書または個人番号カードの写し （扶養家族がいる場合は扶養家族の個人番号に関するこれらの写しも含む）
⓬ **DL** 通勤経路届（社内様式）
⓭ 必要により、運転免許証、資格証明書、学業成績証明書、卒業証明書の原本提示と写し

※❽は個人番号（マイナンバー）で対応することも可能です。

人事

第6章 採用事務

採用事務

04 社会保険の加入手続きをする

正社員や勤務時間の長いパートを採用したときには、社会保険に加入する手続きをします。家族を扶養する場合は同時に手続きをするので、忘れずに確認します。

対象者	**正社員** 全員
	パート 1日の労働時間・1カ月の所定労働日数が正社員のおおむね4分の3以上（学生アルバイトも対象）
作成する書類	● 健康保険・厚生年金保険 被保険者資格取得届
	● 健康保険 被扶養者（異動）届
	● 国民年金 第3号被保険者関係届（20歳以上の配偶者）
提出先	管轄の年金事務所（事務センター）
期限	資格取得の日から5日以内
添付書類（従業員から受け取るもの）	● 従業員と家族の個人情報がわかるもの（住民票の写しなど：氏名・住所・生年月日・家族の職業・収入） ● マイナンバー（［通知カード＋免許証写し］もしくは［個人カード］）
	扶養家族がいる場合
	● 家族のマイナンバー ● 年金手帳写し（20歳以上の場合）
検索場所	日本年金機構／資格取得届

社会保険の基礎を知る

❶ **社会保険とは**：健康保険・介護保険（40歳以上）・厚生年金保険の総称です。健康保険に加入すると医療費の給付を受けられる「被保険者証」が届きます。介護保険は40歳以上になると保険料の負担者となります。厚生年金保険は将来の年金や就労期間中の死亡や障害に備えるものです。目的はそれぞれ異なりますが、手続き書類は1枚で済みます。ただし、会社が独自の健康保険組合に加入している場合はこのかぎりではありません。

社会保険加入の手続きのしかた

❶ **ステップ1** 「**健康保険・厚生年金保険被保険者資格取得届**」に記入す

る： この1枚で健康保険・介護保険・厚生年金保険の手続きができます。入社から5日以内に、管轄の年金事務所（事務センター）に提出します。

● **健康保険・厚生年金保険 被保険者資格取得届例**

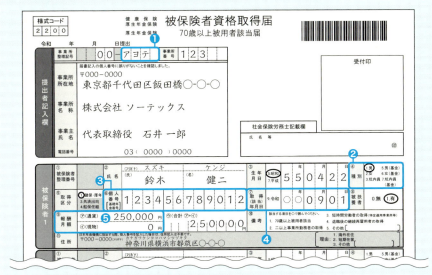

❶ 事業所整理番号・事業所番号を記載する

❷ いずれかを〇で囲む

❸ 個人番号もしくは基礎年金番号を記載する。基礎年金番号は10桁なので左詰めで記載する

❹ 資格取得の日を記入する。試用期間であっても加入する必要がある

❺ 報酬月額の（通貨）は、交通費や残業代も見越して月額を算出する。定期券の現物支給は（現物）ではなく（通貨）になる

❷ **ステップ2** **扶養家族の手続きをする：** 20歳以上の配偶者（国民年金第3号被保険者）とそれ以外の家族（子どもなど）の手続きです。「健康保険 被扶養者（異動）届・国民年金 第3号被保険者関係届」、1枚の書類で手続きができます。入社のときだけでなく、結婚や就職、離職によって途中で手続きすることもあります。

配偶者 事実婚も含まれます。同居・別居によって要件が異なります。

同居か別居か	対象者の年収
同居	対象者(配偶者)の年収が130万円未満かつ被保険者(従業員)の年収の2分の1未満
別居	対象者(配偶者)の年収が130万円未満かつ被保険者(従業員)の仕送りの額未満　※仕送りの額は通帳コピーなどで確認される

※ **国民年金第3号被保険者** 会社員や公務員などの国民年金第2号被保険者に扶養される20歳以上60歳未満の配偶者(妻・夫)のこと。20歳以下の配偶者の場合は3号に該当せず、子どもと同様の被扶養者になる。

配偶者以外 「健康保険 被扶養者(異動)届」の手続きをします。ちなみに、配偶者以外の被扶養者とは国内に居住する次のような人たちになります。

❶ 配偶者・子・孫・兄弟姉妹・父母・祖父母
❷ 同居し、従業員が生計を維持している3親等内の親族

❸ **ステップ3** 社会保険料について：従業員の社会保険料は、扶養家族が何人いても金額が変わりません。国民年金第3号被保険者(配偶者)も負担はありません。

● 健康保険 被扶養者(異動)届・国民年金 第3号被保険者関係届例

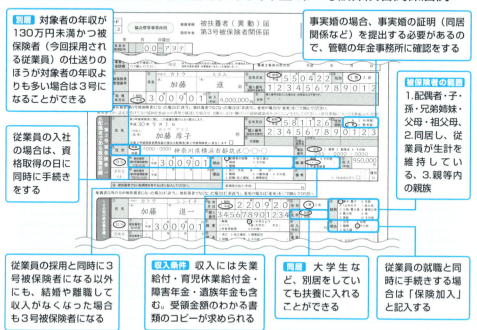

採用事務

雇用保険の加入手続きをする 05

社会保険は正社員や時間の長いパートが加入するのに対し、雇用保険は週20時間以上の勤務であれば加入することができます。社会保険の加入要件の違いに留意しながら手続きを行います。

対象者 **正社員** 全員
パート 勤務開始から31日以上働く見込みがあること。1週間の所定労働時間が20時間以上

作成する書類 ● 雇用保険 被保険者資格取得届

提出先 管轄のハローワーク

期限 雇用した日の属する月の翌月10日まで

提出してもらう書類 ● 雇用保険 被保険者証（前職退職時に受け取ったもの）

検索場所 ハローワーク／雇用保険被保険者資格取得届

雇用保険の加入手続き

❶ **優先順位を考える：**社会保険の届け出は、健康保険証を早く手渡す必要があることからなるべく早めに手続きをする必要があるのに対し、雇用保険はそれほど急ぐ必要がなく、期限も入社月の翌月10日になっています。逆に早めに手続きをしすぎたことによって前職の離職の手続きが取られていなかったということもあるので優先順位を考えて手続きをしましょう。

❷ **ステップ1** **従業員情報を集める：**「雇用保険被保険者番号」は転職しても変わることはありません。前職を退職した際に受け取った「雇用保険被保険者証」を提出してもらい、番号を紐づけて手続きを行います。ただし、前職との間に7年以上のブランクがあるときは新規で番号をつくることになります。紛失してしまった場合などは前職の名前を伝えれば検索してもらうこともできます。

❸ **ステップ2** **「雇用保険被保険者資格取得届」の記入：**ハローワークでOCRの用紙をもらって鉛筆で記入して窓口に提出することもできますが、ハローワークのホームページの入力画面から入力すると、帳票が自動作成されるので便利です。

109

● 雇用保険 被保険者資格取得届例

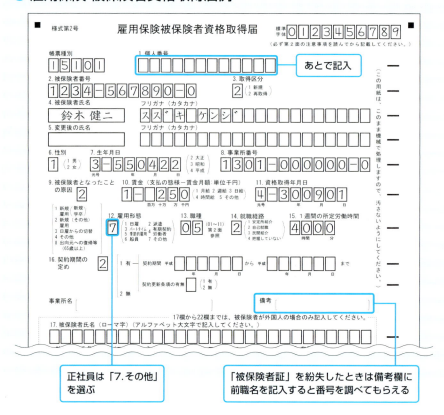

④ **ステップ3** **届け出後：** 次の書類が届きます。

❶ 雇用保険被保険者証	新たな就職先の番号・社名の入った被保険者証に変わる。本人に渡すと紛失してしまう可能性が高いので、会社で保管し、退職時に本人に渡すようにする
❷ 雇用保険被保険者資格取得確認通知書	会社の控えとなる書類
❸ 雇用保険被保険者資格喪失届・氏名変更届	退職するとき・氏名変更するときの書類も資格取得時に届く。氏名と番号が入っているので退職日を書くだけでよい

採用事務

派遣社員を依頼するとき　06

人事

第6章　採用事務

スキルのある即戦力を確保する方法として、派遣社員の活用があります。時間単価は割高ですが、会社が雇用するわけではないので手続きが簡素化できます。また、もし直接採用したいとなった場合は、直接雇用の申し込みができることもあります。

STEP 1	派遣会社を選ぶ

● 料金や派遣のスタッフの人数、平均的なスキルを確認し、契約する

STEP 2	希望の人材に事業所を訪問してもらう

● 企業は派遣会社に対して、派遣スタッフについて年齢や性別などを指定したり選別したりする目的で就業前に派遣スタッフと会ってはならないが、派遣元の担当者同席のもとで派遣スタッフが就業前に職場を見学し、派遣先（企業）が対応することは問題ない

STEP 3	略歴書をもらう

● 紹介予定派遣（下記参照）ではない場合、派遣スタッフの履歴書をもらうことはできない。略歴書やプロフィールをもらうことは認められている

STEP 4	業務の開始

● 実際に業務が開始されたら、通常の従業員と同様に指示を出して働いてもらう。企業独自の機材などを使用する場合は、通常の従業員と同じように安全衛生教育をする。また、入館証やパソコン、社内ルールの周知、組織図の開示など、通常の従業員と同様の手順で迎え入れる

STEP 5	料金の支払い

● 「派遣料金」としてまとめて支払う。サービス料金は、消費税が課税される。

派遣社員の基礎を知る

❶ **派遣契約とは**：派遣元（派遣会社）と派遣契約を結ぶことによって、派遣元に雇用される従業員（派遣社員）を希望の期間、自社で勤務してもらうことができます。直接の労働契約を結ぶのではなく雇用主は派遣元なので、給与に相当するものは社会保険料などもすべて含めて「派遣料金」として支払います。雇用契約はありませんが、派遣先としての「約束ごと（派遣先の責務）」があります。

111

採用事務

07 外国人を採用するとき

人手不足やグローバル化の影響で、外国人の雇用を検討する企業が増えています。目的とルールを整理して採用に結びつけるようにします。

確認するもの ● 在留カード写し

STEP 1	在留資格を確認する

● 在留カードを提出してもらい、在留資格や在留期間が適しているか確認する

STEP 2-❶	正社員として採用する場合

● 「技術」「人文知識・国際業務」といった在留資格で、専門職または特別な技術を持った人は就労ビザが取れ正社員として働くことができる。逆に飲食業の接客などはできない

STEP 2-❷	留学生の場合

● 在留資格が「留学」のため、「資格外活動許可申請」を行えば働くことができるが、アルバイトの立場でしか働くことができない

STEP 2-❸	永住者の場合

● 永住者であれば、原則どのような働き方も可能

STEP 2-❹	大学を卒業して就職しようとしている留学生

● 専門性や特別な技術を身につけて働く場合、「就労ビザ」を取る必要がある

STEP 3	入社・保険加入の手続きを行う

● 仕事の内容、勤務時間を確認して雇用契約書を作成する
● ハローワークへの届け出は在留カードが必要。社会保険の加入要件は日本人と同じ。ローマ字表記の登録も必要になる

日本に住む外国人の求人から採用までの流れ

❶ **在留資格の確認方法**：在留カードとは、外国人にとっての身分証明書のようなもので、日本に中長期滞在している外国人は皆持っているものです。採用しようとするときは、在留期間が超過していないか（契約期間内を通して確認）、在留資格が採用しようとしている業務に適しているかを確認します。希望するときは「資格外活動許可」を取ることが必要です。

● 在留カード例

① 氏名
② 生年月日
③ 住居地
④ 在留資格
⑤ 在留期間（満了日）
⑥ 在留カード番号
⑦ 国籍
⑧ 就労期限の有無
⑨ 有効期間
⑩ 届出年月日
⑪ 資格外活動許可
⑫ 在留期間更新等の申請

人事　第6章　採用事務

● 在留資格ごとの仕事の制限

在留資格	仕事の制限	時間の制限	
外交、公用、芸術、医療、研究、教育など16種	高度な業務（飲食店や小売店の販売などは×）	労働基準法どおり	
留学生アルバイト	学生の身分にふさわしいもの	留学生・就学生	労働時間
		大学などの正規生	週28時間以内
		大学などの聴講生、研究生	週14時間以内
		専門学校生	週28時間以内
		就学生	1日4時間以内
永住	なし	労働基準法どおり	
特定活動	ワーキングホリデー	労働基準法どおり	
技能実習	80職種	労働基準法どおり	
特定技能	1号受け入れ分野で相当な知識経験が必要（14業種） 2号受け入れ分野で熟練した技能経験が必要（建設・造船・舶用工業）	労働基準法どおり	

113

❷ **「資格外活動許可申請」のしかた**：雇い入れようとしている外国人本人でもできますが、会社で申請することも可能です。雇い入れの前に、その外国人が住んでいる場所の管轄の入国管理官署に「資格外活動許可申請書」と「在留カード」（もしくはパスポート、在留資格証明書）を持参して申請します。おおむね1カ月程度で許可がおります。

❸ **就労ビザの申請**：留学生が就職するときや海外に住む特定の専門知識のある外国人が日本で就職するときは就労ビザを取る必要があります。就労ビザは入国する外国人の出身国や就職先での仕事の内容によって細かい審査があるため、行政書士などの専門家に依頼するのがスムーズです。

❹ **ハローワークへの届け出**：雇い入れの際には、「雇用保険被保険者資格取得届」の中にある外国人被保険者の場合の記載欄に、氏名（在留カードに記載されたローマ字）、在留資格（上陸許可証印に記載されたとおりの内容）を記載してハローワークに提出します。

❺ **年金事務所への届け出**：本人と被扶養者ともに、「資格取得」「氏名変更」「住所変更」の手続きをするためにアルファベット登録をしておく必要があります。

非居住者に対する源泉所得税

❶ **非居住者に給料や報酬を支払う場合**：原則として20.21％（復興特別所得税を含む）の源泉所得税を天引きし、翌月10日までに納付しなければなりません。しかし、非居住者か居住者かの判定は、従業員や役員の国籍で判断されるわけではありません。非居住者とは、日本国内に住所も居所もない人や、引き続き日本国内に居所を有している期間が1年未満の人のことです。したがって、外国人を採用した場合でも、1年以上の雇用契約を交わしている場合は、日本の居住者と同じように源泉所得税を計算します。

深刻な人手不足により、今後もますます外国人の雇用は進むと考えられます。2019年からはじまった特定技能の制度も、これまでの就労ビザのように専門的・技能的分野に限定せず、一定の専門性・技能を持つ即戦力となる外国人を受け入れていくことを目的としています。

第7章 入社1年目からできる人事のお仕事　退職者編

☑ 7章でできること!

01 退職者に対する事務の流れ
02 最後の給料を支払う
03 社会保険の喪失手続きをする
04 雇用保険の喪失手続きをする
05 退職金を支払う（基本の流れ）
06 所得税と住民税を控除する
07 控除した税金を支払う
08 退職金の支払い調書をつくる

退職の申出を受けたら、貸与物の回収、保険関係の手続き、誓約書、最後の給与の支払いの手続きをします。退職後のトラブルを防ぐためにも在職中に得た情報についての取り扱いの約束や経費の精算など、漏れなく確認することが重要です。

退職者

01 退職者に対する事務の流れ

退職者に対しては、最後の給料までに税金や社会保険料そのほかの精算が必要です。

STEP 1　退職届を受け取る

● 自己都合退職であることと退職の時期を明確にするために必要

STEP 2　最後の給料から交通費や仮払金を精算する

● 最後の給料で、会社と従業員（役員）との債権・債務を精算する。最後の給料から会社が立て替えているものを控除する場合、必ず本人の同意を得るようにする

STEP 3　名刺や会社の備品・情報を返却してもらう

● 業務に関連する情報を確実に回収し、万が一にも退職後に社外に持ち出すことがないようにする。「退職時の確認誓約書」を交わしておく

STEP 4　最後の給料から社会保険料を2カ月分控除する

● 退職する日によって、天引きする社会保険料の金額が変わる。月末退職の場合は2カ月分、それ以外は1カ月分を控除

STEP 5　最後の給料から住民税の残りを控除する **または** 住民税の異動届を提出する

● 退職する日によって、住民税の精算方法が異なる

STEP 6　社会保険の喪失手続きをする

● 5日以内に、雇用保険 被保険者資格喪失届を最寄りの年金事務所に提出する。健康保険が「転職先の健康保険」「国保」「任意継続」「配偶者の扶養」いずれになるか確認

STEP 7　雇用保険の喪失手続きをする

● 10日以内に、雇用保険 被保険者資格喪失届を最寄りのハローワークに提出する

STEP 8　源泉徴収票を本人に送付する

● 1カ月以内に、その年の1月1日から退職日までの給与の合計額と税額を記載した源泉徴収票を作成し、本人に送付する

● 退職届例

退 職 届

株式会社 ソーテックス
代表取締役 石井 一郎 　様

　下記の理由により、令和○○年○○月○○日付で退社いたします。

退社の理由
　　　一身上の都合

> 退職日が会社にとって都合が悪い場合は相談することも可能

　なお、退社にあたり下記の諸事項を遵守いたします。

> 在職中に知り得た業務上の情報および資料について、就業規則および入社時の誓約書に基づき、一切持出しおよび漏洩いたしません。
> 違反した場合は入社時の誓約書にしたがうことを約します。

令和○○年○○月○○日
　　　氏　名　松本 正人 ㊞

> 通常、退職届は会社の様式がなく自由に書いてもらうのが一般的だが、誓約の文言を入れたものを用意しておくと重要事項の確認ができる

? 有給の買い取りを要求されたら？

残っている有給休暇を消化してから辞めるというのが一般的ですが、業務の都合上どうしても使い切れない場合もあります。原則として有給の買い取りをすることはできませんが、退職時にかぎっては認められています。その場合、買い取った有給休暇は退職所得として処理します。そのため、離職票を発行するときも、退職月の給料に買い取り有給の額は載せないようにします。

● 退職時の確認誓約書例

退職時の確認誓約書

私は今般貴社を退職するにつきまして、下記のとおり確認し、誓約いたします。

記

> 情報に関する取扱いは具体的な範囲を明示する

1. 私は、貴社に在職中に扱った書類、伝票、帳簿、帳票、ノート、メモ、そのほかこれに類する資料およびその写しなど、貴社の所有物は本日までにすべて貴社に返却いたしました。
2. 私は、貴社から貸与されたパソコン、データファイル、スマートフォン（携帯電話）、そのほかこれに類する通信機器および関連資料など、貴社の所有物は本日までにすべて貴社に返却いたしました。
3. 私は、私が貴社に在職中に業務遂行のために、私の所有するパソコン、データファイル、デジタルファイル、スマートフォン（携帯電話）、そのほかこれに類する通信機器に保存した貴社および取引先そのほか関係先の業務に関する一切の情報（信用・企業情報などを含む）および個人情報（顧客などの個人情報のみならず、貴社の役員および従業員に関する個人情報を含む）は、本日までにすべて削除し、これらの複製も一切保管しておりません。ただし、退職後に企業社会通念上許容される範囲での個人情報（氏名、住所、電話番号）を保有することは許容されるものとし、使用するにあたっても、当該個人情報は私のみが個人的に使用し、私自身の営利目的などのために使用しないことおよび第三者に開示または漏洩しないことを約束いたします。
4. 貴社在職中に知りえた貴社および取引先そのほか関係先の秘密および個人情報は、退職後といえども、ほかに漏らしたり使用したりすることは一切いたしません。また退職後2年間は、貴社の承諾なく競業会社に就職しまたは競業を営むことはいたしません。
5. 貴社の秘密などおよび個人情報を漏洩または使用すること、そのほか本確認誓約に反して貴社に損害を与えた場合には、これを賠償し、また、貴社のこれに関する損害・信用の回復などの指示にしたがいます。

以上のとおり相違ありません。

令和○○年○○月○○日

氏名　田中　雅子　

株式会社ソーテックス
代表取締役　石井一郎　殿

> 専門職で勤務することが前提の職種（看護師、保育士など）にはなじまないこともある。ノウハウ流出、顧客流出などのリスクがなければ省略可

退職者

最後の給料を支払う

02

従業員（や役員）から天引きすべき源泉所得税は、会社が自分で計算しなければなりません。

作成する書類	● 給料明細書
	● 源泉徴収票

必要があれば作成する書類	● 給与所得者異動届出書

提出先	退職者の住民税所在地の市区町村

検索場所	各自治体のホームページ／給与所得者異動届出書

人事
第7章 退職者

仮払いなどの未精算がないか確認する

❶ **会社と従業員の間で未精算**：精算すべきものとしては、最後の社会保険料や今年度の住民税の精算だけでなく、仮払金の精算、社宅家賃の日割り精算や退去に伴い発生する費用、貸付金の残高、給料の前払い、前月までの給料の訂正などが考えられます。

❷ **定期代を精算する**：3カ月定期または6カ月定期を購入している場合は、定期代の残りを精算します。通常、月単位での払い戻しになります。精算する金額がある場合は、最後の給料から差し引きます。

❸ **社会保険料を控除する**：前月分の社会保険料を、最後の給料から天引きします。当月分の社会保険料は、退職日によって異なるので注意してください。

❶ 月末で退職する場合	最後の給料から天引きする（前月分とあわせて2カ月分を控除）
❷ 月の半ばで退職する場合	天引きしない（前月分のみ1カ月分を控除）

※ 雇用保険料は当月分を天引きしているので、通常月と同じ計算をします。

❹ **住民税を精算する**：住民税の未徴収分は、退職する時期によって、精算方法が異なります。

❶1月1日から4月30日までの間に退職する場合	最後の給料（または退職金）から残りの全額を、一括で天引きする		
		異動届	納付書
❷6月1日から12月31日までの間に退職する場合（次の3つから選択）	① 普通徴収に切り替えて、本人が自分で払う	「給与所得者異動届出書」を作成し、退職者の住所地の市区町村へ、翌月10日までに提出する	通常月と同じ住民税の納付書を使う。すでに印字されている金額を二重線で抹消し、「納入金額（2）」欄に、納付すべき金額を記入する
	② 最後の給与（または退職金）から、一括で天引きする		
	③ 次の職場で、特別徴収を引き継ぐ	「給与所得者異動届出書」を退職者に交付し、本人が次の職場に提出する。	最後の給料から通常通り天引を行う

● 給与支払報告・特別徴収に係る給与所得者異動届出書例

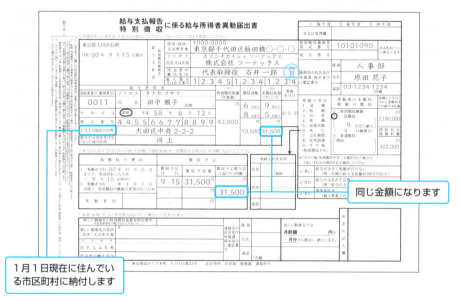

源泉徴収票を交付する

❶ **源泉徴収票を交付する：** 退職した日から1カ月以内に、最後の源泉徴収票を交付しなければなりません。源泉徴収票には、その年1月から退職月までの「給与支給額」「控除した社会保険料と雇用保険料の合計額」「源泉所得税の合計額」「退社日」を記載します。退職者は、受け取った源泉徴収票を新しい会社に提出すれば、合算して年末調整を受けることができます。

退職者

社会保険の喪失手続きをする 03

社会保険に加入している従業員が退職したら、資格喪失の手続きを取ります。

作成する書類	● 健康保険　● 厚生年金保険　● 被保険者資格喪失届
提出先	年金事務所（事務センター）
提出期限	資格喪失した日から5日間
添付書類	● 健康保険証（家族の分も）
検索場所	日本年金機構／資格喪失届／退職

人事

第7章 退職者

社会保険の資格喪失

❶ **退職による資格喪失の手続き**：保険証の添付が必要です。届け出の期限は資格喪失から5日以内なので、従業員からは速やかに返却してもらうようにします。なお、退職者と連絡が取れないなど、保険証がどうしても回収できない場合は、「健康保険被保険者証回収不能届」を提出する必要があります。

❷ **年齢による喪失**：厚生年金保険は70歳、健康保険は75歳で被保険者の資格を喪失します。

❶70歳に到達	70歳の誕生日を迎える被保険者が、厚生年金保険の資格を喪失する年月日は、「誕生日の前日」となる
❷75歳に到達	75歳に到達する被保険者がいる場合、その健康保険の資格喪失年月日は、「誕生日の当日」となり、「後期高齢者」の資格に自動的に切り替わる。なお、各事業所に間もなく75歳を迎える被保険者がいる場合、誕生月の前月を目安として「被保険者資格喪失届」の様式が各事業所に送付される

健康保険の任意継続と国民健康保険

❶ **退職後、新たな就職先の健康保険に加入しない場合**：国民健康保険（国保）に切り替えることになります。国保は退職した従業員が、住んでいる役所の窓口で自身で手続きをします。

121

❷ **退職前の健康保険に継続して加入する場合：**これを「任意継続」といい、加入要件は次のようになります。を喪失します。

> ❶ 資格喪失日の前日までに「継続して2カ月以上の被保険者期間」があること
> ❷ 資格喪失日から「20日以内」に申請すること

保険料 退職時の報酬額に応じて、保険料が決定します。退職後に加入するものなので、保険料の半額を会社が支払ってくれなくなるので全額を負担することになります。

受けられる給付 在職中と同じように医療費は3割負担となりますが、傷病手当金や出産手当金は支給されません。

留意点 転職先の健康保険に加入することが決まった場合は切り替えが可能ですが、「国民健康保険に加入する」「家族の扶養に入る」という理由では任意継続をやめることはできません。

● 健康保険・厚生年金保険 被保険者資格喪失届 厚生年金保険 70歳以上被用者不該当届例

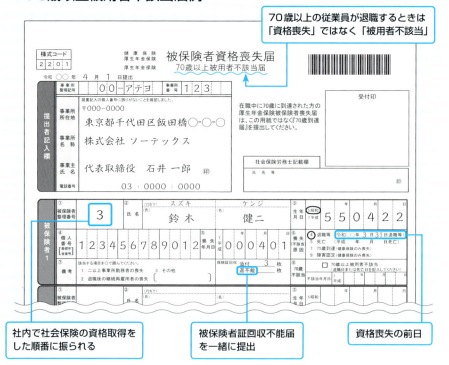

退職者

雇用保険の喪失手続きをする　04

雇用保険の喪失の手続きをします。離職票は従業員の希望があった場合にのみ作成します。

作成する書類
- 雇用保険被保険者資格喪失届

※従業員から希望があったときのみ
- 雇用保険被保険者離職票 - 1
- 雇用保険被保険者離職票 - 2
- 雇用保険被保険者離職証明書（事業主控）
- 雇用保険被保険者資格喪失確認通知書（事業主通知用）

提出先　ハローワーク
提出期限　被保険者でなくなった日の翌日から10日以内
添付書類　●資格喪失届　・賃金台帳　●出勤簿　●そのほか確認書類

雇用保険の喪失手続きに必要な書類

❶ **雇用保険被保険者資格喪失届**：「雇用保険資格喪失届」は、「資格取得届」を提出した際に発行されます。氏名や社名が印字されているので、資格喪失の日付を鉛筆で書き入れて代表印を押すだけで完成します。紛失した場合は、新たな様式に記入して提出します。

❷ **雇用保険被保険者離職票**：12カ月以上の賃金支払い期間がないと失業給付を受けられないことから、転職先が決まっている人や数カ月で辞めてしまう人には離職票が必要ないと思われがちですが、前職を退職した日から30日以内の転職であれば被保険者期間を通算することができます。

● **30日未満での転職なので、前後の被保険者期間が通算される**

離職票の書き方

❶ **用紙の確認**：離職証明書の用紙は、「離職証明書事業主控及び離職票」が3枚1組の複写式になっています。1枚目は事業主控として事業所に、2枚目は離職証明書として安定所にそれぞれ保管され、3枚目は離職票−2として事業主を通じて離職者に交付します。

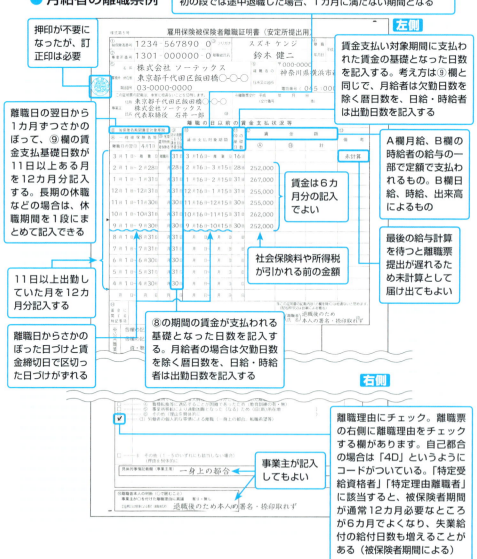

● 長期休職後復帰せずに退職した人の離職票例

● パート（日給者）の離職票例

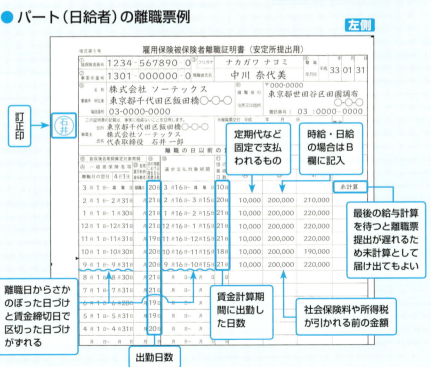

退職者

05 退職金を支払う（基本の流れ）

退職金を支払うときは、退職金だけで所得税と住民税の納税を完結させます。

用意する書類
- 就業規則　● 役員退職金規定

作成する書類
- 退職所得の受給に関する申告書
- 退職所得の源泉徴収票

必要があれば作成する書類
- 支払調書合計表（役員のみ）

交付先および提出先
- 退職所得の源泉徴収票：本人（全員）、最寄りの税務署および本人所在地の市区町村（役員のみ）
- 支払調書合計表：最寄りの税務署

STEP 1　退職金の支給額を決める

● 退職金の額は、会社が自由に決めることができる

STEP 2　「退職所得の受給に関する申告書」を提出してもらう

● 退職金にかかる税金のもととなる書類

STEP 3　退職金の所得税を計算する

● 給与所得と合算せずに単独で計算する

STEP 4　退職金の住民税を計算する

● 通常の住民税とは別に、会社が自分で計算する

STEP 5　退職者に源泉徴収票を交付し（全員）、税務署や市区町村に提出する（役員のみ）

● 1カ月以内に作成し、本人に送付する。役員にかぎっては、税務署や市区町村にも提出する

STEP 6　支払調書合計表を税務署に提出する（役員のみ）

● 役員の場合は、翌月15日までに源泉徴収票を添付して、最寄りの税務署に提出する

STEP 7　控除した所得税と住民税を納付する

● 所得税だけでなく、住民税も会社が税額を計算し、原則、翌月10日までに納付する

退職金の基本を確認する

① **退職金とは**：退職を原因として支給する給与のことです。労働法で支給が義務づけられているわけではありません。

② **役員退職金の決め方**：役員退職金が不相当に高額とみなされると、法人税の損金に算入されません。実務の世界では、「功績倍率方式」という方法を用いて、支給額を計算します。法律上の決まりはありませんが、1.5倍から3倍程度が一般的です。

● 功績倍率法式による役員退職金の計算方法

役員退職給与の適正額 ＝ 最終月額報酬 × 役員在任年数 × 功績倍率

● 退職所得の受給に関する申告書例

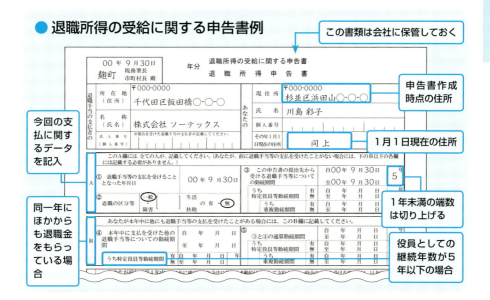

! **未払退職金の計上時期**

退職金は、退職当日に支払うとはかぎりません。①の場合も②の場合も、会社が任意にいずれかを選ぶことができます。

❶従業員の場合	従業員が退職した日
	従業員に退職金を支給した日
	就業規則に退職金の支払日が明記されている場合には、その支払日
❷役員の場合	株主総会で、退職金の額を具体的に決議した日
	退職金を実際に支給した日

退職者

06 所得税と住民税を控除する

従業員（や役員）から天引きする源泉所得税は、会社が自分で計算します。

検索場所 | **源泉徴収のための退職所得控除額の表** 国税庁／源泉徴収のための退職所得控除額の表

退職所得に係る道府県民税・市町村民税の特別徴収税額早見表
総務省／退職所得に係る道府県民税・市町村民税の特別徴収税額早見表

退職所得の源泉徴収税額の速算表 国税庁／別紙 退職所得の源泉徴収税額の速算表

作成する書類 ● 退職所得の受給に関する申告書

STEP 1 | 「退職所得控除額の表」を用意する

● 勤続年数に応じて、一定の金額を控除する

STEP 2 | 課税される退職所得の金額を計算する

● 退職所得控除額をマイナスした金額の2分の1額が課税所得になる

STEP 3 | 控除すべき源泉所得税の金額を計算する

● 給与所得など、ほかの所得とは別に税金を計算する

STEP 4 | 控除すべき住民税の金額を計算する

● 通常の給料とは別に、会社が住民税を計算する

退職金にかかる税金の基本を確認する

❶ **退職金から控除するもの**：源泉所得税と住民税だけです。社会保険料や雇用保険料は天引きしません。退職金にかかる税金は、給与所得など他の所得と合算しないで、単独で計算し、納付も行います。源泉所得税だけでなく、住民税も会社が計算し天引きするので、退職金を支給すると同時にすべての納税が完了します。給与所得のように、翌年に住民税が課税されるということはありません。退職金にかかる税金の計算式は、次のとおりです。

128

$$\text{課税される退職所得控除の金額（千円未満切り捨て）} \times \text{税率} = \text{退職金にかかる税金}$$

Ⓐ ＝ （退職金の支給額 － 退職所得控除額） × $\frac{1}{2}$

退職所得の受給に関する申告書を作成する

❶ **退職所得の受給に関する申告書**：退職金の支給が決まったら、「退職所得の受給に関する申告書」を提出してもらいます。申告書の提出がない場合は、退職所得控除額をマイナスせずに、退職金の額に一律20.42％を掛けて計算します。

❷ **源泉所得税と住民税を計算する**：「退職所得控除の表」を用意します。該当する勤続年数を見て、右横の「一般退職」欄で退職所得控除の金額を確認します。退職金の額から退職所得控除額をマイナスした金額に2分の1を掛けた額が「課税所得」になります（上記Ⓐ）。

所得税は、課税所得の金額に応じて、税率が異なります。国税庁のホームページで税率（退職所得の源泉徴収税額の速算表）を確認し、さらに復興特別所得税2.1％を掛けて、天引きすべき税金を計算します。扶養家族の有無で税額が変わることはありません。住民税は所得税と同じ計算方法で課税所得を計算し、市町村民税と道府県民税の税率を掛けて計算します。

・市町村民税の税率　一律：6％　　・道府県民税の税率　一律：4％

年末調整・所得税の速算表（82頁参照）

（600万円 － ㋐400万）× $\frac{1}{2}$ ＝ 100万円 × 5％

● 退職金600万円（勤続年数10年）の仕訳例

（借方）退職金	6,000,000	（貸方）現金または未払金	5,860,000
		（貸方）預り金（所得税）	50,000
		（貸方）預り金（住民税）	90,000

※ 住民税を市町村民税と道府県民税に分ける必要はない

㋑（次ページ）

勤続年数が5年以下の場合

1. **役員の場合**
   2分の1課税の適用なし

2. **従業員の場合**
   退職所得控除額をマイナスした残額のうち300万円を超える部分について、2分の1課税の適用なし（令和4年1月1日から）
   300万円×1/2＋｛その年中の退職金の額－（300万円＋退職所得控除額）｝
   ＝退職所得の金額

● 源泉徴収のための退職所得控除額の表

● 退職所得に対する住民税の特別徴収早見表（抜粋）

退職者

控除した税金を支払う　07

控除した源泉所得税と住民税は、原則、翌月10日までに支払います。

- **作成する書類**　● 所得税徴収高計算書（納付書）、住民税納付書
- **提出先**　● 所轄の税務署　● 退職者の住所地の市区町村
- **提出期限**　**原則** 給料支給日の翌月10日まで

  納期の特例（所得税）を申請している場合
  1月～6月分→7月10日まで、7月～12月分→1月20日まで

  納期の特例（住民税）を申請している場合
  12月～5月分→6月10日まで、6月～11月分→12月10日まで

源泉所得税の納付

❶ **源泉所得税の納付書を作成する：** 普段使用している「源泉所得税の所得税徴収高計算書（納付書）」を使って納付します。納付期限は原則、翌月10日ですが、納期の特例を受けている場合は、その特例期限までです。

住民税の納付

❶ **住民税の納付書を用意する：** 通常は翌月10日までに、納期の特例を申請している場合は各納期限までに納付します。退職者本人が住む各市区長村から送られている納付書を使用します。すでに納付すべき税額が印字されているので、印字部分を二重線で抹消し、「納入金額（2）」欄に新しい金額を記入します。

● 住民税納付書（一般用）例

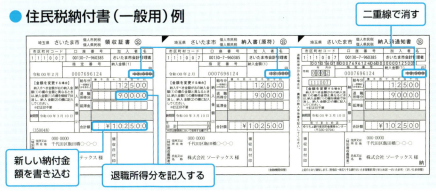

退職者

08 退職金の支払い調書をつくる

退職金を支払ったら、「源泉徴収票」を作成し、本人に渡します。

作成する書類 ● 退職所得の源泉徴収票　● 特別徴収票
交付先 退職者（全員）

退職所得の源泉徴収票・特別徴収票を作成する

❶ **退職日から1カ月以内に本人に交付**：源泉徴収すべき税額の有無にかかわらず「退職所得の源泉徴収票・特別徴収票」を作成し、1カ月以内に全員に交付します。

役員に支給した場合

❶ **退職金の受給者が役員の場合**：4枚切りになっている「退職所得の源泉徴収票・特別徴収票」のうち、1枚を本人が1月1日現在居住していた市区町村に、もう1枚を会社の所轄の税務署に提出します。提出期限は、原則、退職日から1カ月以内ですが、翌年の1月31日までにほかの支払調書とまとめて提出しても差し支えありません。

● **退職金の源泉徴収票例**

その年中に、ほかの会社から退職金などの支給を受けたことがない場合

本人に渡すものには記載しない

退職者の現住所および1月1日現在の住所

その年中に、ほかの会社からも退職金などの支給を受けている場合

「退職所得の受給に関する申告書」の提出がない場合

令和○○年分　退職所得の源泉徴収票・特別徴収票

個人番号 4 4 5 5 6 6 7 7 8 8 9 9
神奈川県横浜市都筑区○-○-○
同上
（役職名）　鈴木 健二

区　　分	支払金額	源泉徴収税額	特別徴収税額 市町村民税	道府県民税
所得税法第201条第1項第1号並びに地方税法第50条の第1項第1号及び第328条の6第1項第1号適用分	6,000,000	54,000	36,000	90,000
所得税法第201条第1項第2号並びに地方税法第50条の第1項第2号及び第328条の6第1項第2号適用分				
所得税法第201条第3項並びに地方税法第50条の第2項及び第328条の6第2項適用分				

退職所得控除額	勤続年数	就職年月日	退職年月日
400	10	○○年9月30日	○○年8月31日

（摘要）

個人番号又は法人番号 1 2 3 4 5 1 2 3 4 1 2 3 4
東京都千代田区飯田橋○-○-○
（株）ソーテック人　（電話）03-0000-0000

316

第 **8** 章

入社1年目からできる経理のお仕事 お金の管理編

☑ 8章でできること!

01 現預金を管理する
02 「領収書」を管理する
03 小切手を管理する
04 手形を管理する
05 仮払金を管理する
06 支払い業務を行う
07 借入金やローンの残高を管理する
08 証憑類を整理して保管する

会社の最も大切な財産であるお金の入出金や管理をする仕事です。

お金の管理

01 現預金を管理する

現金の管理は、経理の基本中の基本です。

作成する書類 ● 現金出納帳 ● 現金残高管理表 ● 預金出納帳
管理するもの ● 金庫 ● 預金通帳（当座照合表） ● 銀行印・キャッシュカード
保存場所 金庫

現金の残高を数える

❶ **実際の現金残高と現金出納帳の残高があわない場合：** その原因を調べなければなりません。現金残高があわない原因としては、下表のようなことが考えられます。どうしても原因がわからなくて差額が少額であれば、「現金過不足」勘定を使って、出納帳の残高と実際の現金残高をあわせます。

> ☐ 現金出納帳に転記した金額が間違っている
> ☐ 現金出納帳の残高の計算が違っている
> ☐ 領収書を紛失した
> ☐ 領収書をもらえない経費の支払があった（自動販売機など）
> ☐ 役員などの私的な支払にあてた

● 手元現金の残高が出納帳より多かったときの仕訳例

（借方）現　金	1,000	／	（貸方）現金過不足	1,000

● 手元現金の残高が出納帳より少なかったときの仕訳例

（借方）現金過不足	1,000	／	（貸方）現　金	1,000

預金出納帳を作成する

❶ **会社のメイン口座の通帳は、定期的に記帳：** 予定どおりに入金があったか、現在の残高で今後の支払いができるのか、チェックします。また借入金の返済やリース料などが自動的に引き落とされる口座は、残高不足にならないよう、常に気をつけておかなければなりません。

134

❷ **預金出納帳の作成：**預金出納帳は、銀行口座ごとに作成します。通帳の入金と出金と出納帳は左右が逆なので、会計ソフトへの入力時には注意してください。

● DL 現金出納帳例

令和××年3月

「借方」「貸方」と表記される場合もある

日 付	摘 要	入 金	出 金	残 高
前月繰越				56,211
1 日	接待○×寿司店（社長）		25,920	30,291
2 日	飲料代（○○コンビニ）		416	29,875
3 日				29,875
4 日				29,875
5 日				29,875
6 日	切手購入		25,000	4,875
7 日	××銀行から引き出し	50,000		54,875
8 日			8,521	46,354
9 日	××銀行から引き出し	200,000	0	246,354
10 日	○○税務署へ源泉所得税支払	0	198,250	48,104
11 日				48,104
12 日				48,104
13 日	消耗品（○○コンビニ）		3,564	44,540
14 日				44,540
15 日				44,540
16 日	消耗品（○○コンビニ）		5,076	39,464
17 日				39,464
18 日	香典（株式会社○○部長）		20,000	19,464
19 日	××銀行から引き出し	50,000		69,464
20 日				69,464
21 日	定期購入（福田）		18,000	51,464
26 日			12,960	33,968
27 日				33,968
28 日				33,968
29 日	茶葉購入（○○コンビニ）		3,240	30,728
30 日	宅急便○○代引き（総務）		1,620	29,108
31 日				29,108
翌月繰越				29,108

手元の実際残高とあっているかを確認

経理

第8章 お金の管理

135

お金の管理

02 「領収書」を管理する

現金を受領したら、証拠として領収書を発行します。

作成する書類 ・領収書　**業務の時期** その都度
保存場所 経理部

領収書の基本を知る

❶ **領収書を受け取る：**領収書は、商品やサービスを提供する側が、現金を受取ったことを証明するために発行する文書です。現金で支払いをしたら必ずその場で領収書を受け取ります。銀行振込のように入出金の履歴が残らないので、領収書だけが、いつ、いくらのお金を支払った（受け取った）かの証拠となるからです。

❷ **領収書を発行する：**現金や小切手を受け取ったら、支払った相手に対して、その場で領収書を発行します。

領収書を作成する

❶ **領収書にはルールがある：**領収書は、改ざんを防ぐために、記載すべき項目や書き方のルールが決まっています。必要な項目が記載されていない領収書は、税務調査などで否認される可能性があります。必ず記載しなければならない項目は次の6つです。

項　目	注　意　点
❶タイトル	1番上に、「領収書」と記載する
❷日付	現金を受け取った日の日付を記入する
❸受取人の名前	相手の名前を記入する。「上様」はブランクと同じなので、信憑性を疑われる
❹発行人の会社名と住所	領収書を発行する会社の住所と会社名を記入し、角印を押す
❺金額	金額の前に「¥」マークを、金額の後に「−」マークを記入する。また数字は、3桁ごとに「,」マークで区切る
❻摘要	どんな商品やサービスに対する支払いなのかを、具体的に記入する。単に「品代として」では、信憑性を疑われる

❷ **領収書を作成したら、受け取った金額に応じて印紙を貼付する**：印紙を貼付したら消印します。領収書の金額に消費税が明記されていれば税抜きの金額で判断します。印紙税の納税義務者は、領収書を発行する会社なので、貼り忘れに注意します。

記載される金額	印紙税
5万円未満	非課税
100万円以下	200円
200万円以下	400円
300万円以下	600円
500万円以下	1,000円
1,000万円以下	2,000円

領収書がもらえなかったりなくしてしまったら、どうする？

❶ **領収書がもらえない場合**：「得意先に贈ったご祝儀や香典」「電車やバスなど公共交通機関の運賃」「自動販売機で購入した飲料代」「割り勘で払った打ち合わせの飲食代」といったように、現金で支払ったにもかかわらず領収書がもらえないことがあります。また「ネットからダウンロードしたアプリケーション代」なども領収書が発行されないことがあります。そういう場合は、領収書に替わるものとして、出金をした人に出金伝票を作成してもらい、パーティーの招待状など客観的に見てお金の授受があったことを示せる証拠となるものを添付して提出してもらいます。

❷ **領収書を紛失した場合**：領収書はもらったのだけど、紛失してしまったという状況も考えられます。上記と同様に出金伝票とお金の授受があったことを示せる証拠となるものを添付して提出してもらいます。

● **領収書例**

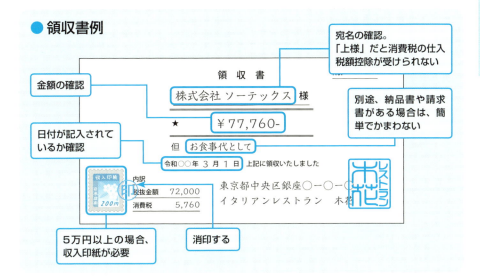

お金の管理

03 小切手を管理する

小切手は、現金の代わりに決済に使われるものです。

作成する書類 ● 当座預金出納帳　　**管理する書類** ● 小切手帳
用意する書類 ● 当座照合表

小切手を使う際の注意点

❶ **小切手をもらったとき**：小切手を受け取ったら相手に領収書を渡します。小切手を換金できる期間は振出日の翌日から10日目までです。当座預金口座がなくても、普通預金口座でも入金できます。

● 小切手を受け取ったときの仕訳例

（借方）現　金　1,000,000　／　（貸方）売掛金　1,000,000

● 口座に入金したときの仕訳例

（借方）普通預金　1,000,000　／　（貸方）現　金　1,000,000

※すぐに銀行に持ち込むときは、「現金」勘定を省略してもかまいません。

❷ **小切手を振り出すとき**：金額は、チェックライターを購入して印字するか、「壱、弐、参……」といった漢数字を使って手書きで記入します。

● 小切手で支払ったときの仕訳例

（借方）買掛金または仕入　500,000　／　（貸方）当座預金　500,000

● 小切手例

お金の管理

手形を管理する   04

手形とは、将来、指定した期日に支払うことを約束する書面のことです。

作成する書類 ● 受取手形帳　● 支払手形帳　**管理する書類** ● 手形帳

手形を使う際の注意点

❶ **手形を受取ったとき：** 手形を受取ったら、相手に領収書を渡します。「社名」や「金額」「日付」などに記載ミスや漏れがないかを確認し、コピーを取ってから銀行に持ち込みます。手形に「裏書き」されているかいないかも重要な情報なので、裏面に何も書かれていなくても、必ず表面と裏面の両方をコピーします。手形を銀行に持ち込むのは、支払期日前であれば、いつでもかまいませんが、支払期日を含む3営業日前でないと、現金化できないので注意が必要です。銀行へ取立を依頼するときは、手形の裏書き欄に、「社名」「住所」「代表者名」の入ったゴム印および銀行印を押印してから銀行に持ち込みます。

● 手形を受け取ったときの仕訳例

（借方）受取手形　1,000,000　／　（貸方）売掛金　　1,000,000

● 手形が決済されたときの仕訳例

（借方）普通預金　1,000,000　／　（貸方）受取手形　1,000,000

❷ **手形を発行するとき：** 専用機械であるチェックライターまたは手書きで「壱、弐、参……」などの漢字を使って記入します。手形帳と手形の「耳」の間のミシン目に割印をしてから、手形を切り離します。

● 手形を振り出したときの仕訳例

（借方）買掛金または仕入　　500,000　／　（貸方）支払手形　　　500,000

知って得する手形のからくり

❶ **手形の割引とは：** 支払期日までの期間が長いので、期日より前に現金化する

経理　第8章　お金の管理

139

ために、銀行などの金融機関で換金してもらうことができます。

● 手形を割り引いたときの仕訳例

| （借方）銀行預金 | 450,000 | （貸方）割引手形 | 500,000 |
| （借方）手形売却損 | 50,000 | | |

❷ **手形の裏書きとは**：支払期日の前でも、第三者へ譲り渡せば支払いにあてることができます。第三者へ譲渡することを「手形の裏書」といいます。手形の裏面に「表記金額を下記被裏書人またはその指図人へお支払いください」という文章（通常は印字されています）と、「相手の会社名」を書き、「署名・捺印」して、必ず両面をコピーしてから相手に渡します。

● 手形を裏書きしたときの仕訳例

| （借方）買掛金または仕入 | 500,000 | （貸方）裏書手形 | 500,000 |

❸ **手形の不渡りとは**：預金残高が不足して、手形の決済ができないことを「手形の不渡り」といいます。不渡りを出したからといって、即倒産するわけではありませんが、すべての銀行にその情報が届くので、今後、金融機関からの借入や手形割引を受けることは難しくなります。

● 手形例

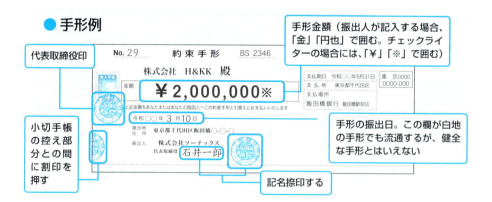

? 電子記録債権とは

手形や売掛金に代えて、債権を電子的に登録し、金融機関を通じて資金を回収する新しいタイプの金銭債権です。自動的に決済されるため、売掛金のように約束どおりに入金されないリスクもありませんし、電子データなので手形のような紛失リスクもありません。電子債権を利用するためには、金融機関の窓口から「でんさいネット」に申し込みます。債務者側から電子債権を使って支払うという意思表示をするか、債権者側から電子債権で受け取りたい旨を請求し、承諾を得られれば決められた日に決済されるので簡単です。

お金の管理

仮払金を管理する　　05

概算で経費を支払ったときは、実額との差額を精算します。

作成する書類 ● 仮払帳 ● 仮払申請書 ● 仮払精算書

仮払の基本を知る

❶ **仮払い精算とは**：経費の精算方法には、次の2つがあります。

実費方式	従業員や役員が提出した領収書をもとに精算する。精算金額がずれる心配もなく、事務負担も軽くすむが、従業員が先に会社の経費を負担しなければならない
仮払方式	長期の出張費などは金額がかさむので、従業員の負担を軽くするために事前に「概算金額」を渡しておき、あとで実際に使った金額を精算する

「仮払申請書」を提出してもらう

❶ **仮払方式のとき**：従業員や役員から、事前に「仮払申請書」を提出してもらいます。仮払申請書には、「申請した日」「金額」「仮払いの日」「仮払いの目的」を記載し、「申請者の署名・捺印」をもらいます。

● 仮払金を支払ったときの仕訳例

（借方）仮払金　　100,000　／　（貸方）現金または小口現金　　100,000

「仮払精算書」を提出してもらう

❶ **渡し切りに注意する**：仮払いをしたときや実費方式のときは、精算が必要です。精算しないで「渡し切り」の場合、従業員や役員に対する給与とみなされ、所得税の課税対象となります。

❷ **「仮払精算書」を提出してもらう**：仮払精算書には、証拠となる領収書などを添付して提出してもらいます。

● 仮払金を精算したときの仕訳例

（借方）交通費	75,000	（貸方）仮払金　100,000
（借方）交際費	20,000	
（借方）現金または小口現金	5,000	

経理

第8章 お金の管理

141

● **仮払精算書（実費方式）例**

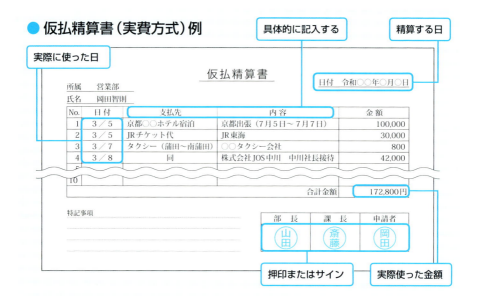

仮払帳を作成する

仮払金の管理：仮払いをしたら従業員や役員ごとに「仮払帳」をつくって、残高を管理します。

● **DL 仮払帳（仮払方式）例**

令和○○年3月　　　　　　　　　　　　　　　　　　　　営業部　田中裕太

日 付	摘　要	入　金	出　金	残　高
前月繰越				25,000
1日	交通費（○○駅〜××駅）		540	24,460
2日	交通費（○○駅〜××駅）		420	24,040
3日	交通費（○○駅〜××駅）		650	23,390
4日	交通費（○○駅〜××駅）		500	22,890
5日	新幹線（○○駅〜××駅）		9,800	13,090
6日			0	13,090
7日	仮払い	20,000		33,090
30日	交通費（○○駅〜××駅）		1,680	12,224
31日	タクシー（○○〜××）		1,920	10,304
翌月繰越				10,304

お金の管理

支払い業務を行う

06

支払い業務は、ほかの部署と連携して、支払うべき金額の確認をします。

作成する書類 ● 買掛帳 ● 稟議書
保存する書類 ● 請求書 ● 振込明細 ● 領収書

買掛金の基本を知る

❶ **支払い業務とは**：商品を受け取ったときやサービスの提供を受けたときではなく、月に1度まとめて代金を支払うのが一般的です。あとで支払う代金のことを「買掛金」といいます。たとえば「20日締めの翌月末日払い」と請求書の締め日と支払日を約束しておき、約束どおりに買掛金を支払っていきます。

経理

第8章 お金の管理

商品やサービスの購入から支払いまでの流れをマスターする

● 商品を仕入れて代金を支払うまでの流れ

業　務	証憑類
Ⓐ 商品やサービスを購入したい旨の稟議書を作成して、承認をもらう	稟議書
Ⓑ 相手先から、商品やサービスが納品される	納品書
Ⓒ 相手先から、請求書が届く	請求書
Ⓓ 請求書に基づき、相手先へ代金を支払う	振込控え・領収書
Ⓔ 支払った買掛金や未払金の消し込みを行い、残高を管理する	買掛帳
Ⓕ 取引の仕訳をし、会計ソフトに入力する	仕入帳・経費帳
Ⓖ 購入した商品の在庫管理を行う	商品受払簿

❶ **請求書に決済印をもらう**：Ⓒの請求書が届いたら、請求書どおりに支払っていいかを確認するために、上司や購買担当者から、決済印やサインをもらいます。請求書の余白には、決済印やサインのための四角い枠をつくっておきます。

❷ **稟議書を作成する**：10万円以上の資産を購入したり、高額な接待をしたり、リースを組んだりなど、社長や上司からの決裁が必要な案件については、事前に稟議書を作成します。

143

支払いが完了したあとの作業をマスターする

❶ **領収書や振込明細を保存する**：支払いが完了したら、領収書を受け取って保存しておきます。銀行振込で支払う場合は、振込の際に発行される「振込明細書」を領収書の代わりに保存します。ネット通販やダウンロード販売で商品を購入する場合は、確認メールや取引画面のキャプチャー画像を支払いの証明として、印刷し保存しておきます。

● 稟議書例

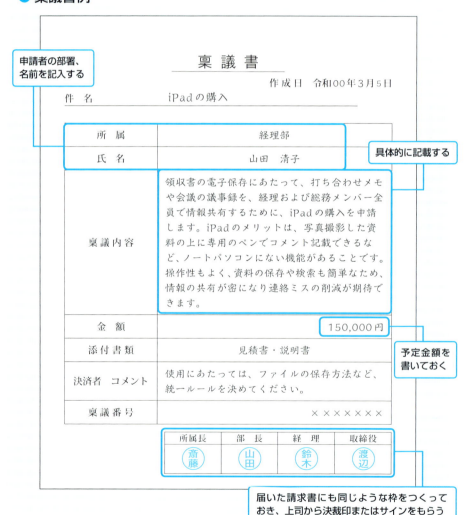

お金の管理

借入金やローンの残高を管理する

07

融資やリースなどの負債項目は、返済条件が決まっているので、一覧表をつくって、資金がショートしないように気をつけます。

> **作成する書類** ● 借入金一覧表
>
> **用意する書類** ● 借入金返済予定表（証書借入の場合） ● 手形の控（手形借入の場合） ● ローン支払予定表 ● リース支払予定表

銀行融資の基本を知る

❶ **金融機関からの融資：**次の４つがあり、返済期限や返済方法が違います。

種　類	特　徴
証書借入	銀行と「金銭消費貸借契約書」を交わして融資を受ける。返済は、１年以上の長期にわたって、利息と一緒に分割して支払う。金利や返済回数、返済方法、毎月の返済額など、契約書に記載されているとおりに支払うが、約定どおりに支払えないと「期限の利益」を失い、一括で返済しなければならない
手形借入	最初に「銀行取引約定書」を交わし、以後は手形を銀行に差し入れて融資を受ける。手形の期限が来たら、一括で返済する。利息も、融資時に一括で支払う。通常、返済期間は１年以内の短期で設定するが、返済期限がきても返済せず、新しい手形を差し入れて、融資を継続するのが一般的
手形割引	ほかの会社から受け取った手形を銀行が買い取ることによって、資金を受け取る融資方法
当座貸越	銀行と「当座貸越契約」を結んで、融資の限度額を設定する。会社は限度額までは、自分の都合で好きなときに借りたり返済したりを繰り返すことができる

❷ **借入金一覧表を作成する：**融資を受けたら、仕入れなどの支払いと違って、会社の業績に関係なく、契約時の約定どおりに返済していかなくてはなりません。返済期日に資金がショートしないよう、借入金ごとの返済計画を一覧にまとめて、「借入金一覧表」をつくります。借入金一覧表は、融資ごとに返済期日・返済金額・残高がわかるように、エクセルで作成します。証書借入の場合は銀行から送られてくる返済予定表どおりに、手形借入の場合は手形に返済期日が記載されているので、手形の控えを見て記入していきます。また返済計画

経理

第8章 お金の管理

145

が確定しているのは銀行からの融資だけではありません。ローンやリースも証書借入と同じように返済予定表が送られてくるので、案件ごとに「借入金一覧表」に記載し、銀行の残高が不足しないように注意します。

● 銀行融資を受けたときの仕訳例

（借方）普通預金	5,000,000	/	（貸方）短期借入金または長期借入金 5,000,000

● 証書借入の返済をしたときの仕訳例

（借方）短期（長期）借入金 100,000	/	（貸方）普通預金 120,000
（借方）支払利息 20,000		

ローンを組んだとき

❶ **ローンとは：** 自動車などを購入して分割で支払う場合、銀行融資と違って、いったん融資金が銀行に振り込まれるわけではありませんが、ディーラーやメーカーから融資を受けたのと同じ意味あいになります。契約によって、返済方法や返済期日、毎月の返済金額が決められるのも銀行融資と一緒です。ローン会社から送られてくる返済予定表には、金利込みの金額で記載されていることが多いので、本体価格だけでなく金利も含めて「車両運搬具」として仕訳します。勘定科目は、「借入金」ではなく、「未払金」を使います。

● 自動車をローンで購入したときの仕訳例

（借方）長期借入金 3,500,000	/	（貸方）現金（頭金） 300,000
本体価格300万円、金利合計50万円、頭金として30万円を支払った		（貸方）未払金 3,200,000

● ローンを支払ったときの仕訳例

（借方）未払金	100,000	/	（貸方）普通預金	100,000

！ ファイナンス・リースと消費税

日本のリース取引のほとんどは、「所有権移転外ファイナンス・リース取引」です。リース期間が満了したら物件をリース会社に返却しますが、再リース料を支払ったり、買取費用などを支払って購入することもできます。
税務上、ファイナンス・リース取引は、売買があったものと扱われるので、消費税を計算するときは、リース資産の引き渡しを受けた年度に、リース料総額に対する仕入税額控除をします。

リースで資産を購入したとき

❶ **リースとは：**会社の代わりに自動車や設備をリース会社が購入し、長期にわたって賃貸する取引のことです。融資が金融機関からお金を借りるのに対して、リースはリース会社から物品を借りるという違いがありますが、経済的な効果は融資と同じです。融資と同じように、毎月のリース料やリース期間などは「リース契約」で定められており、中途解約はできないのが一般的です。毎月支払うリース料と最終の支払期日をリース契約書で確認し、「リース管理台帳」に記載します。

● リース料を支払ったときの仕訳例

（借方）リース料　100,000　／　（貸方）普通預金　100,000

● 借入金一覧表例

借入金ごと、銀行ごとに返済計画を作成する

会社全体の返済額と借入金残高の一覧も作成しておく

○○銀行　融資番号××金利○○%		
	当初借入	10,000,000
	期首残高	3,900,000
返済期日	元本	残高
0104	100000	3,800,000
0105	240000	3,560,000
0106	240000	3,320,000
0107	240000	3,080,000
0108	240000	2,840,000
0109	240000	2,600,000
0110	240000	2,360,000
0111	240000	2,120,000
0112	240000	1,880,000
0101	240000	1,640,000
0102	240000	1,400,000
0203	240000	1,160,000
0204	240000	920,000
0205	240000	680,000
0206	240000	440,000
0207	240000	200,000
0208	200000	0

○○銀行　融資番号××金利○○%		
	当初借入	5,000,000
	期首残高	2,600,000
返済期日	元本	残高
0104	100000	2,500,000
0105	100000	2,400,000
0106	100000	2,300,000
0107	100000	2,200,000
0108	100000	2,100,000
0109	100000	2,000,000
0110	100000	1,900,000
0111	100000	1,800,000
0112	100000	1,700,000
0201	100000	1,600,000
0202	100000	1,500,000
0203	100000	1,400,000
0204	100000	1,300,000
0205	100000	1,200,000
0206	100000	1,100,000
0207	100000	1,000,000
0208	100000	900,000
0209	100000	800,000
0210	100000	700,000
0211	100000	600,000
0212	100000	500,000
0301	100000	400,000
0302	100000	300,000
0303	100000	200,000
0304	100000	100,000
0304	100000	0

返済額計	融資残高
1540000	6,300,000
340000	5,960,000
340000	5,620,000
340000	5,280,000
340000	4,940,000
340000	4,600,000
340000	4,260,000
340000	3,920,000
340000	3,580,000
340000	3,240,000
340000	2,900,000
340000	2,560,000
340000	2,220,000
340000	1,880,000
340000	1,540,000
340000	1,200,000
300000	900,000
100000	800,000
100000	700,000
100000	600,000
100000	500,000
100000	400,000
100000	300,000
100000	200,000
100000	100,000
100000	0

経理

第8章　お金の管理

147

お金の管理

08 証憑類を整理して保管する

領収書や請求書などの証憑は、一定期間、保管しておかなければなりません。

作成する書類 ● 領収証ファイル ● 請求書（売上）ファイル ● 見積書ファイル
● 請求書（支払）ファイル・カード明細書ファイル

業務の時期 日々

証憑類の保管のしかた

● 主な書類の保管期限

保存年限	文書の種類
永久	● 定款、株主名簿、社内規程 ● 登記書類 ● 官公署への許認可関係の届出文書 ● 稟議書、重要な決裁事項の記録 ● 役員・従業員の人事に関する重要な文書 ● 労働協約に関する文書
10年	● 株主総会議事録、取締役会議事録 ● 満期または解約となった契約書 ● 決算書（貸借対照表、損益計算書など）や総勘定元帳など重要な書類 （会社法で定める保存期間）
7年	● 帳簿（仕訳帳、売掛帳、手形など） ● 決算関係書類（税法で定める保存期間） ● 請求書・領収書・給与などの書類 ● 給与所得者の扶養控除等申告書ほか ● 源泉徴収簿
5年	● 従業員の身元保証書、契約書など ● 産業廃棄物管理票（マニフェスト） ● 一般健康診断個人票
4年	● 雇用保険被保険者関係届出書類
3年	● 労働者名簿、賃金台帳、雇入、解雇、退職、災害補償、賃金、 そのほか労働関係に関する重要書類 ● 労災保険関係の成立に関する書類 ● 労働保険料の徴収・納付に関する書類 ● 郵便物などの受発信簿、什器台帳

※ 文書の保存期間は法令で定める基準にしたがいます。
それ以外の文書は、会社ごとに重要度に応じてルールを定めます。
保存期間のすぎた文書は、シュレッダーするか溶解箱に入れて廃棄します。

❶ **領収書を整理する：** 領収書の整理は、あとで支払いの事実を確認する必要があったときに、いかに探しやすい方法で保管するかがポイントです。そのためには、領収書の支払方法や支払いの内容で分類するのではなく、「年度ごと」「月ごと」「日にちごと」に整理し、保存するのが最もお勧めです。保管方法としては、次の2通りがあります。領収書の保存期間は7年なので、期間がきたら溶解ボックスに入れて、廃棄します。

> ❶ 月ごとに袋に入れ、会計年度ごとにまとめて保存箱に入れる
> ❷ A4のコピー用紙に、日付順にのりづけする。A4用紙にパンチで穴を開けて、月ごと（会計年度ごと）に、綴じ紐で綴じる

● 領収書のファイリング

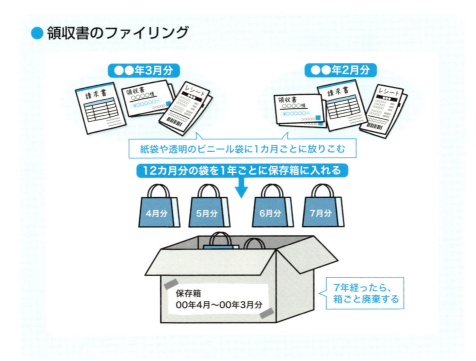

❷ **請求書（売上）をファイルする：** 請求書（売上）は、入金サイトが取引先によって異なるので、会計期間に関係なく、取引先ごとにバインダーをつくって、保管します。たまたまスポットで取引したような会社の場合は、「スポット取引」というタイトルのバインダーをつくって保存しますが、年に数回でも継続的な取引が見込めるなら、ひとつの取引先に対して、バインダーをひとつつく

ります。バインダーの背表紙には、取引先の会社名と管理番号を記載しておきます。この管理番号は、売掛金台帳に記載するときも、会計ソフトに入力するときも、同じ番号を使用するので、採番のルールを決めておきましょう。

入金があったら請求書の余白に、「入金日」と「振り込まれた銀行や支店名」を、赤色などの目立つインクで記入しておきます。請求書は、発行した順番に下から順番に綴じていきますが、約束の期限までに入金がないものは、「未収分」というタグをつけて常にファイルの1番上にくるように、入れ替えておきます。

● 請求書（売上）のファイリング

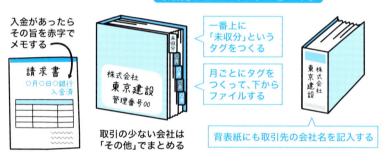

! 電子で保存する方法

紙に替えて、電子で保存する方法もあります。
電子帳簿保存法は、次の3つに分かれています。

1「電子帳簿・書類保存制度」
2「スキャナ保存制度」
3「電子取引に係るデータ保存制度」

令和4年1月から電子取引でやり取りしたデータは、電子での保存が義務づけられました。
電子で保存する場合には下記の要件を満たす必要があります。

1．見読性の確保→モニター・プリンターの備え付け
2．検索機能の確保→システムの導入、エクセルなどで管理
3．自社開発システムを用いる場合→システムの概要を記載した書類の備え付け
4．以下①～④のうちいずれかの措置

　　① 訂正削除の記録が残るシステム、または訂正削除ができないシステムを利用して保存（自社開発システムを利用する場合はそのシステムの概要を記載した書類の備え付けが必要）
　　② 訂正削除の防止に関する事務処理規定の備え付け
　　③ 時刻認証局の認定を受けたタイムスタンプ
　　④ タイムスタンプが付された書類の受領

❸ **見積書（売上）をファイルする**：見積書も請求書と同じように、取引先ごとにバインダーをつくって保管します。発行したすべての見積りに対して、請求が発生するわけではありませんし、請求書の金額が見積書と一致するともかぎりません。そこで請求漏れを起こさないために、見積書発行時に使用した見積番号を請求書にも記載しておき、見積書と請求書を対応させて管理することが大切です。見積書をつくったのに請求書の控えがないときは、営業や業務の担当者に受注の有無を確認し、受注がなかったことが確定したら、「請求なし」などと記入しておきます。

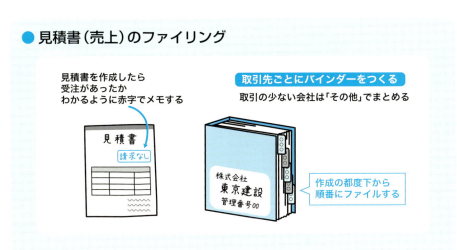

● 見積書（売上）のファイリング

❹ **請求書（支払）をファイルする**：請求書（支払）は、支払サイトが決まっているので、相手先ごとではなく、月ごとにバインダーをつくって保管するほうが便利です。バインダーの背表紙には、発生月ではなく支払月を記載します。会計ソフトに入力するときは、発生月で仕訳をするので、相手先ごとに「当月払い」と「翌月払い」、「翌々月払い」など、支払サイトが混在している会社は、ひと工夫が必要です。その場合は、1冊のバインダーにインデックスをつけ、支払サイトごとに請求書をまとめておきます。

請求書の余白に決済印を押してもらい、決済印のないものは支払わないなどのルールづくりが大切です。支払いが終わったら、請求書の余白に、「支払日」「振込や現金などの支払方法」「使用した銀行や支店名」を、赤字など目立つインクで記入しておきます。

● **請求者（支払）のファイリング**

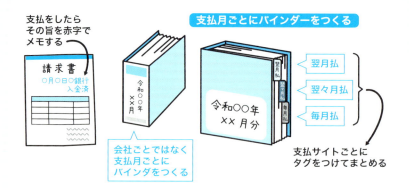

⑤ **契約書をファイルする**：契約書は「基本契約」「不動産契約」「金銭消費貸借契約」など、契約の内容に応じてバインダーをつくり保管します。バインダーの背表紙を見れば、どんな内容の契約書のファイルなのか、ひと目でわかるような文言を記載しておきます。契約期間がすぎたものは、契約書ファイルから外して、「契約終了ファイル」を作成して移動します。契約終了ファイルは年度ごとに作成し、廃棄の期限がきたら溶解箱に入れて廃棄します。

第9章 入社1年目からできる経理のお仕事 日々の会計処理編

☑ 9章でできること！

01 会計仕訳の基本
02 勘定科目の使い方
03 消費税 税込み経理と税抜き経理
04 消費税の基本〜軽減税率とは〜
05 消費税額は会計ソフトで計算する
　　〜課税取引と非課税取引〜
06 役員報酬 特別な経費に気をつける❶
07 交際費 特別な経費に気をつける❷
08 固定資産 特別な経費に気をつける❸
09 消費税 特別な経費に気をつける❹
10 会計帳簿を作成する
11 月次試算表を作成する

日々の仕訳は会計ソフトを使えば簡易にできます。

日々の会計処理

01 会計仕訳の基本

経理の基本は、会社の営業活動を貨幣という単位で記録することです。

業務の内容 会計ソフトへの入力

用意するもの ●請求書 ●領収書 ●通帳 ●現金帳など取引にかかる証憑類

業務の時間 日々

STEP 1	取引の事実を知る

●通帳や請求書などで、取引の事実をチェックする

STEP 2	取引の内容を分析する

● 領収書や請求書などで、取引の原因と結果を把握する

STEP 3	適切な勘定科目を使って仕訳する

●会計ソフトに仕訳を登録する

経理の基本を知る

❶ **経理の基本とは**：会社が行う日々の「取引」を貨幣という単位で記録するのが、経理の基本となる仕事です。会社が行った取引を、項目ごとに分類して記録する作業を「仕訳」といいます。簿記の世界では日本中の会社が同じイメージを持てるように、この取引ならこの項目に分類しなさいという共通の言語を使います。この共通の言語のことを「勘定科目」といいます。

❷ **取引の基本とは**：すべての取引には、たとえば「商品を売ったから預金の残高が増えた」というように、原因と結果があります。すべての取引を「原因」と「結果」に分解して、その内容を記録することを「仕訳」といいます。下記の取引例は次のように考えて、それぞれ適切な勘定科目に仕訳します。

	取引の内容	勘定科目
原 因	商品が売れた	売 上
結 果	預金が増えた	普通預金

仕 訳 （借方）普通預金　100,000　／　（貸方）売　上　　100,000

154

❸ **仕訳の共通ルールを知る**：取引を記録するためには、仕訳の共通ルールを覚えなくてはいけません。最近では、会計ソフトを利用して仕訳を入力する会社が多くなりました。会計ソフトを使う場合、次の基本だけ知っていれば、そのほかの難しい簿記の知識は必要ありません。仕訳をするときは、左側に記載することを「借方」、右側に記載することを「貸方」と呼びます。語源は諸説ありますが、まずは言葉だけを身体で覚えてください。

左側（借方）	右側（貸方）
・資産が増加するとき	・資産が減少するとき
・負債が減少するとき	・負債が増加するとき
・収益が減少するとき	・収益が増加するとき
・費用が増加するとき	・費用が減少するとき

❹ **会計ソフトに入力する**：会計ソフトに入力すれば、日にちごとに取引を並べ替えてくれたり自動的に残高を計算してくれるので、手書きで帳簿を作成するより効率的ですし計算ミスもないのでとても便利です。最近では手書きの伝票を作成せず、領収書や請求書、預金通帳などを見ながら、直接、ソフトに入力する会社が増えてきました。会計ソフトによって、メニュー画面は異なりますが、入力する内容は「取引の日付」「勘定科目」「取引金額」「取引の内容」「消費税の課税区分」などです。

　一歩進んで、ソフトのマスターに、「部門番号」や「補助番号」「伝票番号」を登録しておけば、会計ソフトの機能を利用して、売掛帳や買掛帳を作成したり、さまざまな財務分析に利用することも可能です。

第9章　日々の会計処理

領収書がないとき、どうする？

現金取引で領収書がないときは、出金伝票に取引の詳細を記録しておき、証拠として残しておきます。出金伝票のほか、伝票には次の3種類があります。

出金伝票	現金で支払ったときに使う	最も使用頻度が高い。領収書がないときなどに使用する。書き方は次頁参照
入金伝票	現金の入金があったときに使う	最近では、使用頻度は低い
振替伝票	借方・貸方ともに現金以外の取引をしたときに使う	会計ソフトを使っている場合、会計ソフトから印刷できる

●出金伝票の書き方（税込処理の場合）例

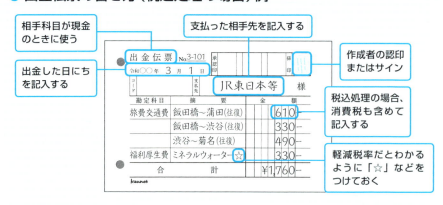

項　目	内　容
日　付	取引のあった日付を記入する
コード	会計ソフトの科目コードを記入する。ブランクでも構わない
支払先	支払先の社名や商号を記入する
勘定科目	仕訳の相手科目を記入する
摘　要	取引の内容をできるだけ詳しく書く。消費税の税率がわかるような記号をつけておく
金　額	数字の最後に「−」マークを記入する
合　計	数字の前に「¥」マークを、最後に「−」マークを記入する

●区分経理の出金伝票の書き方（税抜経理の場合）例

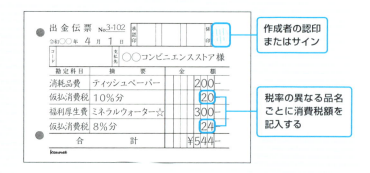

日々の会計処理

勘定科目の使い方　02

勘定科目を使うときは、取引の5つの箱を意識します。

業務の内容　会計ソフトへの入力

勘定科目の基本を知る

❶ **勘定科目とは**：取引を記録するときには、こういう取引ならこの項目に分類するという共通言語が必要です。この共通言語のことを、「勘定科目」といいます。勘定科目を使って仕訳された日々の取引が、最終的には決算書にまとめられ、会社の営業成績や財務状況を表す重要な書類となります。

❷ **正しい決算書を作成するために覚えること**：使用する勘定科目が、「資産」「負債」「純資産」「収益」「費用」のどれに所属する項目かだけを、常に意識する必要があります。

❸ **勘定科目は自由に決められる？**：誰が見てもわかりやすいという点に注目するなら、できるかぎり一般的とされる勘定科目を使うことが望ましいとされています。特に金融機関や投資家が重視する貸借対照表の項目や、売上や仕入など損益計算書の基本となる項目は、一般的に使われている科目名を使用します。しかし損益計算書の費用項目は、会社によって取引内容が異なるので、わかりやすい科目名を自由に設定してもかまいません。たとえばIT会社が、サーバーのレンタル費やSEO対策費を「インターネット関連費」という勘定科目にまとめることも可能です。また文房具を「事務用品費」として処理するか、「消耗品費」として処理するかも、厳格な決まりはないので、会社が自由に決めることができます。ただし会社として1度決めたルールは、毎年継続して使うことが重要です。年度によって使用する科目が違うと、経営判断を見誤る可能性があるからです。

経理　第9章　日々の会計処理

● よく使う代表的な取引の仕訳例

資産の増加例 お客様から商品の代金が振り込まれた（預金が増えた）

（借方）普通預金	500,000	／	（貸方）売　上	500,000

資産の減少例 コンビニで文房具を購入した（現金が減った）

（借方）消耗品費	2,000	／	（貸方）現　金	2,000

負債の増加例 銀行から融資を受けた（借入金が増えた）

（借方）普通預金	1,000,000	／	（貸方）借入金	1,000,000

資産の減少例 銀行に借入金を返済した（普通預金が減った）

（借方）借入金	100,000	／	（貸方）普通預金	100,000

負債の増加例 商品を掛けで購入した（買掛金が増えた）

（借方）仕　入	1,000,000	／	（貸方）買掛金	1,000,000

負債の減少例 買掛金を支払った（買掛金が減った）

（借方）買掛金	1,000,000	／	（貸方）普通預金	1,000,000

収益の増加例 商品を掛けで販売した（売上が増えた）

（借方）売掛金	2,500,000	／	（貸方）売　上	2,500,000

収益の減少例 お客様から商品が返品されて戻ってきた（売上が減った）

（借方）売　上	1,000,000	／	（貸方）売掛金	1,000,000

資産の減少例 売掛金が振り込まれた（売掛金が減った）

（借方）普通預金	2,500,000	／	（貸方）売掛金	2,500,000

費用の増加例 通帳から電気代が引き落とされた（費用が増えた）

（借方）水道光熱費	30,000	／	（貸方）普通預金	30,000

費用の減少例 事務所を移転したら、日割り家賃が返金された（費用が減った）

（借方）普通預金	150,000	／	（貸方）地代家賃	150,000

● DL 中小企業でよく使われる勘定科目例

資　金	財　産	収　入	経　費
現　金	商　品	売　上	旅費交通費
普通預金	製　品	受取利息	通信費
当座預金	原材料	雑収入	交際費
定期預金	貯蔵品	特別利益	会議費
定期積金	建　物		保険料
受取手形	建物附属設備		減価償却費
売掛金	構築物	**人件費**	荷造運賃
前渡金	機械装置	役員報酬	広告宣伝費
前払費用	車両運搬具	給料手当	地代家賃
未収金	工具器具備品	賞　与	賃借料
未収収益	土　地	雑　給	水道光熱費
短期貸付金	ソフトウエア	退職金	修繕費
立替金	営業権	法定福利費	消耗品費
仮払金	開発費	福利厚生費	事務用品費
有価証券			租税公課
投資有価証券	**負　債**		諸会費
出資金	支払手形		新聞図書費
差入保証金	買掛金		支払手数料
長期貸付金	短期借入金		寄付金
長期前払費用	未払金		支払利息
保険積立金	未払費用		雑　費
	未払法人税等		雑損失
	未払消費税		特別損失
	預り金		
	前受金		**その他**
	前受収益		資本金
	仮受金		貸倒引当金
	長期借入金		賞与引当金
			退職給付引当金
			仮払消費税
			仮受消費税

経理

第9章　日々の会計処理

日々の会計処理

03 [消費税] 税込み経理と税抜き経理

会社は、もらった消費税と支払った消費税の差額を、税務署に納付します。

業務の内容 会計ソフトへの入力

消費税の基本を知る

❶ **消費税のしくみ**：私たちは、商品を購入したりサービスの提供を受けると、本来の価格にプラスして、消費税を支払います。消費税を負担するのは最終的に商品やサービスの提供を受けた人ですが、サービスを提供した会社が消費税を預かって納税するしくみになっています。

　会社は、売上と一緒に消費税を預かりますが、同時に仕入や交通費などの費用と一緒に消費税を支払います。そこで、もらった消費税から支払った消費税を差し引き、年に1度、税務署に申告・納税をすることになっています。

❷ **税込経理と税抜経理の違い**：消費税を会計処理する方法には「税込経理」と「税抜経理」の2種類があり、どちらの方法を選ぶかは、会社が自由に決めら

● 消費税の転嫁のしくみ

消費税は商品やサービスの代金と一緒にメーカーから卸売り業者、小売店に渡り、最後には最終利用者である消費者が税金を負担します。

れます。税込経理とは、会計処理するときに消費税を含めた総額で仕訳する方法です。税抜経理とは、会計処理するときに本体価格と消費税とを分けて仕訳する方法です。中小企業では、仕訳をするときは処理が簡単な税込経理をしておき、会計ソフトの「月末一括税抜処理」機能を使って、残高試算表や決算書は税抜経理で作成するのが一般的です。

消費税の会計処理

❶ **消費税を預ったときの会計処理：** 税抜経理で消費税を受け取ったら、消費税は「売上」ではなく「仮受消費税」になります。

● 税込経理で売上を計上する仕訳例（100万円の商品を販売した 消費税 10%）

（借方）売掛金	1,100,000	/	（貸方）売 上	1,100,000

● 税抜経理で売上を計上する仕訳例（100万円の商品を販売した 消費税 10%）

（借方）売掛金	1,100,000	/	（貸方）売 上	1,000,000
		/	（貸方）仮受消費税	100,000

❷ **消費税を支払ったときの会計処理：** 税抜経理で消費税を支払ったら、消費税は「費用」ではなく「仮払消費税」になります。

● 税込経理で仕入を計上する仕訳例（50万円の商品を仕入れた 消費税 10%）

（借方）仕 入	550,000	/	（貸方）買掛金	550,000

● 税抜経理で仕入を計上する仕訳例（50万円の商品を仕入れた 消費税 10%）

（借方）仕 入	500,000	/	（貸方）買掛金	550,000
（借方）仮払消費税	50,000	/		

❸ **内税の会計処理：** 商品やサービスの価格に消費税を含めて表示するか、別立てで表示するかは、会社が自由に決められます。消費税を含めて総額で表示することを「内税」、税抜きで消費税を別に表示することを「外税」といいます。内税表示の場合は、110分の100で割って、本体価格を計算します。

● 消費税込み（内税）で1万円の飲食費を支払った場合

飲食費の本体価格 $10,000 \times 100 / 110 \fallingdotseq 9,090$

消費税の金額 $9,090 \times \dfrac{10}{100} = 909$

日々の会計処理

04 消費税の基本〜軽減税率とは〜

消費税には、10%の税率と8%の税率の2種類があります。

業務の内容	会計ソフトへの入力
業務の時期	日々
検索場所	国税庁／消費税／軽減税率／個別事例

軽減税率の基本を知る

❶ **消費税の複数税率とは：**消費税の税率は10%と8%の2種類があります。それぞれの税率の内訳は、次のとおりです

名称	消費税率	消費税（国税）	地方消費税
標準税率	10%	7.8%	2.2%
軽減税率	8%	6.24%	1.76%

単一の消費税率であれば、請求書や領収書の税込金額をもとに税抜の金額を計算することができましたが、複数税率の場合は、品目ごとの支払額がわからなければ、消費税の計算をすることができません。そのため複数税率の実施後は、会計ソフトに税率ごとに分けて入力する必要があります。

❷ **軽減税率が適用される品目：**ある特定の商品について、標準的な消費税率10%より低く設定された消費税率のことを軽減税率といいます。軽減税率は、「低所得者へ経済的な配慮をする」という目的のもとで導入されたものです。軽減税率が適用されるのは、次の2つです。

> ❶食品表示法に規定されている飲食料品（ただし、アルコール分が1度以上の飲料（＝酒類）と外食をのぞく）
> ❷週2回以上発行され、かつ定期購読されている新聞

外食やケータリングが軽減税率の対象とならず、標準税率10%が適用されるため、同じ商品でも店内で飲食する場合は10%、テイクアウトなら8%、また出前は8%だが、ケータリングサービスの場合は10%といった、細やかな会計

処理が必要になります。

❸ **どの税率が適用されるかあいまいなもの：**大きく次のような考え方をします。具体的な事例については、国税庁が個別事例についてのQ&Aを公表しているので、参考にしてください。

● 軽減税率が適用される例

	軽減税率8%が適用されるもの	標準税率10%が適用されるもの
食品表示法による区分	みりん風調味料、ノンアルコールビール、甘酒など	酒類、料理酒（アルコール分1度以上）
	医薬品等に該当しないサプリメント、栄養ドリンク	医薬品、医薬部外品の表示があるサプリメントや栄養ドリンク
販売時の用途による区分	ミネラルウォーター、飲用の氷	水道水、精製水、ペットフード、保冷用の氷、ドライフード
外食に該当するか否かで区分	牛丼やハンバーガーなどのテイクアウト	牛丼やハンバーガーなどの店内飲食
	ピザや蕎麦、寿司などの出前	ピザや蕎麦・寿司の店内飲食
	コンビニ弁当の購入	イートインスペースでの飲食（返却の必要な器具に入れた場合）
	喫茶店から会議室へのコーヒーの出前	給仕を伴うケータリングサービス
	学校給食や老人ホームの食事	学生食堂や社員食堂の食事
	ホテルや旅館の客室内にある冷蔵庫内に飲み物	ホテルのルームサービス
食品と一緒に販売される商品	食品の販売に際し使用される包装紙、容器などで通常必要なもの	贈答用の包装など別途対価を定めているもの
	食品と食品以外の商品をパッケージングして販売する商品で、価格が1万円以内で、飲み物や食品の割合が3分の2以上	個々の価格が表示されている食品と食品以外の商品をセットにして販売する場合の、食品以外に対応するもの
	送料込みの商品など、別途送料を請求しないもの	別途請求する送料
新聞の場合	週2回以上発行される新聞で定期購読されているもの	コンビニや駅の売店で販売される日刊新聞、新聞の電子版

経理

第9章 日々の会計処理

163

検索場所

国税庁／消費税／軽減税率／個別事例
(https://www.nta.go.jp/taxes/shiraberu/zeimokubetsu/shohi/
keigenzeiritsu/qa_03.htm)

❶軽減税率が適用される かどうかの判定	取引の時点で判断する。たとえば事業者が人の飲食用として販売した ものを、顧客が飲食以外の目的で購入して使用したとしても、8%の 軽減税率が適用される。反対に、人の飲食用以外の目的で販売される ものは、たとえ飲食が可能なものでも、軽減税率の対象にはならない
❷医薬品や医薬部外品	食品表示上の食品には該当しないため、軽減税率は適用されない。い わゆる栄養ドリンクやサプリメントのうち、医薬部外品の表示がある ものは10%、ないものは8%となる
❸飲食料品の包装紙や容 器のうち、販売のため に通常必要なものとし て使用されるもの	その包装紙なども含めて軽減税率が適用されるが、別途パッケージ料 を請求した場合の包装紙代などは10%となる。送料についても、「送 料込み」で飲食料品を販売し別途送料を請求しない場合は全体で8%、 別途請求する場合の送料は10%となる
❹食品と食品以外の商品 をパッケージングして 販売している場合（＝ 一体商品）	税抜販売価額が1万円以下かつ食品の占める割合が3分の2以上であ れば、全体が軽減税率の対象となる。ただし、個々の価格が表示され ている食品と食品以外の商品をセットにして販売する場合は、それぞ れの商品の税率が適用される

自社の商品に軽減税率対象のものがある場合

❶ **自分の会社で扱う商品の税率を確認する：**自社の商品に軽減税率の対象と なるものがある場合は、請求書や領収書の記入に注意が必要です。軽減税率に 対応する新たな経理事務のことを「区分経理」といい、税率の異なる商品に分 けて、軽減税率の金額と標準税率の金額を別々に小計して記入しなければなり ません。軽減税率の情報が記入された請求書や領収書のことを「区分記載請求 書等」といいます。区分記載請求書等に記入すべき事項は、次の7つです。

Ⓐ請求書等作成者の氏名・名称
Ⓑ取引の年月日
Ⓒ取引の内容
Ⓓ対価の金額（税込金額）
Ⓔ軽減税率の対象品目であること（令和元年10月1日以降）
Ⓕ税率ごとに集計した対価の税込金額（令和元年10月1日以降）
Ⓖ請求書等受領者の氏名・名称

また、お客様から適用税率についての問いあわせがきたときに回答できるよう、準備しておくことも重要です。売上帳や現金帳などの帳簿に記入する場合も、標準税率10%と軽減税率8%に区分して記帳し、会計ソフトの消費税コードを間違えずに入力します。

● ビールとおつまみを販売したときの仕訳例

（借方）現　金　32,600	（貸方）売上（一般税率）　　　　10,000
	（貸方）仮受消費税（一般税率）　1,000
	（貸方）売上（軽減税率）　　　　20,000
	（貸方）仮受消費税（軽減税率）　1,600

❷ **請求書や領収書をもらうときの注意点：**自社の取扱商品に軽減税率対象のものがない場合でも、会社が支出する経費には、標準税率と軽減税率が混在します。したがってすべての会社が、複数税率の管理を行わなければなりません。まず購入した商品の消費税率が正しいかを、「区分記載請求書等」で品目ごとに確認します。前頁❶の「区分記載請求書等」に❺と❻の記入がない場合は、購入先に確認し、10%か8%のいずれか適用される税率を、自分で「請求書」や「納品書」などに記入しておきます（ただし令和5年9月30日までの経過措置）。

❸ **仕入帳や現金帳などの帳簿を作成する場合：**前頁「区分記載請求書等」のうち❶から❺までを記入しなければ、消費税の申告に際して（消費税法上の）経費として認められないので、これまで以上の丁寧な事務処理が必要です。

❹ **軽減税率の品目には「☆」マークをつけておく：**会計ソフトへの入力時には、消費税コードを間違えないよう注意が必要です。特に消費税の経過措置（下図）による8%と、軽減税率制度による8%は、国税と地方税の内訳が異なっているので要注意です。

名称	消費税率	消費税（国税）	地方消費税
経過税率	8%	6.3%	1.7%
軽減税率	8%	6.24%	1.76%

● コンビニでお茶とティッシュペーパーを購入したときの仕訳例

（借方）福利厚生費（お茶）☆　　　　　10,000	（貸方）現　金　16,300
（借方）仮払消費税☆　　　　　　　　　　800	
（借方）消耗品費（ティッシュペーパー）5,000	
（借方）仮払消費税　　　　　　　　　　　500	

経理

第9章　日々の会計処理

❺ **インボイス方式への移行**：複数税率の導入にあたって、「請求書」や「領収書」の様式を変更する必要があります。

商品を購入した会社が仕入税額控除を受けるためには、軽減税率8%の適用対象となる取引なのか、10%の取引かの区分を明確に記載した帳簿および請求書などの保存が必要となるからです。さらに令和5年10月からは「インボイス制度」が導入される予定です。インボイス制度がスタートすると、仕入税額控除の要件として、「適格請求書」の保存が必要となります。

❻ **適格請求書とは**：売手サイドが買手に対して、「私○○は、何%の税率を適用して、△△円の消費税額を□□から預かりました」という内容を記入して発行する「請求書」や「納品書」などの書類です。売手サイドが適格請求書を交付しなければ、買手サイドは仕入税額控除ができません。「適格請求書」を発行するためには、税務署へ申請し、登録番号を交付してもらいます。インボイス方式がスタートすると、免税事業者や消費者から購入した商品については、仕入税額控除ができなくなるので、計画的な準備が必要になります。

● **適格請求書例**

参考：財務省 適格請求書等保存方式の導入

! **中小事業者のための特例**

税率ごとに区分して消費税を計算することができない中小事業者のための簡単な計算方法です（令和5年9月30日まで）。

	困難な内容	特例計算	摘要
❶	売上の区分が困難な場合	課税仕入全体に対する軽減税率対象商品の割合で計算	卸売業・小売業にかぎる
❷	❶の計算が困難な場合	通常の連続する10営業日の課税売上のうちに占める軽減税率対象商品の割合で計算	
❸	❶❷の計算が困難な場合	売上の100分の50で計算	

特例を使った課税売上の計算

課税売上（税込） × ❶または❷の割合または50% = 軽減税率の対象となる課税売上（税込）

日々の会計処理

消費税額は会計ソフトで計算する
～課税取引と非課税取引～

05

取引の内容によっては、消費税が課税されない場合があります。

- **業務の内容** 会計ソフトへの入力
- **確認する書類** ・請求書または領収書

消費税額を会計ソフトに計算してもらう準備

❶ **消費税コードを正しく入力する**：会社は、もらった消費税から支払った消費税を差し引いて納税しますが、1年間の消費税額を手計算で集計するのは、現実的には不可能です。そのため、会計ソフトに仕訳を入力する際、1つずつの取引に消費税コードを紐づけておき、会計ソフトに計算してもらうのが一般的です。消費税には、課税される取引とされない取引があります。納付すべき消費税を正しく計算するためには、仕訳の際、「課税」「不課税」「非課税」といった消費税の区分ごとに、コードを正確に入力することが大切です。

● 消費税の区分

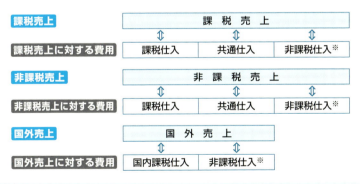

※不課税取引および国外取引を含む

消費税がかかる取引とかからない取引

❶ 国内取引と国外取引の判定： 消費税は、日本国内において資産の譲渡等が行われた場合にかぎり課税されます。国内取引か国外取引かの判定（内外判定）に迷ったら、次の基準で判断します。

資産の譲渡や貸し付けの場合	その譲渡または貸し付けが行われる時点で、その資産が所在していた場所が国内かどうかで判定
役務提供の場合	その役務の提供が行われた場所が、国内かどうかで判定
役務の提供が、国内と国外の両方で行われた場合	契約において、国内対応部分と国外対応部分の対価が合理的に区分されている場合は、その区分により判定する。合理的に区分されていない場合は、役務の提供を行う者の、役務の提供に係る事務所などの所在地で内外判定する

❷ 不課税取引とは： 消費税は「日本国内」において、「事業者」が「事業として」「対価を得て」行う資産の譲渡等および輸入取引に課税される税金です。したがって、専業主婦が幼稚園のバザーで手作りパンを売ったり、寄付や配当といった対価性のないものには消費税はかかりません。

不 課 税 取 引	理　由
給与・賃金	「事業」として行う資産の譲渡等ではないから
寄付金・祝金・見舞金・補助金など	対価性がないから
無償による試供品・見本品の提供	対価の支払いがないから
保険金・共済金	対価性がないから
株式の配当・出資の分配金	対価性がないから
資産の廃棄や盗難・滅失	資産の譲渡等に該当しないから
損害の発生に伴う損害賠償金	対価性がないから

❸ 非課税取引とは： 日本国内において、「事業者」が「事業として」「対価を得て」行う資産の譲渡等であっても、消費税の課税になじまないものや社会政策的な配慮から、消費税を課税しない取引を非課税取引といいます。

> **主な非課税取引**
>
> 土地の譲渡・貸し付け、国債や株券など有価証券の譲渡、預貯金や貸付金の利子、保険料など、郵便切手類、印紙、商品券、プリペイドカードなど、介護保険サービスの提供、身体障害者用物品の譲渡や貸し付け・製作の請負など、居住用住宅の貸し付け

日々の会計処理

役員報酬

特別な経費に気をつける❶

06

役員報酬や賞与は、支払い方によって経費にならない場合があるので注意が
必要です。

業務の内容	会計ソフトへの入力
確認するもの	• 月別給与一覧表　• 株主総会議事録　• 登記事項証明書
必要があれば作成する書類	• 定時総会議事録　• 事前確定届出給与に関する届出
検索場所	国税庁／［手続名］事前確定届出給与に関する届出

役員報酬の基本を知る

❶ **「役員報酬」が特別な理由：** 同族会社の役員は自分で自由に役員報酬を決められるので、利益調整ができないように法人税法上の縛りがあります。次の2つの条件に該当しない役員報酬は、「役員賞与」とみなされ、法人税の計算上、損金に算入することができません。役員報酬を損金に算入できないと、役員賞与に対する所得税と損金算入できなかった金額に対する法人税が二重に課税されてしまいます。

　　次の2つの条件を満たす役員報酬を、「定期同額給与」といいます。

> ❶ 1カ月以下の一定の期間ごとに支給される給与
> ❷ その事業年度の「各支給時期における支給額」または「支給額から源泉税などを控除したあとの金額」が同額であるもの

役員報酬は、年に1度、事業年度終了の日から3カ月以内に定時株主総会を開いて決議し、定時株主総会後の最初の給与支給日から変更後の金額を支給します。法人税の申告期限が、期末から2カ月の会社は、2カ月以内に定時総会を開催します。実際に株主を招集する中小企業は少ないと思いますが、株主1人という小さな会社でも、必ず定期株主総会議事録を作成し保存しておきます。

経理

第9章 日々の会計処理

169

❷ **経費に算入できる役員賞与とは:** 原則として役員賞与は法人税の損金に算入できませんが、1つだけ例外があります。決算終了後の定時株主総会で来期の賞与の金額と支給日を決めておき、総会の日から1カ月以内に「事前確定届出給与に関する届出」を所轄の税務署に届け出た場合にかぎり、その金額を法人税の損金に算入することができます。これを「事前確定届出給与」といいます。せっかく届け出を出しても、実際に支払うときに、1円でも1日でも違ったら全額が損金に算入できないので注意してください。

役員の基本を知る

❶ **役員の範囲:** 法人税法上の役員の範囲は次のとおりです。会社法上の役員だけでなく、「みなし役員」も役員として取り扱います。

● 使用人兼務役員の判定フローチャート

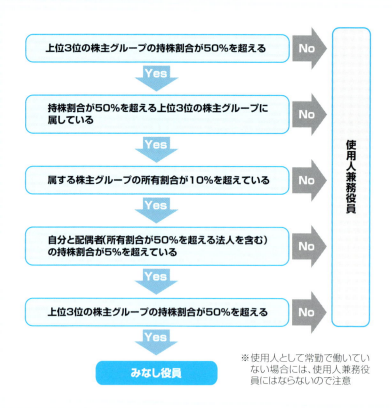

● 事前確定届出給与等の状況（金銭交付用）例

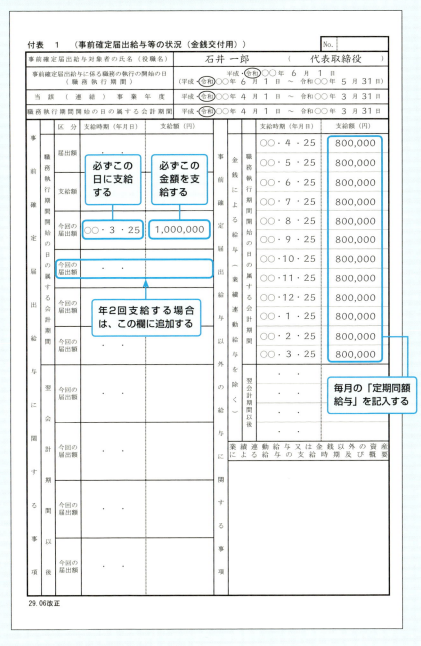

日々の会計処理

07

交際費

特別な経費に気をつける❷

税務上の「交際費」は、一般的なイメージより広いので注意します。

業務の内容 会計ソフトへの入力
作成する書類 ● 一定の事項を記載した書類

交際費の基本を知る

❶ **「交際費」が特別な理由：**交際費は、損金不算入が原則です。交通費などほかの経費と違って、会社が取引先を接待しても法人税の費用としては認められません。交際費の損金算入を認めると、儲かった分は飲み代に使ってしまい、その分税金が減ってしまうのではないかと懸念されるからです。ただし中小企業（期末の資本金が１億円以下の法人）は、取引先や新規顧客の接待が慣習として定着していることから、次の場合にかぎり損金算入が認められています。損金算入限度額は、次のうちいずれか多い金額です。会社の任意で、毎年、有利なほうを選ぶことができます。

飲食費基準	交際費のうち接待飲食費の額が50％ （役員や従業員およびその親族に対する接待は除く）
定額基準	交際費のうち、年間800万円以下

❷ **交際費の実質基準とは：**交際費とは、得意先や仕入先、そのほか事業に関係のある人に対する接待、供応、慰安、贈答、これらに類する行為のために支出した費用のことをいいます。得意先だけでなく、特定の社員と食事するような場合も交際費に該当します。税務では交際費の範囲を、一般的に考える範囲より広くとらえます。たとえば特定の従業員と食事をした場合も、交際費になります。交際費の損金算入には限度額があるので、内容を確認し、交際費に該当しない経費は別の科目（下表参照）を使って仕訳するように心がけます。

科目名	内容
福利厚生費	従業員の半分以上が参加する運動会・演芸会などに通常かかる費用、従業員の半分以上が参加する4泊5日以内の社員旅行、社内の忘年会などの景品（現金を渡す場合は給与）
広告宣伝費	カレンダー・手帳・扇子・うちわ・手ぬぐいなどの通常の制作費用、一般消費者を旅行や観劇に招待する費用、工場見学者などに試飲・試食してもらう費用、得意先などに提供する見本品や試供品の費用
会議費	会議に関連して茶菓・弁当などの飲食物を供与するための通常の費用
売上割戻	得意先である事業者に対し、売上高などに応じて一定の基準で支出する費用
取材費	新聞・雑誌などの出版物または放送番組を編集するために行われる座談会、そのほか記事の収集のための費用
寄付金	事業に直接関係のない者に対する金品の贈与

❸ **交際費の形式基準とは：** 得意先への接待であっても、1人あたり5,000円以下の接待飲食費は、次の「一定の事項を記載した書類」を保存していれば交際費から除外することができます。これを「接待交際費における5,000円基準」といいます。「一定の事項」は、領収書の裏などに記入しておけば大丈夫です。特に交際費の多い会社は、その都度まめに記入するよう心がけましょう。ただし、自社の役員や従業員（親族含む）を接待するための接待飲食費は、5,000円基準を満たしていても交際費となります。

❶ 飲食などをした年月日
❷ 飲食などに参加した人の氏名・名称と関係性
❸ 飲食などに参加した人の数
❹ 金額と飲食店などの名称・所在地
❺ その他参考となるべき議案

交際費の範囲は広いのね。

⚠️ 交際費に該当するもの

下記のような取引は、交際費として処理をしなければなりません。

❶ 取引先などの従業員に対し、謝礼などを現金で支払った場合
❷ 取引先を接待に送迎するためのタクシー代や接待からの帰りに自分が使用するタクシー代
❸ 業務と関連のない海外視察旅行。ただし、業務を行ううえで必要な研修や調査、現地の会社訪問などの行程表や証憑を保存していれば、研修費などで処理

日々の会計処理

08 [固定資産] 特別な経費に気をつける❸

高額かつ長期間使用する備品は、資産として計上します。

業務の内容	会計ソフトへの入力
確認するもの	●見積書　●納品書　●請求書　●領収書
検索場所	国税庁／減価償却／耐用年数表

固定資産の基本を知る

❶ **「固定資産」が特別な理由：** パソコンの購入やエアコンの修理などを仕訳するとき、「固定資産」なのか販売用の「商品」なのか、それとも「消耗品」や「修繕費」なのか、経理担当者が判断しなければなりません。固定資産なら貸借対照表の「固定資産の部」に、商品なら損益計算書の「仕入高」に、修繕費なら損益計算書の「販売費および一般管理費」に計上します。固定資産は、経理の判断ひとつで会社の利益や資産の総額が変わってしまう重要なポイントです。固定資産かどうかは、次のように判断します。

❶ 販売目的で購入した資産か	固定資産は、会社が事業のために自ら使用することを目的として購入するもの。販売目的で購入するものはいったん仕入として仕訳し、期末に売れ残っていたら貸借対照表の「棚卸資産」に計上する
❷ 使用期間が1年以上か	1年未満の短期間で使用する場合は固定資産に計上せず、「消耗品」や「事務用品」などの費用として仕訳する
❸ 取得価格が10万円以上か	10万円未満で購入した什器や備品は、「消耗品」や「事務用品」などの費用として仕訳する
❹ 単なる修理か価値の増加か	固定資産を維持管理したり、現状復帰するための支出は修繕費として仕訳する。しかし固定資産の使用可能期間を長くしたり、固定資産の価値を増加させるような支出は、修繕費ではなく「固定資産」として、貸借対照表の資産の部に計上する

10万円以上20万円未満の資産（一括償却資産）

10万円以上かつ20万円未満の固定資産は、資産ごとに減価償却せずまとめて3分の1ずつを費用化できます。これを「一括償却資産」といいます。一括償却資産として処理するか、通常の減価償却資産として処理するかは、会社が任意に決めることができます。

❷ **修繕費との違いをマスターする**：修繕費として支出した費用が、固定資産（資本的支出）に該当するのか、そのまま修繕費として計上していいのかは、次のように判断します。

固定資産として計上すべきもの	物理的な建物の増改築、ソフトウエアのバージョンアップ、品質や性能の高い部品への取替費用（通常の取替費用を超える部分にかぎる）
修繕費として計上できるもの	オフィスの蛍光灯をLEDに取り替える費用、建物の解体費用、機械装置の移設費用、アパートの壁紙など現状復帰の費用

修繕費か固定資産かを判断することが難しい場合は、次の「修繕費の形式基準」のいずれかに該当すれば、修繕費として計上することができます。

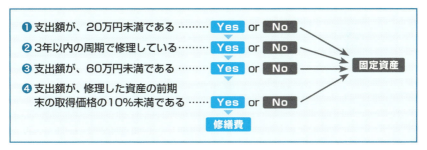

❸ **固定資産の取得価額とは**：固定資産を購入したら、本体価格だけでなく、取得に付随して発生する支出も、費用ではなく固定資産の一部として資産の部に計上しなければなりません。具体的には、設備の設置費用・購入手数料・関税・運送料・運送保険料などが該当します。

ただし次のような支出は、資産ではなく費用に計上することができます。

❶ 不動産取得税または自動車取得税
❷ 登録免許税そのほか登記や登録のための費用
❸ 調査費用や測量、設計、基礎工事などで、建設計画を変更したため不要となった費用
❹ 違約金
❺ 借入金の利子

 30万円未満の減価償却資産を購入したとき（少額資産の特例）

令和2年3月31日までの間に、青色申告をしている中小企業（資本金の額が1億円以下で、かつ常時雇っている従業員の数が1,000人以下の会社など）が、30万円未満の減価償却資金を購入して事業の用に供した場合、1度に全額を損金として処理することができます。ただし、1年間に費用として計上できるのは、300万円が限度です。

代表的な固定資産の会計仕訳例

● 25万円のエアコンを買ったときの仕訳例

| （借方）器具備品 | 250,000 | / | （貸方）現金または預金 | 250,000 |

● 25万円のエアコンと取付費2万円を支払ったときの仕訳例

| （借方）器具備品 | 250,000 | / | （貸方）現金または預金 | 270,000 |
| （借方）器具備品 | 20,000 | | | |

● エアコンが壊れたので部品を取り替えたときの仕訳例

| （借方）修繕費 | 120,000 | / | （貸方）現金または預金 | 120,000 |

● 特売品のエアコンを9万円で買ったときの仕訳例

| （借方）消耗品費 | 90,000 | / | （貸方）現金または預金 | 90,000 |

● 資産を購入したときのフローチャート

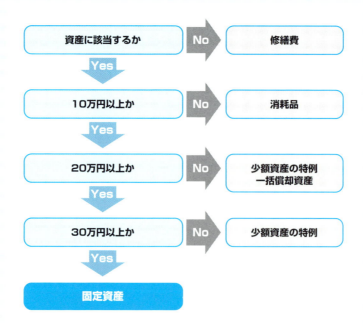

日々の会計処理

消費税
特別な経費に気をつける④

09

間違えやすい消費税のポイントは、「課税仕入れ」になるかならないかです。

業務の内容 会計ソフトへの入力　**用意するもの** ● 請求書 ● 領収書

課税仕入れの基本を知る

❶ **課税仕入れになる「会費」ならない「会費」**：会費が消費税の仕入税額控除の対象かどうかは、領収書の名目に惑わされず、対価性があるかどうかを実態で判断します。

取引の内容	消費税の処理
セミナーや勉強会の参加費	課税
懇親会や食事会の参加費	課税
同業者団体や組合の会費（業務運営に使われるもの）	不課税
同業者団体や組合の会費（対価性があるもの）	課税
同業者団体や組合の会費（業務運営に使われるもの）	不課税
同業者団体や組合の会費（対価性があるもの）	課税
ゴルフクラブやレジャー施設を利用するための入会金	課税

❷ **課税仕入れになる「交際費」ならない「交際費」**：取引の内容によって、課税仕入れか否かを判断します。

取引の内容	消費税の処理
得意先やその役員等に対し「現金」で支出する祝金や見舞金・香典・不祝儀など	不課税
得意先や取引先に対して贈答する商品券やビール券・プリペイドカードなどの物品切手類	非課税
運転手や旅館の女中・ゴルフ場のキャディさんに対するチップ	不課税
ゴルフプレー代と一緒に支払うゴルフ場利用税	不課税
海外や免税店で購入した贈答品	免税
使途不明な交際費	不課税

経理

第9章 日々の会計処理

177

❸ **課税仕入れになる「燃料費」ならない「燃料費」**：利用明細書が課税になっているかどうかで判断します。

取引の内容	消費税の処理
ガソリン代金	課 税
軽油代金	課 税
軽油引取税	不課税

❹ **課税仕入れになる「手数料」ならない「手数料」**：消費者などから、クレジットカードを使って売上代金を回収すると、その代金はクレジット会社などの信販会社から手数料を差し引かれて振り込まれます。正確にいうと、これは信販会社が「売掛債権」を安く買い取ったために、差額が発生しているにすぎません。したがって、売上代金と入金額との差額は、債権を売り渡したことによる債権売却損に該当し、課税仕入れになりません。ただし、クレジット会社によっては、「収納代行」を依頼している場合もあり、その場合は消費税の課税仕入れになります。どちらかわからない場合は請求書をよく見て、消費税が請求されているかいないかで判断します。

❺ **課税仕入れになる「家賃」ならない「家賃」**：家賃や地代を支払うときは、契約や取引の内容によって、消費税が課税仕入れになるものとならないものとがあるので注意が必要です。

取引の内容	消費税の処理
土地の使用料（1カ月未満の短期を除く）	非課税
土地と建物を同時に借りている場合	建物として課税
居住用の建物	非課税
駐車場代（青空駐車場を除く）	課 税
アパートやマンションに併設されている駐車場	非課税
礼金や更新料（居住用）	非課税
礼金や更新料（居住用以外）	課 税
保証金や敷金（あとで返還されるもの）	不課税
不動産業者に支払う手数料	課 税

居住用の建物に対する家賃が課税仕入れか否かは、賃貸借契約書の利用目的欄に記載されている内容で判断します。事務所や店舗など事業用と記載されていれば課税仕入れになります。実際の使用状況が事業用であっても、契約書の利用目的が居住用であれば非課税となります。

日々の会計処理

会計帳簿を作成する

10

会計帳簿は、会社によって作成する種類が異なります。

業務の内容 会計ソフトからのアウトプット

作成する書類 ● 総勘定元帳 ● 補助簿 ● 部門別元帳 ● 工事別原価表など

STEP 1	**日々の取引を仕訳する**

● 日々の取引を、会計ソフトに入力する

STEP 2	**総勘定元帳を作成する**

● すべての取引が勘定科目ごとに分類される

STEP 3	**部門別元帳や補助元帳、補助記入帳を作成する**

● 総勘定元帳の内容を補完するもの

STEP 4	**合計残高試算表を作成する**

● すべての勘定科目の推移と残高を月ごとにまとめたもの

STEP 5	**決算修正仕訳をする**

● 正しい期間損益を計算するために、決算時にのみ行われる修正仕訳

STEP 6	**決算書を作成する**

● 1会計期間の最終的な損益と財務状態を表す一覧表

STEP 7	**税務申告書を作成する**

● 1事業年度の利益に対する税額を計算し、申告する

経理 第9章 日々の会計処理

会計帳簿の基本を知る

● **会計帳簿とは**：会社は利益を獲得するために、日々の営業活動を行います。会社の活動にともない、現預金など資産は増加したり減少したりを繰り返します。会計帳簿とは、会社の資産の動きを「円」という貨幣で記録し、経営状況を明らかにするための書類です。会計帳簿には、会社全体の事業活動を記録する「主要簿」と特定の科目だけの動きを記録する「補助簿」とがあります。主

179

要簿には、日々の取引を記録する「仕訳日記帳」や、1年間のすべての取引を勘定科目ごとにまとめた「総勘定元帳」などがあります。作成する補助簿は会社によってまちまちですが、「現金出納帳」「売掛金台帳」「買掛金台帳」「商品受払簿」「部門別元帳」などが一般的です。

❷ **総勘定元帳とは**：1会計期間に行ったすべての仕訳を勘定科目ごとに転記し、科目ごとの動きがわかるように作成したものです。「取引年月日」「相手科目」「取引金額」「取引内容」を転記したら、今度はその科目ごとに残高を計算します。手書きで作成するのは大変ですが、会計ソフトを利用すれば自動で計算してくれます。会社が行ったすべての取引が記録されるので、総勘定元帳を見ると、事業活動の概要と歩んだ歴史がわかります。

● **総勘定元帳例**

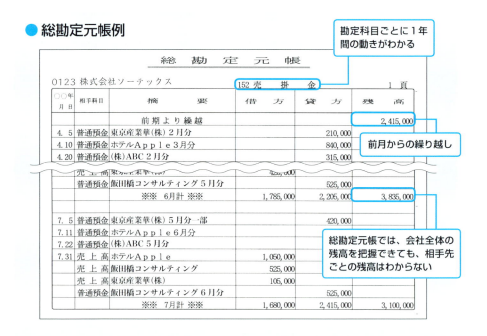

❸ **補助簿とは**：総勘定元帳は会社全体の動きを記録したものですが、特定の勘定科目や部門の動きをさらに詳しく記録し、ひと目で残高がわかるように作成したものが補助簿です。補助簿は総勘定元帳を補完するために作成するもので、特に法律で決められたルールはありません。補助簿には、補助元帳と補助記入帳がありますが、作成する補助簿は会社が自由に決められます。

主な補助簿には次のようなものがあります。

補助記入帳の種類	内容
現金出納帳	小口の金庫ごとに、入出金と残高を記録する
仮払い帳	担当者ごとに、仮払いと精算の履歴を記録し、残高を管理する
補助元帳の種類	内容
売掛金台帳	得意先ごとに売掛金の発生と入金を記録し、残高を管理する
買掛金台帳	取引先ごとに買掛金の発生と支払いを記録し、残高を管理する
工事別原価表	会計期間にとらわれず、工事ごとの損益を計算する
部門別元帳	会社全体の損益とは別に、支店や営業所、店舗。部署ごとの損益を計算する

補助簿を作成するときは、あらかじめ補助番号や部門番号を登録しておき、勘定科目と一緒に会計ソフトに入力します。また「工事別原価表」をつくって工事ごとの損益を把握したいときは、あらかじめ会計ソフトにPJコードを登録しておき、仕訳するときに一緒に入力します。ほとんどの会計ソフトには、これらの機能がついているので、会計ソフトを上手に活用します。

● 補助元帳（売掛金台帳）例

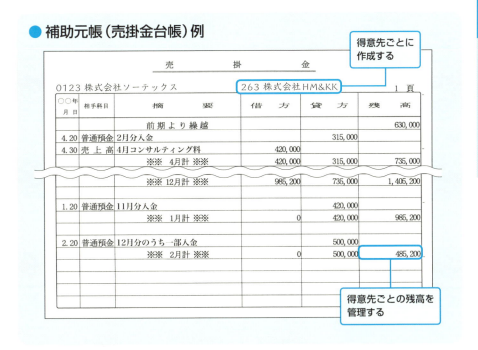

日々の会計処理

11 月次試算表を作成する

月次決算は、会社の経営状況をタイムリーに把握するためのものです。

業務の内容 会計ソフトからのアウトプット
作成する書類 ● 合計残高試算表

STEP 1	日々の取引を仕訳する

● 日々の取引を、会計ソフトに入力する

STEP 2	預金残高を確認する

● 現金や預金など、主要な勘定科目の実際残高が試算表の残高と一致しているかを確認する

STEP 3	年次決算に準じた仕訳を計上する

● 減価償却費や期末商品棚卸し高などを、仮の金額で計上する

STEP 4	合計残高試算表を作成する

● 会計ソフトを利用している場合は、印刷機能を使ってアウトプットする

月次決算の基本を知る

❶ **月次決算とは**：会社は年に1度の決算をし、経営成績や財務状況を決算書としてまとめます。もっとリアルタイムに業績を把握し、経営判断の根拠とするために、次のような理由から月に1度の月次決算が必要になります。

> ❶ できるだけタイムリーに経営状況を把握し、必要な対策をとる
> ❷ 予算に対する、売上・費用・利益の進捗割合を確認する
> ❸ 今期の決算の売上・費用・利益を予測し、納税額の手当をする
> ❹ 月次決算を積み重ねることで、スムーズに年次決算をする

❷ **合計残高試算表をつくる**：月次決算では、決算書ではなく、「合計残高試算表」を作成します。合計残高試算表とは、会社が使用した勘定科目のすべてについて、前月残高・今月の増加額・今月の減少額・今月の残高を記載したものです。これらの勘定科目はさらに、「資産」「負債」「収益」「費用」「純資産」

の5つのグループごとにまとめて表示されるので、結果として「貸借対照表」「損益計算書」と同じように、月ごとの会社の財政状態や利益金額を確認することができます。会計ソフトを利用している場合は、1カ月のすべての仕訳が勘定科目ごとに自動集計されます。

● 合計残高資産表（貸借対照表）例

前月末の残高と一致

当月の動きがわかる

翌月の月次試算表に繰り越す

全科目合計残高試算表（貸借対照表）
令和○○年 3月31日 現在

[8901 株式会社ソーテックス]

	勘定科目	前月残高	借方	貸方	繰越残高
	111 現　金	341,267	600,000	857,229	84,038
	（　現　　金　）	341,267	600,000	857,229	84,038
	121 当座預金	4,116,425	5,180,175	6,836,473	2,460,127
	131 普通預金	8,813,280	4,051,780	6,042,499	6,822,561
流	（　流動性預金	12,929,705	9,231,955	12,878,972	9,282688
	141 定期預金	11,100,000	5,000,000		16,100,000
	142 積立預金	2,700,000	300,000		3,000,000
動	（　固定性預金	13,800,000	5,300,000		19,100,000
	（　預　　金　）	26,729,705	14,531,955	12,878,972	28,382,688
	【　現金預金　】	27,070,972	15,131,955	13,736,201	28,466,726
資	152 売掛金	19,479,335	13,138,540	12,335,263	20,282,612
	【　営業債権　】	19,479,335	13,138,540	12,335263	20,282,612
	【　有価証券　】				
産	172 商　品	1,245,600	3,546,900	2,546,506	2,245,994
	1270 貯蔵品	325,600			325,600
	【　棚卸資産　】	1,571,200	3,546,900	2,546,506	2,571,594
の	183 仮払金	98,667	150,000	195,845	52,822
	185 味収納金	2,916,430		920,000	1,996,430
	162 貸倒引当金	▲32,510			▲32,510
部	【　その他流動資産　】	2,982,587	150,000	1,115,845	2,016,742
	【　流動資産　】	51,104,094	31,967,395	29,733,815	53,337,674
	211 建　物	6,607,478			6,607,487
	213 構築物	614,520			614,520
固	215 車両運搬具	10,782,496			10,782,496
	216 工器具備品	5,165,076			5,165,076
定	【　有形固定資産　】	23,169,579			23,169,579
	【　無形固定資産				
	【　繰延試算　】				
	【　試算の部　】	85,517,243	32,032,915	29,733,815	87,816,343
	312 買掛金	22,996,267	3,212,658	3,504,110	23,287,719
流	313 短期借入金	3,600,000	300,000		3,300,000
動	314 未払金	3,584,200	1,150,000		2,434,200
負	318 預り金	4,131,835	2,782,180	34,347	1,384,002
債	326 賞与引当金	1,436,666			1,436,666
の	【　流動負債　】	35,748,968	7,444,838	3,538,457	31,842,587
部	361 長期借入金	10,040,000	300,000		9,740,000
	363 役員借入	3,000,000			3,000,000
	【　固定負債　】	13,040,000	300,000		12,740,000
	【　引当金　】				
	【　負債の部　】	48,788,968	7,744,838	3,538,457	44,582,587
	411 資本金	10,000,000			10,000,000
	【　繰越利益剰余金　】	26,728,275		6,505,481	33,233,756
	【　当期純損益金額　】	1,834,770		6,505,481	8,340,251
	【　株主資本　】	36,728,275		6,505,481	43,233,756
	【　純資産の部　】	36,728,275		6,505,481	43,233,756
	【負債・純資産の部】	85,517,243	7,744,838	10,043,938	87,816,343

経理

第9章 日々の会計処理

183

● 合計残高資産表（損益計算書）例

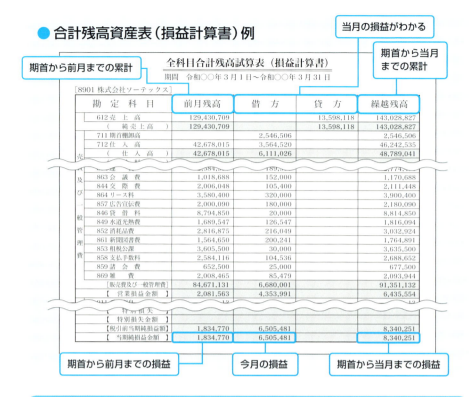

月次試算表をつくるときの注意点

❶ **1カ月の正しい期間損益を計算するために：**できるだけ年次決算に準じた処理をします。しかし、月次決算では正確性よりも迅速性が求められるので、重要性の乏しい科目については、簡便な方法で計算するのが一般的です。月次決算では、次のような点に注意して試算表を作成します。

項　目	内　容
現金・預金	試算表の残高と実際の残高が一致しているかを確認する
在　庫	商品受払簿で、商品や原材料の期末残高を確認し、期首棚卸し高と期末棚卸し高を計上する
売掛金	売掛金台帳の合計と試算表の残高が一致しているかを確認する
買掛金	買掛金台帳の合計と試算表の残高が一致しているかを確認する
仮払金・仮受金	本来の勘定科目に仕訳をする
借入金	銀行からの返済予定表や借入金一覧表と試算表の残高が一致しているかを確認する
減価償却	期末に計上する予定の減価償却費をあらかじめ計算しておき、12で割った金額を、仮の償却費として計上する

第10章 入社1年目からできる経理のお仕事 営業事務編

☑ 10章でできること！

- 01 見積書を作成する
- 02 納品書・請求書を作成する
- 03 売掛金の残高を管理する
- 04 発注から支払いまでの流れ
- 05 買掛金の残高を管理する

請求書を発行したら、入金を確認するまでが経理の大事な仕事です。「仕事はしたけれど取りっぱぐれた」ということがないように、細やかにチェックしましょう。

営業事務

01 見積書を作成する

見積書は、相手に取引を決断させるために作成します。

作成する書類 ● 見積書

STEP 1	見積書を作成する

● 見積書の内容で、受注できるかどうかが決まる

STEP 2	契約書を作成する

● 取引の内容や決済の条件を記載する

STEP 3	発注書または注文書を受け取る

● 請求書を作成するもとになる書類

STEP 4	納品書を作成する

● 先方に納品されたことを確認してもらう

STEP 5	請求書を発行する

● 納品が完了したら、相手方に請求する

STEP 6	売掛金台帳に記入する

● 得意先ごとに、発生と入金の履歴を記録する

STEP 7	入金を確認する

● 入金が完了すると、取引は終了

見積書の基本を知る

❶ **見積書とは：**見積書の作成は、「受注」に至る前の大切なプロセスです。まだ契約を検討中の相手に対し、取引の内容や取引金額、納期などを提示し、発注を促すために作成します。見積書をもとに内容や金額の交渉が行われるので、ひとつの取引で複数の見積書を発行することもあります。見積り内容にお互いが合意すれば、いよいよ契約という流れになります。見積書は、まだ契約の前段階で予想金額を提示するものなので、契約後に受注内容に変更が生じたり、

実際の請求金額と違ったりすることもあります。また見積書を発行したのに受注できないというケースもあります。

見積書の作成と管理

❶ 見積書を作成する： 見積書には、次の事項を記入します。

項　目	記入の際の注意事項
宛　先	会社名を省略したり、相手の役職名を間違えないように気をつける
見積書番号	見積書は同じ取引に対して何枚も作成することがあるので、番号で管理する。また請求漏れを防ぐために、請求書にも同じ番号を記入する
発行日	見積書の有効期限を決めるために、必ず記入する
担当者の氏名・連絡先	会社名・住所・電話番号・メールアドレス・担当者名を記載し、会社の角判を押印する
件　名	取引の内容が相手に伝わりやすい文言で記入する
取引の内容	商品やサービスの内容を具体的に記入する
見積金額	商品やサービスごとに単価を記入し、最後に合計額を記入する
消費税	見積額に消費税が含まれているか、いないかを明記する
納期	具体的な日付を記入せずに、「受注後○日以内」などと記入することもある
納入場所	「貴社指定場所」などと記入する
見積書の有効期限	相手に発注を促すために作成する。あまり長く設定すると価格変動に対応できないので、2週間から1カ月程度が一般的
補足説明	見積書を作成するにあたって、条件などを記載する。「上記は、○○の条件でお見積りさせていただきました。××が必要な場合は、別途お見積りいたします」などと記入しておく

❷ 見積書を管理する： 見積書は、つくって終わりではありません。見積書を作成したら、相手先に請求して入金を確認するまでが経理の仕事です。そのために、まず取引先ごとにバインダーをつくって、見積番号順にファイルします。見積書の期限が来たら、必ず受注の有無を営業担当者に確認します。受注がないことが確定した場合は、見積書に「受注なし」と記入し、再見積となった場合は、同じ案件だということがわかるように、最初の見積番号に枝番をつけてファイルします。受注が確定した場合でも、内容に変更がないか確認するなど、絶対に請求漏れを起こさないという強い気持ちを持つことが大切です。

経理

第10章　営業事務

● 見積書例

見　積　書

作成日　令和○○年○○月○○日
見積書NO.　SS 20○○○○○○-1

同じ番号を使って請求者を作成する

株式会社アジアンワールド 御中

件名　Orange ノートパソコン購入

相手にわかりやすい文言で記入する

下記の通り、御見積いたします。

株式会社ソーテックス
東京都千代田区飯田橋○-○-○
TEL：03-0000-0000
FAX：03-0000-0000
Mail：s-suzuki@×××.co.jp
担当者：鈴木俊二

御見積金額　**330,000 円**（消費税込）

消費税が含まれているかいないかを明記する

番号	取引の内容	単価	数量	金額
1	Orange ノートパソコン XYZII	90,000	3	270,000
2	セキュリティーソフト○○ Ver××	10,000	3	30,000

具体的に細かく記入する

小計（8%）	
消費税（8%）	
小計（10%）	300,000
消費税（10%）	30,000
合計額	330,000

税率を明記する

納　　期　：受注後5日以内
納期場所：貴社指定場所
有効期限：御見積後2週間

相手に発注を促すために記入する

上記は、旧バージョン可という条件で御見積りさせていただきました。
最新のモデルの商品がご希望の場合は、別途御見積りいたします。

営業事務

納品書・請求書を作成する 02

会社にとって最大の損失、「請求漏れ」を防ぐことが重要です。

作成する書類 ● 納品書 ● 請求書
保管する書類 ● 納品書控え ● 検収通知書

受注から納品までの流れを確認する

❶ **契約を交わす**：取引先が見積書の内容に合意したら、契約を交わします。相手先から発注書または注文書のみが発行される場合は、発注書などが契約書を兼ねることになります。納品が終わったら、納品書の控えをもとに、請求書を作成します。

❷ **納品書を作成する**：納品書は、見積書や注文書どおりに納品したということを発注者に確認してもらうために作成します。納品書に記載すべき内容は、基本的には見積書や注文書の内容と同じになります。納品書を受け取った相手方に、納品物と納品書に記載されている内容が一致しているかを確認してもらい、「確かに受取りました」という意味あいのサインや印鑑をもらっておくと取引がスムーズに運びます。商品やサービスの性質によっては、「検収通知書」を発行してもらいます。検収通知書とは、発注どおりに納品されているか、クオリティに問題がないか確認できたことを、通知するものです。

請求から会計処理までの流れを確認する

❶ **請求書を作成する**：請求書は、納品の都度発行する場合と、得意先ごとに「20日締め」や「末日締め」など締め日を決めておき、ひと月分をまとめて請求する場合とがあります。得意先から請求書のフォーマットを指定される場合もあるので、その場合は「指定請求書」を使います。

請求書には、次の表の項目を記入します。

経理

第10章 営業事務

189

● 納品書例

納 品 書

作成日　令和○○年○○月○○日
見積書NO.　SS 20○○○○○○-1

株式会社アジアンワールド 御中

件名 Orange ノートパソコン購入

下記の通り、御見積いたします。

株式会社ソーテックス
東京都千代田区飯田橋○-○-○
TEL：03-0000-0000
FAX：03-0000-0000
Mail：s-suzuki@×××.co.jp
担当者：鈴木俊二

御見積金額　330,000 円 （消費税込）

番 号	取引の内容	単 価	数 量	金 額
1	Orange ノートパソコン XYZII	90,000	3	270,000
2	セキュリティーソフト○○ Ver××	10,000	3	30,000
		小計（8%）		
		消費税（8%）		
		小計（10%）		300,000
		消費税（10%）		30,000
		合計額		330,000

納　　期　：令和○○年○○月○○日
支払期限：令和○○年○○月○○日

税率を明記する

項　目	記入の際の注意事項
宛　先	会社名を省略したり、相手の役職名を間違えたりしないように気をつける
請求書番号	入金管理のために番号を振って管理する。納品書番号や、見積書番号を記入する欄をつくるなどして、請求漏れを防ぐ
請求年月日	請求書の作成日ではなく、あらかじめ決まっている会社の締め日を記入する場合が多い
担当者の氏名・連絡先	会社名・住所・電話番号・メールアドレス・担当者名を記入し、会社の角判を押印する
件　名	見積書や発注書に記載されているものと同じ件名を記入する
取引内容	商品名やサービスの内容を具体的に記入する
請求金額	見積書や発注書を参考にして、商品やサービスごとの単価や数量・合計額を記入する
消費税	8%か10%かを明記する
請求すべき合計額	本体価格と消費税額を合算し、相手が支払うべき最終的な請求金額を、ほかより大きな文字で記入する
振込先	金融機関名・支店名・口座の種類・口座番号・口座名義人を明記する
振込期限	契約書や発注書で決済条件を確認する
補足説明	「誠に勝手ながら、振込手数料はお客様のご負担でお願いいたします」などと記入しておく

❷ **請求書を発送する：**請求書を作成したら、内容に誤りがないかを営業担当者や上長に確認してもらい、承認印をもらいます。1部を得意先に送付し、控えは取引先ごとのバインダーをつくって、番号順にファイルします。請求書を作成したら、その後、請求書どおりに入金があったかを確認し未収管理をします。

❸ **会計処理をする：**請求書を作成したら、次の仕訳をします。売掛金は、得意先ごとに補助登録をしておき、月次決算の際に、売掛金台帳と会計帳簿が一致しているかを確認します。仕訳は、締め日が決まっている場合は締め日で、都度発行の場合は発行日で入力します。

● 得意先A社に、100万円を請求したときの仕訳例

（借方）売掛金ー A社	1,000,000	／	（貸方）売上高	1,000,000

会社ソフトに補助登録をしておく

経理

第10章　営業事務

191

● 請求書例

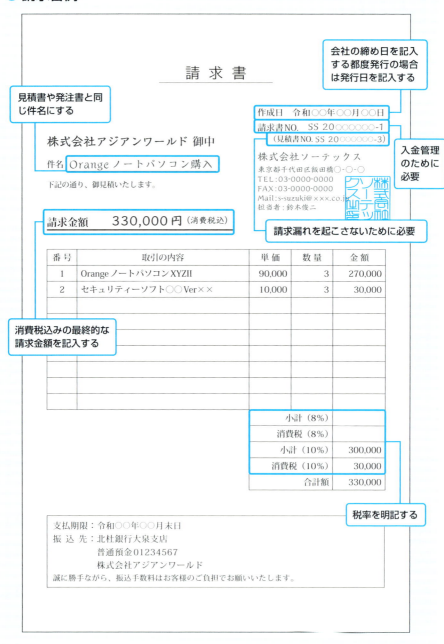

営業事務

売掛金の残高を管理する **03**

売掛金の残高を管理し、未収金が増えないように気をつけます。

作成する書類 ● 売掛金台帳

STEP 1	**請求書を発行する**

● 請求漏れがないように気をつける

STEP 2	**売掛金の発生を記入する**

● 売掛金台帳の発生欄に金額を記入する

STEP 3	**入金を確認する**

● 入金予定日に、通帳を記帳する

STEP 4	**売掛金の消し込みを行う**

● 売掛金台帳の入金欄に、金額を記入する

STEP 5	**残高を計算する**

● 得意先ごとに、残高を計算する

STEP 6	**入金がない場合は、再請求をする**

● 約束どおりに入金がない場合は、○日後といったように、ルールを決めて再請求をかける

経理

第10章 営業事務

売掛金が入金するまでの流れを確認する

❶ **売掛金の管理をする：**請求書を発行したら、入金を確認するまでが経理の大事な仕事です。入金予定日には、請求書に記載された通帳などを記帳し、入金の有無と金額を確認します。予定どおりに入金がない場合は、相手方から値引きの要請があったり、振込手数料や立替金を相殺して振り込まれている場合があるので、その理由を営業担当者などに確認します。正当な理由なく請求書どおりの入金がない場合は、再請求書を作成して営業担当者に依頼するか、得意先の担当者あてに送付します。

❷ **売掛金台帳を作成する：**売掛金は、得意先ごとに売掛金台帳を作成して管理します。得意先ごとに売掛金台帳を作成することで、売掛金の発生と入金状況を正確にかつタイムリーに把握でき、未収リスクを軽減することができます。売掛金台帳はエクセルなどで作成し、「タイトル」「日付」「当月発生金額」「内容」「入金額」「値引」や「相殺額」「残高」「備考」欄を作成します。売掛金台帳には、次の項目を記入します。

項 目	内 容
タイトル	得意先の会社名を記入する
日 付	売掛金の請求日または入金日を記入する
当月発生金額	当月発生した請求金額を消費税込で記入する
内 容	請求の案件名や請求書番号などを記入する
入金額	通帳への実際の振込額を記入する
値引・相殺	請求書どおりに入金がない場合、原因を確認して記入する
残 高	発生の都度、入金の都度、正確な残高を計算する

売掛金の入金から未収金の管理までの流れを確認する

❶ **売掛金を消し込む：**得意先から入金があったらどの請求書に対する入金かを確認し、売掛金の残高を消し込みます。得意先が請求書どおりに振り込んでくれるとはかぎらないので、消し込みができないこともあります。消し込みがうまくいかない場合は、まず経理で原因を追及します。想定される原因を営業担当者に連絡し、原因がわからない場合は、速やかに再請求の手続きをしなければなりません。

現 象	理 由
請求書の宛先と振込人の名前が違っている	グループ会社などで、振込業務を別法人が行っている
端数があわない	勝手に値引きされている
入金額のほうが、微妙に少ない	立替金や安全協力費などが相殺されている
振込手数料相当額があわない	振込手数料を差し引いて入金している
請求額と入金額がまったくあわない	分割で支払っている。または2つ以上の請求書を合算して支払っている
根拠なく、丸い数字で入金されている	得意先の資金繰りが厳しく、全額を支払えない
消費税分があわない	請求書の金額を見間違えている
理由はわからないが、請求額と入金額が一致しない	単純に間違えている

❷ **会計仕訳をする**：売掛金を消し込んだら、次の仕訳をします。

● 売掛金から、建設協力費5,000円を差し引かれて入金されたときの仕訳例

（借方）普通預金	995,000	（貸方）売掛金－A社	1,000,000
（借方）交際費	5,000		

相手先ごとに補助登録する

❸ **未収管理をする**：予定日になっても売掛金が入金されなかったり、一部しか入金されない場合があります。たとえば1週間待っても入金されない場合は再請求書を発行するなどルールを決めて、未収金が増えないように気をつけます。同時に、入金がない旨を営業担当者や業務担当者に連絡し、入金があるまでは追加オーダーを受けつけないなどの手当が必要です。

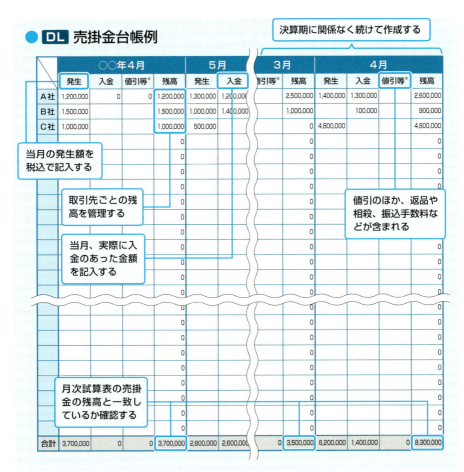

● DL 売掛金台帳例

営業事務

04 発注から支払いまでの流れ

発注書は契約書の一種です。

作成する書類 ● 発注書
保管する書類 ● 納品書 ● 請求書

STEP 1	**見積書を受け取る**
● 見積書の内容で、発注するかどうかを決める

STEP 2	**基本契約書を作成する**
● 基本的な取引の内容を記入する

STEP 3	**発注書または注文書を作成する**
● 契約書や見積書を元に作成する

STEP 4	**注文請書を受け取る**
● 注文を承諾したという相手方の意思表示を確認する

STEP 5	**納品書を受け取る**
● 見積書や発注書どおりに納品されたかを確認する

STEP 6	**請求書を受け取る**
● 納品書や発注書どおりの内容かを確認する

STEP 7	**買掛金台帳に記入する**
● 支払月ごとに、資金繰りをチェックする

STEP 8	**請求書どおりに支払う**
● 支払いが完了すると、取引は終了

発注から納品までの流れを確認する

❶ **契約を交わす**：見積書の内容に合意したら、契約書を交わします。契約書を作成せずに、発注書や注文書だけを発行する場合は、発注書などが契約書を兼ねることになります。商品が納品されたら納品書を受け取り、見積書や発注書

どおりに納品されているかを確認します。

❷ **発注書を作成する**：発注書や注文書は、発注者が商品やサービスを購入する
意思表示の目的で作成される書類です。発注書を相手方に送ったら、注文を承
諾した証拠として「注文請書」を受け取ります。

項　目	記入の際の注意事項
宛　先	会社名を省略したり、相手の役職名を間違えたりしない
発注書番号	相手から納品書や請求書を受け取ったとき、番号で管理しておけばチェックしやすい
発行年月日	実際の発行日ではなく、会社の締め日を記入することもある
担当者の氏名・連絡先	会社名・住所・電話番号・メールアドレス・担当者名を記入し、会社の角判を押印する
件　名	見積書や契約書に記入されているものと同じ件名を記入する
取引内容	商品名やサービスの内容を具体的に記入する
取引金額	見積書や契約書を参考にして、商品やサービスごとの単価や数量・合計額を記入する
納　期	商品やサービスを納品してもらう期日を記入する
条　件	取引条件を確認し記入する

支払いから会計処理までの流れを確認する

❶ **請求書を受け取る**：請求書を受け取ったら内容に誤りがないか見積書や納品
書で確認し、上長に決済印をもらいます。支払請求書は取引先ごとではなく、
支払月ごとにまとめてバインダーにファイルします。期日が来たら支払いをす
ませ、請求書に支払日を記入して買掛金台帳を消し込みます。

❷ **会計処理をする**：請求書が届いたら、次の仕訳をします。買掛金は得意先ご
とに補助登録をしておき、月次決算の際に買掛金台帳と会計帳簿が一致してい
るかを確認します。仕訳は締め日が決まっている場合は締め日で、都度発行さ
れる場合は発行日で計上します。

● 外注先A社から、100万円の請求書が届いたときの仕訳例

（借方）外注費　　　　1,000,000　／　（貸方）買掛金─B社─ 1,000,000

会社ソフトに補助登録をしておく

経理

第10章　営業事務

197

● 発注書例

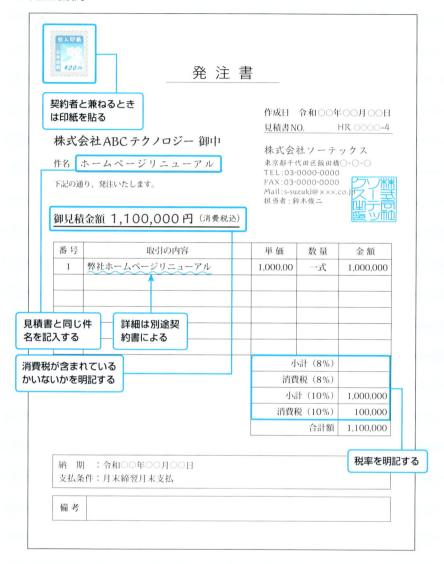

発注書に印紙は必要？

契約の申込事実を記入しただけの発注書や注文書などは、本来は印紙税の課税対象にはなりません。通常は契約書や注文請書に印紙を貼りますが、これらの書類がなく、注文書を交わすことで実質的に契約が成立する場合は、請負の契約書と同じ扱いになり印紙が必要になります。

営業事務

買掛金の残高を管理する 05

資金が不足しないよう、支払いのタイミングと預金残を常にチェックします。

作成する書類 ● 買掛金台帳

STEP 1 　**請求書を受け取る**

● 請求書の内容に間違いがないかを納品書で確認する

STEP 2 　**買掛金の発生を記入する**

● 買掛金台帳の発生欄に金額を記入する

STEP 3 　**資金繰りを確認する**

● 支払予定日の、預金残高を予測する

STEP 4 　**買掛金を支払う**

● 約定どおりに支払う

STEP 5 　**買掛金の消し込みをする**

● 買掛金台帳の支払欄に、金額を記入する

STEP 6 　**残高を計算する**

● 取引先ごとに、残高を計算する

経理

第10章 営業事務

請求書の受け取りから買掛金の管理までの流れを確認する

❶ **請求書の内容を確認する：**請求書を受け取ったら、まず請求内容に誤りがないかを確認します。確認する方法は、業務の担当者に聞くか、「納品書」と一致しているかを自分でチェックします。納品書には、「納品物の内容」「数量」「金額」などが記載されており、納品の都度、納品物に同封されて一緒に届けられる文書です。納品時に、購買の担当者が納品物との照合をして、品物を受け取った証拠となるものです。

199

❷ **資金繰りを確認する：**請求内容を確認したら、支払予定日を購買の担当者に確認します。買掛金の支払いは、請求の都度支払う場合と月末締めの翌月末払いなど、あらかじめ支払条件が決まっているからです。支払予定日がわかったら予定日の通帳残高を予測し、残高不足になりそうな場合は事前に上長や社長に相談し、資金の手当をしなければなりません。資金手当の方法としては、次のようなことが考えられます。資金がショートしそうなときは、金融機関に短期の融資を依頼する必要があります。ただし、単なる赤字の補填で借入を起こすことは危険です。一時的な資金ショートなのか、状況が改善すれば返済できるものなのかを検討します。

---

❶ 入金が遅れている売掛金の早期回収を図る
❷ 支払いを遅らせることのできる債務がないか検討する
❸ 売れ残っている在庫の販売を急ぐ
❹ 手形を割り引く
❺ 手持ちの有価証券を売却する
❻ 定期預金を解約する

残高の確認ができたら、請求書の合計金額に誤りはないか、請求額から相殺すべき金額はないか、振込手数料を引いて支払うのかなど、購買担当者に確認してから、約束した期日に遅れないように請求書で指定された方法で支払います。

支払いから会計処理までの流れを確認する

❶ **買掛金台帳を作成する：**買掛金は、取引先ごとに買掛金台帳を作成して管理します。取引先ごとに買掛金台帳を作成することで、買掛金の支払予定をタイムリーに把握でき、資金がショートするリスクを軽減することができます。買掛金台帳はエクセルなどで作成し、「タイトル」「日付」「当月発生金額」「内容」「入金額」「値引や相殺額」「残高」「備考」などを記入します。

項　目	内　容
タイトル	取引先の会社名を記入する
日　付	買掛金の請求日または支払日を記入する
当月発生金額	当月発生した請求金額を、消費税込で記入する
内　容	請求の案件名や請求書番号などを記入する
支払額	通帳から実際に支払った金額を記入する
値引・相殺	請求書どおりに支払わなかった場合、その原因を記入する
残　高	発生の都度、支払の都度、正確な残高を計算する

❷ **買掛金を消し込む**：取引先に支払ったらどの請求書に対する支払いかをチェックし、買掛金の残高を消し込みます。請求額がきれいに消し込めない場合は、その原因に応じた会計処理を行います。

原　因	会計処理
立替金を相殺した	立替金の内容に応じた勘定科目で仕訳する
振込手数料を差し引いて支払った	振込手数料のマイナスで仕訳する
建設協力金を差し引いて支払った	差額を雑収入に計上する
分割で支払った	買掛金台帳にその旨を記載する
2つ以上の請求書を合算して支払った	買掛金台帳の支払欄に請求書ごとの金額を記載する
消費税分を少なく支払ってしまった	追加分をすぐに支払うか次回の支払額に合算して支払うかを業務の担当者に相談する

❸ **会計仕訳を行う**：請求書を受け取ったら、次の仕訳をします。買掛金は取引先ごとに補助登録をしておき、月次決算の際に買掛金台帳と会計帳簿が一致しているかを確認します。仕訳は締め日が決まっている場合は締め日で、都度発行の場合は請求書に記載されている日にちで計上します。

● B社から商品を仕入れたときの仕訳例

| （借方）仕入 | 500,000 | （貸方）買掛金－B社 | 500,000 |

● 振込手数料500円を差し引いて、買掛金を支払ったときの仕訳例

❗ 消費税貯金のススメ

決算が赤字なら法人税を払う必要ありませんが、たいていの場合、消費税は赤字でも納付は発生します。そして、いざ申告というときには、預かった消費税は赤字補填のために使ってしまっているケースがほとんどです。
そうならないために、普段は使わない預金口座に、納付すべき消費税をプールしていきます。プールすべき金額は、下記の算式で計算できます。

売上にかかる消費税 × （1 － 消費税の原価率※）＝ 消費税貯金の金額
※ 消費税の原価率 ＝ 前期の課税仕入高 ÷ 前期の課税売上高

● 買掛金台帳例

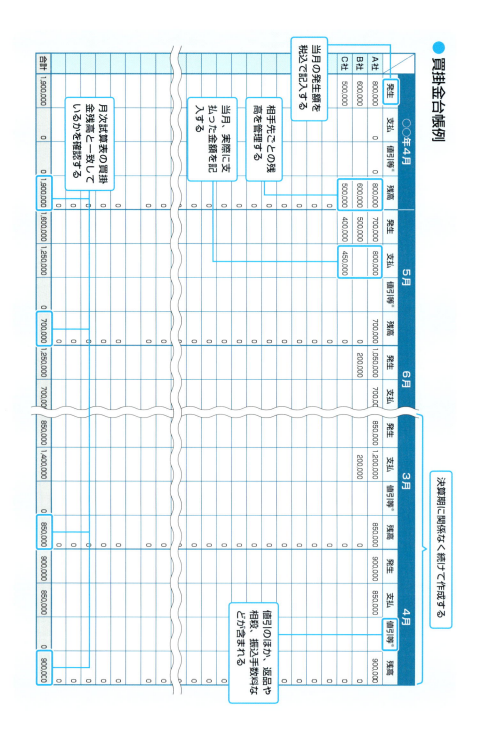

第11章 入社1年目からできる経理のお仕事 情報・財産管理編

☑ 11章でできること！

01 マイナンバーを管理する
02 大事な情報を保管する
03 重要な情報を廃棄する
04 印鑑を管理する
05 在庫を管理する
06 切手や印紙を管理する
07 固定資産を管理する
08 印鑑証明書を取得する
09 登記事項証明書を取得する

会社の重要な財産を管理します。財産には、在庫や固定資産など、お金に代わる財産だけでなく、個人情報なども含まれます。

情報の管理

01 マイナンバーを管理する

ポイントは、❶取得、❷保管・廃棄、❸委託、❹安全管理措置の4つです。それぞれのポイントを押さえて管理します。

受け取る書類 ・マイナンバーカード **or** 通知カードもしくはマイナンバーが記載された住民票＋身分証明（免許証やパスポート）

マイナンバーの取得に関する基礎を知る

❶ **取得のルール**：入社するときに、利用目的を明らかにしてマイナンバーの写しを提出してもらいます。「マイナンバーカード」を持っている従業員はカード1枚で可能ですが、カードをつくっていない従業員は「通知カード」もしくは「マイナンバーが記載された住民票」と「身分証明（免許証やパスポート）」を提出してもらいます。

マイナンバーの取得に際し、従業員に提出してもらう書類

「マイナンバーカードなら**1枚**で大丈夫」

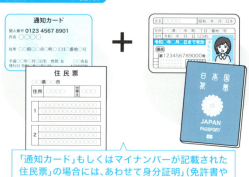

「通知カード」もしくは「マイナンバーが記載された住民票」の場合には、あわせて身分証明（免許書やパスポート）を提出してもらう

※小さな会社の場合、本人と担当者が直接入社書類のやり取りができるので、目視で本人確認すれば書類は必要ありません。

❷ **保管のルール** ❶ **管理区域**：マイナンバーの保管は、マイナンバーが記載された書類やファイル、データベースのサーバーなどが格納されている「管理区域」でします。会社規模によっては、金庫ひとつで管理区域となることもあれ

ば、特定の一室を管理区域としなくてはならないこともあります。いずれにせよ、入退室管理や開閉管理は履歴を残す形で管理しなければなりません

❸ **保管のルール❷** 取り扱い区域：マイナンバーを扱って書類を作成する場所を「取り扱い区域」といいます。机の配置などを工夫して、ほかの人に見られないように注意します。

❹ **廃棄のルール**：マイナンバーが不要になったら速やかに廃棄・削除します。ただし退職後も一定期間保管義務のある書類や、保険関係の取得手続きを行ったものの雇用契約が継続しているという場合、保管し続けることができます。

❺ **安全管理措置のルール**：マイナンバーの取り扱いについては、会社ごとに「基本方針」や「取扱規程」の策定などについて厳格に定める必要がありますが、従業員数100名以下の企業については緩和され、不要になっています。

●マイナンバーの取り扱いの基本方針

取り扱いの記録	• 業務日誌などにおいて、特定個人情報などの入手、廃棄、「源泉徴収票」の作成日、本人へ渡した日、税務署への提出日といった特定個人情報の取り扱い状況を記録する。 • 取り扱い規程、事務リストに基づくチェックリストを利用して事務を行い、その記入済みのチェックリストを保存する
ほうれんそうのルート	盗難や紛失に備え、相談する人、責任者を明確にする
定期的な点検	責任者が定期的に保管状況、取り扱いについてチェックする
座席の工夫	不用意にのぞき見されないような席配置を工夫する
盗難防止の工夫	キャビネットに保管し鍵をかける
個人情報のメール送信	画像を添付する際はパスワードをかける

！ マイナンバーを使用する手続き一覧

目 的	手続き書類
税	• 扶養控除申告書（従業員本人、配偶者、扶養親族の番号を申告書に記載する） • 法定調書 • 給与支払報告書
社会保険	• 資格取得届 • 資格喪失届 • 被扶養者（異動）（3号）届 • 被保険者賞与支払届 • 育児休業等取得者申出書／終了届
雇用保険	• 資格取得届 • 資格喪失届 • 高年齢雇用継続給付受給資格確認票・支給申請書・育児休業給付受給資格確認票・支給申請書 • 介護休業給付金支給申請書

※社会保険の住所変更・氏名変更については、基礎年金番号とマイナンバーが紐づいていることが確認できれば届け出を省略できます。

情報の管理

02 大事な情報を保管する

形を持たない資産でもある情報の管理はとても重要です。重要な情報はどこまでを指すのか、どのように取り扱うのかをしっかり押さえます。

管理する「情報」の基礎を知る

❶ 会社の機密情報

社内で保管するもの	❶ ノウハウ 設計図、マニュアル、企画書
	❷ 取引先情報 顧客情報、仕入れ先リスト
	❸ 文書 完成し、決済が下りた文書、顧客からの文書や公的な書類
個人が保管するもの	❶ 機器 ノートパソコン、USB メモリ、ハードディスク
	❷ 文書 作成途中の文書、企画提案書

❷ 個人情報と人事情報：管理する情報は、大きく次のように分けられます。

個人情報の範囲	❶ 身体の一部の特徴を電子計算機のために変換した符号 DNA、顔、虹彩、声紋、歩行の態様、手指の静脈、指紋・掌紋
	❷ サービス利用や書類において対象者ごとに割り振られる符号（公的な番号） 旅券番号、基礎年金番号、免許証番号、住民票コード、マイナンバーなど
人事情報の範囲	❶ 従業員等の個人情報 個人の携帯番号や自宅の住所など
	❷ 採用時の応募者の個人情報 履歴書、職務経歴書
	❸ そのほかの従業員のデータ 給与・賞与の金額に関するデータ、昇給昇格等の評価や転勤・移動に関する発表前の情報、従業員の勤怠の情報、健康診断結果、従業員の家族に関する情報

情報を保管するルールを知る

❶ 紙で管理しているもの：鍵のかかる引き出しやキャビネットで保管します。
作成途中の未完成の文書などは個人の引き出しで管理してもいいですが、社内で共有する必要がある公的な文書や決済の下りた文書などは、共有文書として

決まった場所で保管します。書類の種類、ファイリングのルール、保管場所を細かく決めておく、書類一覧をリスト化するといったことを行うことで文書管理もわかりやすくなります。なお個人情報については、一部の従業員にのみ閲覧を許可する文書になります。該当者以外に見られないようキャビネットを施錠して、閲覧を制限することが必要です。また書類の法的な保存期間を確認したうえで、定期的に整理するようにします。

❷ **パソコンで管理しているもの：** ファイルにパスワードをかけます。給与計算ソフトなどは定期的にログインパスワードを変更し、かぎられた担当者のみの開示とします。帳票出力用にダウンロードしたデータを保存するときも、すべてのファイルにパスワードをかけます。また重要なファイルもしくはそれを保管しているフォルダには、原則アクセス制限やパスワードをかけ、アクセスできるユーザーも役職ごとや部署ごと、従業員単位などでアカウントを管理し、退職者が出た場合にはそのつどパスワードを見直すようにします。

❸ **パソコンは定期的にバックアップを取る：** パソコンの故障や誤操作、ウィルス感染などにより、パソコンやサーバーの中に保存したデータが消えてしまうことがあります。不測の事態に備えて定期的にバックアップを取っておくようにします。バックアップはもとの場所とは別に保存します。

事務所の安全管理をする

❶ **情報を放置しない：** 作業中に離席する場合であっても、重要な情報を机の上に放置したことで誰かに持ち去られたり盗み見られる危険があるということを意識し、保管場所もしくは引き出しにしまって厳重に管理します。また、自分が使っているパソコン自体にもログインパスワードかけ、他人が使用できないようにします。

❷ **機器・備品の定期的な管理：** ノートパソコンやタブレット端末、USBメモリなどは簡単に持ち運べる利点がありますが、盗難の危険も高くなっています。1つひとつを番号管理し、施錠可能な引き出しなどに保管するようにします。また、使用する人と紐づけて定期的にチェックします。また、個人の持ち物であるUSBメモリや外付けのハードディスク、カメラなどを自由に社内に持ち込むことができてしまうと、機密情報が簡単に記録できてしまうことになります。原則持ち込みは禁止し、会社で管理する者のみ使用を認めるといったルールが必要です。

経理

第11章 情報・財産管理

情報の管理

03 重要な情報を廃棄する

重要な情報については、どのように廃棄するかもポイントになります。

管理した「情報」を安全に廃棄する

❶ **シュレッダーでこまめに廃棄する**：給与計算のチェック用に印刷した個人情報などの紙は、作業が終わったらすぐにシュレッダーで処理します。

❷ **量が多い場合は溶解処理をする**：作業が長期にわたってなかなか処分できずに、重要な情報を含んだ紙が増えてしまった場合や、保存期間をすぎた大量の段ボールの処理は、専門の廃棄業者に「溶解処理サービス」を依頼します。

● 大量の段ボールの処理方法

その場で廃棄	大型シュレッダーを積んだトラックで来社して、その場で裁断してくれるので、廃棄が確実に行われたことを確認することができる
段ボールごと廃棄	第三者の目に触れることなく確実に情報を抹消できる。ファイルやバインダーのまま段ボールに詰めることができる。処理後はデータを抹消した証明として「熔解証明書」を受け取る

「CD」「ハードディスク」を安全に廃棄する

　CDやハードディスクは、業者の溶解処理に出すことはできません。CDは、会社のシュレッダーで処理をするか、CDRなどの外部記録メディアは傷をつけて不燃物として処理します。パソコンのハードディスクについては、専門業者のデータ消去サービスに依頼するか、市販のデータ消去用のソフトを使ってデータを消去する必要があります。

「携帯電話」「スマートフォン」を安全に廃棄する

　通話履歴やメールの履歴にも情報が残っている場合があります。業者に回収してもらう際にも、初期設定状態にする機能がついている場合は、念のため購入初期状態にしてから廃棄します。

財産の管理

印鑑を管理する

04

印鑑には、それぞれの役割があります。

管理するもの	● 実印　● 銀行印　● 角印　● ゴム印　● 訂正印　● 印鑑カード
業務の時期	日々
保存場所	● 金庫（実印および銀行印）　● 経理部内（角印・ゴム印・訂正印）

印鑑の基本を知る

❶ 印鑑の種類： 会社で使用する印鑑は、その用途によって、さまざまな種類があります。印鑑の種類によって、保管場所にも注意しなければなりません。印鑑の用途と保管場所は、次のとおりです。

種　類		性　質	用　途	保管場所
実印		法務局に届けた正式な印鑑	契約書の締結・官公庁への届出書・申請書・申告書	**金庫** 印鑑カードとは別に保管する
銀行印		金融機関に届けた印鑑	銀行での手続き、小切手・手形の発行	**金庫** 通帳・キャッシュカードとは別に保管する
角印（社判）		法人名だけを彫ってつくった四角い印鑑。認め印として使う	見積書・請求書・納品書・領収書の発行、重要度の低い社外文書に押印する	**経理部**
ゴム印		会社名・代表取締役名・住所・電話番号などをゴム板に彫ったもの	見積書・請求書・納品書・領収書の発行、署名欄に自筆の代わりに押印する	**経理部**
訂正印		担当者名でつくった小さめの印鑑	誤字や金額を訂正するとき押印する	**各人の机**

❷ 印鑑の押し方をマスターする： 印鑑を押すときは、陰影がはっきりとわかるように、美しく押すことを心がけます。特に実印は、印鑑証明書の印影と同じかどうかを照合するので、かすれてしまったりインクが多すぎてつぶれたりす

経理

第11章　情報・財産管理

209

ると、書類の再提出を求められることがあります。美しい印影を出すためには、捺印マットを下に置き、あまり力を入れず押印します。印鑑を押す場所は、偽造や複製を防止するために、名前の文字と少し被る場所がベストです。ただし、印鑑証明の添付が必要な場合は、印影がはっきりわかるように、名前から少し離して押印します。契約書や覚書など、重要な書類を作成するときは印鑑の押し方に特別なルールがあります。

● 印鑑の押し方例

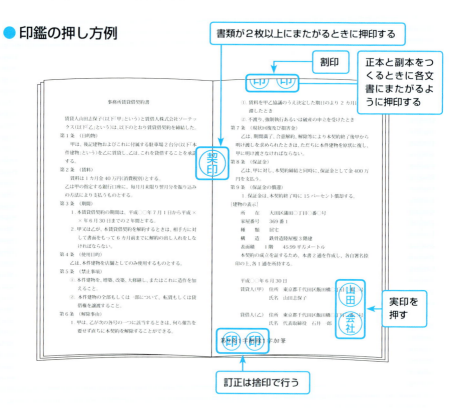

令和3年以降、税務申告書をはじめ多くの行政書類で、押印が不要になっています。すべての書類で不要になったわけではないので、国税庁や厚生労働省など関連する役所のホームページで確認してください。
国の動きにあわせて、民間でも押印をなくそうという動きが広がっています。社内文書への押印の有無は、会社で定めたルールにしたがって行うことになります。
押印がなくても、契約書の効力に影響は生じないとされていますが、押印には「文書の成立の真正」を立証する効果があるため、メールなど押印以外の方法で契約の有効性を立証できる証拠を確保しておきましょう。

財産の管理

在庫を管理する

05

在庫は、これから現金化される会社の大事な資産です。

作成する書類	● 商品受払簿（または商品有高帳）
管理するもの	● 商品　● 製品　● 原材料　● 半製品
必要があれば作成する書類	● 棚卸資産の評価方法の届出書
検索場所	**棚卸資産** 国税庁／[手続名] 棚卸資産の評価方法の届出
業務の時期	月末

| **STEP 1** | **商品を購入する** |

● 納品物と数量を納品書で確認する

| **STEP 2** | **商品を倉庫に入荷する** |

● 商品受払簿の入荷欄に記入する

| **STEP 3** | **注文を受けて出荷する** |

● 商品受払簿の出荷欄に記入する

経理

第11章 情報・財産管理

在庫管理の基本を知る

❶ **在庫とは：** 販売するために購入した商品や製造した製品などのうち、まだ未販売のため倉庫などに保管している資産のことです。在庫として管理すべきものには、商品・製品・原材料・半製品などがあります。「在庫管理」を適切に行うことは、会社にとって非常に重要な意味があります。在庫が不足すると、売上をあげる機会を損失してしまいます。在庫を持ちすぎるとそれだけ現金化が遅くなるので、会社の資金繰りを圧迫してしまいます。在庫管理の目的は、次の2つです。

> ❶ 何が、どこに、何個、どのような状態であるかをデータで管理する
> ❷ 在庫品を過不足なく適切な状態でストックし、会社の経営を改善する

211

❷ **在庫管理のルールをつくる：**品物ごとに、あらかじめ保管する棚を決めておきます。在庫管理の基本は、何をどこに保管するのか、保管の分類方法とルールを明確に決めることです。まず品物を、次のような方法でカテゴリーに分けて分類します。

大分類	商品の種類
中分類	顧客ごと
小分類	配送の時期（短期か中期か）

次に、倉庫の棚を縦の列と横の段に分け、縦横1本ずつに番号を振っていきます。

❸ **検収作業をする：**商品や原材料を購入したら、必ず検収作業を行います。検収とは、発注どおりの品物と数量が納品されているか、品物に傷や汚れなどがないか、欠損していないかなどを確認することです。検収が終わったら、品物ごとに決められている置き場所に保管して、管理します。

商品受払簿の基本を知る

❶ **商品受払簿を作成する：**在庫は原則として、品物ごとに「数量」「単価」「金額」で管理します。在庫が入庫されたら「在庫受入高」欄に、仕入れた数量・仕入単価・仕入金額を記入します。出荷をしたら「在庫払出高」欄に、売れた品物の数量・仕入単価・仕入金額を記入します。次に在庫残高欄に、残っている品物の数量と仕入れたときの単価、仕入れたときの金額を記入します。

　小売店や卸事業者など取り扱い品目や数量が多い業種では、どの単価で仕入れた商品が売れたのかをその都度把握することは困難です。その場合は、バーコードに対応する在庫管理ソフトを導入し、どの商品が売れたかを正確に管理します。

❷ **簡便な帳簿の作成方法：**在庫の金額は、残っている在庫の数に、購入時の単価を掛けて計算します。

月末棚卸高＝月末の在庫数×在庫の単価

　小さな会社や在庫の金額が損益に与える影響が少ない会社は、月末の棚卸し高を毎月の試算表に反映させずに、決算処理のときだけ売上原価を計算すれば十分です。その場合、商品受払簿には単価や金額は記入せず、仕入れた個数と売れた個数、その結果残っている在庫の個数だけを商品の種類ごとに記録しておきます。

● DL 商品受払簿例

出荷した品物の数量、単価、金額を記入する

商品名　Orange ノートパソコン X Y Z Ⅱ

00年3月

日 付	入 庫			出 庫			残 高	
	数量	単価	金額	数量	単価	金額	数量	金額
前月繰越			0			0	10	600,000
1日			0	1	60,000	60,000	9	540,000
2日			0	3	60,000	180,000	6	360,000
3日			0			0	6	360,000
4日			0			0	6	360,000
5日			0	1	60,000	60,000	5	300,000
6日			0			0	5	300,000
7日			0	1	60,000	60,000	4	240,000
8日			0	1	60,000	60,000	3	180,000
9日	5	60,000	300,000			0	8	480,000
10日			0			0	8	480,000
11日			0	2	60,000	120,000	6	360,000
12日			0			0	6	360,000
13日			0	3	60,000	180,000	3	180,000
14日	10	60,000	600,000			0	13	780,000
15日			0			0	13	780,000
16日			0	3	60,000	180,000	10	600,000
17日			0	2	60,000	120,000	8	480,000
18日			0			0	8	480,000
19日			0	2	60,000	120,000	6	360,000
20日			0	1	60,000	60,000	5	300,000
21日	5	50,000	250,000			0	10	550,000
22日			0			0	10	550,000
23日			0	2	60,000	120,000	8	430,000
24日			0	2	60,000	120,000	6	310,000
25日			0			0	6	310,000
26日			0	1	60,000	60,000	5	250,000
27日			0	1	50,000	50,000	4	200,000
28日			0			0	4	200,000
29日			0	1	50,000	50,000	3	150,000
30日	5	50,000	250,000			0	8	400,000
31日			0			0	8	400,000
翌月繰越								400,000

仕入れた品物の数量、単価、金額を記入する

月次試算表の残高と一致

経理

第11章　情報・財産管理

財産の管理

06 切手や印紙を管理する

収入印紙や切手は、現金と同じように管理します。

作成する書類 ● 切手受払簿や印紙受払簿など
管理するもの ● 収入印紙 ● 切手 ● 商品券

金券の基本を知る

❶ **金券を管理する：** 収入印紙や切手、商品券などの金券はまとめて購入し、必要なときに少しずつ使用するのが一般的です。経理担当者に払出しを申請し、必要な分のみを受け取るという一元管理を徹底するため、特に金券の量が多い会社の場合は、在庫管理と同じように、「印紙受払簿」や「切手受払簿」などをつくって管理します。

● **DL** 切手受払簿例

切手の種類ごとに枚数を管理する

日付	摘要	1円			2円			310円		
		購入	払出	残高	購入	払出	残高	購入	払出	残高
前月繰越				20			20			20
1日	経理で使用			20			20			20
2日	経理で使用		2	18		1	19		2	18
3日	経理で使用（原田）		2	16		2	17		2	16
4日	経理で使用			16			17			16
5日	営業で使用			16			17			16
6日	経理で使用（残高照会）		1	15		2	15		1	15
7日				15			15			15
8日	総務で使用			15		1	14			15
9日				15			14		1	14
10日	営業で使用			15			14		3	11
11日	営業で使用（田中）	10	3	22	10	5	19	10		21
12日	総務で使用		1	21		2	17		2	19
25日				24			2			11
26日				24			27		1	10
27日	総務で使用			24		6	21			10
28日				24			2		2	8
29日	総務（謝礼状）			24		6	15			8
30日				24			15			8
31日	総務使用			24		3	1		2	6
翌月繰越				24			12			6

214

印紙の基本を知る

❶ 収入印紙とは：売買や契約が成立したときに、当事者の間で作成される文書に課税される税金のことをいいます。収入印紙を貼付しなければならない文書のことを、「課税文書」といい、代表的なものに「請負契約書」「領収書」「基本契約書」などがあります。文書が課税文書に該当するかどうかは、国税庁の「印紙税目次一覧」で確認できます。

> ● **検索場所**
>
> 国税庁／法令等／質疑応答事例／印紙税目次一覧
> (https://www.nta.go.jp/law/shitsugi/inshi/01.htm)

号	文書の種類	契約書の例
1号	不動産の譲渡に関する契約書	• 土地売買契約書 • 建物売買契約書 • 不動産売買契約書 • 借地権設定契約書 • 土地賃貸借契約書など
	消費貸借に関する契約書	• 金銭借用証書 • 金銭消費貸借契約書など
2号	請負に関する契約	• 工事請負契約書 • ソフトウエア開発契約書 • 製造請負契約書 • 業務委託契約書など
7号	継続的取引の基本となる契約書	• 売買取引基本契約書 • 特約店契約書・代理店契約書 • 請負基本契約書 • 業務委託基本契約書など

※7号領収証に貼る印紙は領収証の作成

　「課税物件表」に記載されていない「不課税文書」に該当する契約書には、印紙を貼付する必要はありません。主な不課税文書には、次のようなものがあります。記載事項の中にひとつでも「課税物件表」に掲げる内容が含まれていれば、「課税文書」に該当します。特に委任契約と請負契約の区別は判断が難しいので、所轄の税務署に「契約書」を持参して相談するのがお勧めです。

● **主な不課税文書**

> ❶ 委任契約書　　　　　　❻ 雇用契約書
> ❷ 建物賃貸借契約書　　　❼ 出向契約書
> ❸ 動産売買契約書　　　　❽ 労働者派遣契約書
> ❹ 動産賃貸借契約書　　　❾ 秘密保持契約書
> ❺ リース契約書　　　　　❿ ソフトウエア利用許諾契約書

経理

第11章 情報・財産管理

> 財産の管理

07 固定資産を管理する

固定資産台帳は、減価償却費を計算する根拠となる書類です。

作成する書類 ●固定資産台帳 ●リース管理台帳
用意する書類 ●見積書 ●請求書 ●領収書 ●リース契約書など
検索場所 国税庁/減価償却/耐用年数表

固定資産の基本を知る

❶ **減価償却の対象となる固定資産：** 固定資産は、「有形固定資産」「無形固定資産」「投資その他の資産」の3つのグループに分けて考えます。このうち、減価償却の対象となるのは「有形固定資産」と「無形固定資産」です。有形固定資産と無形固定資産では減価償却の方法が異なり、それぞれ主な資産には、次のようなものがあります。

区　分	種　類
有形固定資産	建物・建物附属設備・構築物・車両運搬具・工具・器具備品・機械装置
無形固定資産	ソフトウェア・営業権・特許権・実用新案権・意匠権・商標権

❷ **減価償却とは：** 固定資産はさらに、車両やパソコンのように使用するうちに価値が減少する資産と、土地やゴルフ会員権のように価値が減らない資産とに分けられます。使用するうちに、資産価値が減少する資産は、購入した年に1度に費用化せずに、使用期間に応じて、少しずつ費用に計上していきます。このように、少しずつ費用化していく方法を、「減価償却」といいます。減価償却資産を購入したら、まず固定資産として計上し、耐用年数に応じて減価償却費を計上します。どの資産を何年で償却するかは、国税庁が発表している「耐用年数表」で確認します。

資産の種類	内　容	例
減価償却資産	時の経過により価値が減少する資産。いったん資産に計上し、減価償却を通じて、費用配分する	建物・建物附属設備・構築物・機械装置・車両運搬具・工具器具備品など
非減価償却資産	時が経過しても、価値が減少しない資産。売却したり、廃棄するまで、資産に計上しておく	土地・借地権・敷金・著作権など

❸ **固定資産台帳を作成する：**固定資産のうち、減価償却資産に該当するものは、減価償却費を計算するために「固定資産台帳」をつくって管理します。固定資産台帳に記載すべき事項は、次のとおりです。

記載事項	内　容
勘定科目	会計ソフトに仕訳したものと同じ科目を記入する
資産名	資産が特定できるよう、車両なら車両ナンバーなど、できるだけ詳細に記入する
取得価額	取得価格に付随費用を加えた金額を記入する
事業供用年月	購入した日ではなく、使用を開始した月を記入する
耐用年数	国税庁の耐用年数表で調べる 検索場所 国税庁／減価償却／耐用年数表
償却方法	税務署に届けてある方法を記入します
償却率	国税庁が定める耐用年数ごとの償却率を使う 検索場所 国税庁／減価償却資産／償却率表
当期の使用月数	期中で取得した場合は、減価償却費を月数で按分する
期首簿価	前期末の簿価を転記する
当期の償却費	期首簿価に償却率を掛けて計算する
期末簿価	期首簿価から当期の償却費をマイナスして計算する
除却年月	除却した資産について記入する

❹ **固定資産を廃棄するとき：**固定資産を解体したり、廃棄した場合には、廃棄したことを証明できる証拠を保存しておきます。廃棄にともなう費用が発生している場合は、どの資産の廃棄費用であるかを明記しておきます。また車両を廃車処分にした場合は、「廃車証明書」を保存しておきます。書面での証明が難しい場合は、日付入りのカメラで、廃棄の現場を撮影しておきます。ソフトウエアについては、次のような場合に廃棄したとみなして損金に計上することができます。

経理

第11章　情報・財産管理

217

ソフトウエアの種類	廃棄とみなす状況
自社使用のソフトウエアについて	・ソフトウエアによるデータ処理を使う業務がなくなった場合 ・ハードウエアやOSの変更により、ほかのソフトウエアを利用することになった場合
複写して販売するための原本となるソフトウエアについて	・新製品の出現やバージョンアップなどで、今後は販売をしないことが社内の稟議書や販売流通業者への通知文書などで明らかな場合

● 簿価5万円の車両を廃車したときの仕訳

（借方）固定資産除却損　　　50,000　／　（貸方）車両運搬具　　　50,000

● 固定資産台帳サンプル

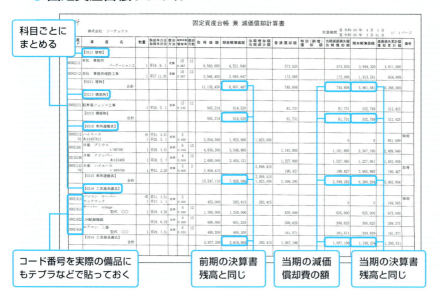

リースの基本を知る

❶ **リース資産を管理する**：リース物件は、固定資産台帳の代わりに「リース資産管理台帳」を作成します。リース資産管理台帳は借入金管理表の要領で、リース資産ごとにリース会社名、リース物件、リース料の総額、毎月の支払額を記入しておきます。リース資産にはリース会社が発行したラベルが貼られていますが、そのラベルだけでは物件の内容がわからないというケースが多いので、会社で独自に、資産名や管理台帳の番号などを記載した管理ラベルをつくって貼付しておきます。

財産の管理

印鑑証明書を取得する

08

印鑑証明書は、印鑑カードを持参すれば誰でも取得することができます。

作成する書類	● 印鑑証明書交付申請書
管理するもの	● 印鑑カード
検索場所	法務局／印鑑証明書等の交付請求書の様式
保存場所	実印とは別の鍵のかかる引き出し

印鑑証明書の基本を知る

❶ **印鑑証明書の注意事項**：不動産を売買したり、金融機関から融資を受けたり、契約書に実印を押す場合、その印鑑が本物の実印であることを証明するために、「印鑑証明書」の添付を求められることがあります。印鑑証明書は、会社の所在地にかぎらず、どこの法務局でも取得することができます。代表取締役本人でなくても、誰でも取得することができます。委任状も必要ありません。

　印鑑証明書には有効期限はなく基本的には無期限ですが、証明書の日付があまりも古いと本物かどうか信ぴょう性が揺らぐので、「発行より３カ月以内の印鑑」など、書類の提出先から有効期限を指定される場合がほとんどです。

❷ **印鑑カードとは**：印鑑証明書を申請する際、登記所に実印を持っていく必要はありませんが、代わりに「印鑑カード」が必要です。印鑑カードとは、実印の持ち主であることを証明するために登記所に提出するためのプラスチックのカードです。印鑑カードは実印の登録と同時に、本店所在地の登記所に印鑑カード交付申請書を提出して発行してもらいます。印鑑カードさえあれば誰でも印鑑証明書が取得できるので、「実印とは別の」鍵のかかる引き出しや金庫などに厳重に保管します。

経理

第11章 情報・財産管理

！ 印鑑カードの保管場所

印鑑カードさえ持っていれば、印鑑証明書を取得することができるので、実印と印鑑カードは、必ず別の金庫や鍵のかかる引き出しに保管しておきます。また、預金通帳とキャッシュカードおよび銀行印も、別々に保管するのが原則です。

印鑑証明書の申請のしかた

❶ **窓口で申請する**：「印鑑証明書交付申請書」に、取りに行く人の名前・住所・会社の商号・本店の住所・会社代表者の肩書・代表者の氏名・代表者の生年月日・印鑑カード番号を記載し、印鑑カードと一緒に法務局の窓口へ提出します。番号札が発行されるので、順番を待ちます。手数料は1通につき、450円です。窓口で収入印紙を購入し、申請書に貼付して納めます。

　「証明書発行請求機」が設置されている登記所の場合は、「印鑑証明書交付申請書」への記入は必要ありません。端末に印鑑カードを挿入し、画面の案内にしたがって会社情報を入力していきます。入力が終わったら番号札が発行されるので、順番を待ちます。

❷ **郵便で申請する**：印鑑証明書は郵便で請求することもできます。「印鑑証明書交付申請書」に必要事項をすべて記入し、「申請書」「必要な金額の収入印紙」「返信用の封筒」「郵便切手」「印鑑カード」を封筒に入れて登記所に送ります。印鑑カードを同封するので、普通郵便ではなく、書留で送ります。

❸ **オンラインで申請する**：印鑑証明書は、オンラインで申請することもできます。まず、「登記・供託オンライン申請システム」のトップページのサイドバーにある「操作手引書」をクリックし、操作手引書をダウンロードして、PDFファイルを開きます。インストールの手順通りに進むと、印鑑証明書をオンラインで申請できる画面に到達します。

　ただし、オンライン申請をするためには「法人の電子証明書」をあらかじめ取得しておく必要があります。「法人の電子証明書」は、登記所などで申請して取得しておきます。手数料は、インターネットバンキングで電子納付します。申請後、証明書を郵送または最寄りの登記所か法務局証明サービスセンターで受け取ります。オンラインで申請する場合の印紙代は、410円（オンライン請求・窓口交付の場合は390円）です。

🔍 **検索場所**

登記・供託オンライン申請システム／ダウンロード（ソフトウェア・操作手引書）
(http://www.touki-kyoutaku-online.moj.go.jp/download.html)

● 印鑑証明書例（実物コピー）

● 印鑑登録証明書交付申請書例

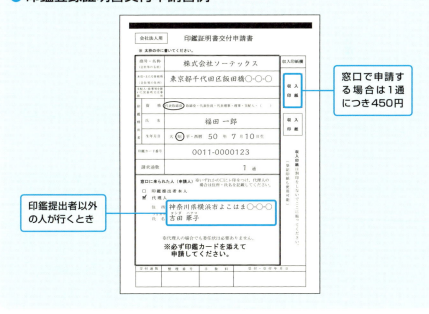

財産の管理

09 登記事項証明書を取得する

登記事項証明書は、社外の人でも誰でも取得できます。

作成する書類 • 登記事項証明書交付申請書

検索場所 法務局／登記事項証明書の交付請求書の様式

登記事項証明書の基本を知る

❶ **登記事項証明書とは：**一般的に「登記簿謄本」といわれるものです。登記事項証明書には、会社情報が記載されている「商業登記」のほかに、不動産情報が記載された「不動産登記」があります。会社の登記事項証明書を見ると、社名・本店住所地・設立年月日・事業内容・資本金・役員の氏名・代表取締役の住所氏名など、会社の基本的な情報がわかります。不動産登記には、不動産の種類・所在地・面積・所有者の情報など、不動産に関する基本的な情報が記載されています。登記事項証明書は会社の所在地に関係なく、全国どこの法務局でも取得でき、手数料を払えば、誰でも他社の登記事項証明書を取得することができます。取得をする人と会社の関係性や資格を証明する書面も必要ありません。

❷ **登記事項証明書の種類：**登記事項証明書には、証明する内容に応じて、「登記事項証明書」「履歴事項証明書」「閉鎖事項証明書」の3種類があります。さらに、それぞれについて登記事項のすべてを記載してある「全部事項証明書」と一部だけを記載した「一部事項証明書」があります。「登記簿謄本」は、一般的に履歴事項全部証明書を指しています。

種　類	内　容
現在事項証明書	現に効力を有する登記事項および会社設立の日などが記載されている
履歴事項証明書	請求日の3年前から現在まで、効力のなくなったものも含めて、すべての登記事項が記載されている。抹消された事項については、アンダーラインが引いてある
閉鎖事項証明書	本店移転のため管轄が変わったり、解散のため閉鎖された登記簿に記録されていた事項を証明するもの

222

登記事項証明書の申請のしかた

❶ 窓口で申請する：「登記事項証明書交付申請書」に取りに行く人の名前・住所・会社の商号・本店の住所・会社の法人番号を記載し、取得したい証明書の種類と枚数を書いて、法務局の窓口へ提出します。番号札が発行されるので、順番を待ちます。手数料は1通につき600円です。窓口で収入印紙を購入し、申請書に貼付して納付します。「証明書発行請求機」が設置されている登記所の場合は、「登記事項証明書交付申請書」への記入は必要ありません。画面の案内にしたがって会社情報を入力します。内容と手数料を確認後、請求に来た人の名前を入力すると整理番号票が発行されます。

❷ 郵便で申請する：登記事項証明書は、郵便で請求することもできます。「登記事項証明書交付申請書」に必要事項をすべて記入し、「申請書」「必要な額の収入印紙」「返信用の封筒」「郵便切手」を封筒に入れて登記所に送ります。登記事項証明書は誰でも取れるものなので、普通郵便でもかまいません。

❸ オンラインで申請する：登記事項証明書は、オンラインで請求することもできます。まず、「登記・供託オンライン申請システム」のトップページのサイドバーにある操作手引書をクリックし、操作手引書をダウンロードしてPDFファイルを開きます。インストールの手順通りに進むと、登記事項証明書をオンラインで申請できる画面に到達します。オンライン申請をするためには、「法人の電子証明書」をあらかじめ取得しておく必要があります。「法人の電子証明書」は、登記所などで申請して取得しておきます。手数料は、インターネットバンキングで電子納付します。申請後、証明書を郵送または最寄りの登記所・法務局証明サービスセンターで受け取ります。オンラインの場合の手数料は500円（オンライン請求・窓口交付の場合は480円）です。

インターネットで、登記の内容を確認する

❶ 登記情報提供サービスの利用：会社の登記内容をパソコンで確認することもできます。料金は無料です。ただし、登記情報提供サービスの画面を印刷しても正式な登記事項証明書にはなりません。証明書が必要な場合はオンラインによる証明書交付請求が必要です。

> **🔍 検索場所**
>
> 申込情報提供サービス／申込方法利用者別一覧
> (http://www1.touki.or.jp/use/index.html#step_00_03)

経理

第11章 情報・財産管理

223

● 登記事項証明書例（実物コピー）

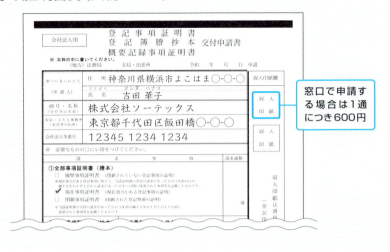

● 履歴事項全部証明書例

第12章 入社1年目からできる労務のお仕事 〔労働保険の申告編〕

☑ 12章でできること！

01 労働保険料申告（年度更新）手続き
02 「確定保険料 算定基礎賃金集計表」を作成する
03 「労働保険年度更新申告書」を作成し、保険料を支払う

社会保険料は月ごとに支払いがありますが、労働保険料（労災保険料・雇用保険料）は1年分まとめて申告・納付をします。対象となる賃金や計算方法を理解しましょう。

労働保険の申告

01 労働保険料申告（年度更新）手続き

健康保険・厚生年金保険料は毎月納付しますが、労働保険料（労災保険料・雇用保険料）は1年分まとめて計算します。

作成する書類
- 労働保険年度更新申告書（労働保険料申告書）
- 労働保険料等算定基礎賃金等の報告（算定基礎賃金報告）
- 確定保険料・一般拠出金算定基礎賃金集計表

提出先
- 労働基準監督署 ・ 金融機関

提出する時期 6月1日から7月10日まで

検索場所 労働保険／概算確定保険料申告書／厚労省
労働保険の年度更新

STEP 1 労働局から「労働保険料申告書」が届く

- 事業所番号、前年度の申告額、今年度の保険料率が印字された申告用紙が届く。名称、所在地、事業の種類（業種）などに変更があった場合は、労働保険料申告時に「名称、所在地変更届」を労働基準監督署に提出する

STEP 2 賃金台帳を用意する

- 昨年度4月から3月までに使用した（支払日ではなく締日で考える）「労災保険対象者・雇用保険対象者の賃金台帳」を用意する。雇用保険対象者の中に前年度の4月1日現在で64歳以上の人がいる場合は令和元年までは雇用保険料が免除になるため、別にカウントする。また労働者として給与が支払われている役員も別途カウントする

STEP 3 算定基礎賃金等の報告に記入する

- 月ごとに支払った給与と賞与、対象者の人数を集計する。1カ月平均使用労働者数欄には賞与を除いた給料支払対象者の数（小数点以下切り捨て）を記入する

STEP 4 申告書に記入する

- 算定基礎賃金等の報告で算出した金額、対象者の人数を転記する。上段は前年度の給与額（確定）を、下段は今年度の概算額を記入するが、大きな変動がないと見込まれる場合は確定給与額と同額を記入する。また、一般拠出金も計算する。

STEP 5 保険料を納付する

- 保険料額が40万円を超える場合は、7月10日、10月31日、1月31日の3回に分割して納付することができる（延納）

労働保険の年度更新の基礎を知る

❶ 労働保険料の納付のしかた：労働保険料は、4月から3月まで1年度分の支払予定の給料・賞与額に保険料率を掛けたものを先払いして（概算申告）翌年7月に実際の賃金支払額（※翌月払いの給与であっても4月分～3月分として計上）を精算して保険料を計算し（確定申告）、その差額とともに来年度分を再び概算払いするというサイクルを繰り返します。労災保険料はすべて事業主負担ですが、雇用保険は従業員負担もあり、毎月の給料から控除されます。事業主はそれを毎月納付するのではなく、事業主負担分とあわせて毎年度精算します。

❷ 労働保険料の計算：「労働保険料＝労災保険料＋雇用保険料」のことをいいます。ここに一般拠出金を加えて保険料を算出します。

	労災保険料	雇用保険料	一般拠出金
対象者	給与を受ける労働者。1日でも雇用すれば保険料が発生する	週の所定労働時間が20時間以上であり、31日以上の雇用見込みがある労働者	
保険料率	業種によって $\frac{2.5}{1,000} \sim \frac{88}{1,000}$	一般 $\frac{9}{1,000}\left(\frac{3}{1,000}\right)$ 農林水産・清酒製造 $\frac{11}{1,000}\left(\frac{4}{1,000}\right)$ 建設 $\frac{12}{1,000}\left(\frac{4}{1,000}\right)$ ※（ ）は労働者負担分	$\frac{2}{1,000}$
従業員負担	なし	あり	なし

● 労働保険の年度更新スケジュール

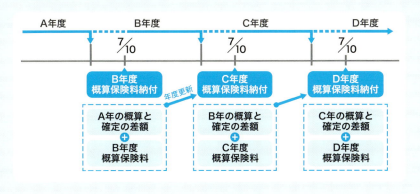

労働保険の申告

02 「確定保険料 算定基礎賃金集計表」を作成する

保険料の基礎となる賃金額を労災保険・雇用保険の対象それぞれに集計します。提出義務はありませんが、申告書を作成するうえでとても重要な資料となります。

作成する書類	● 確定保険料・一般拠出金 算定基礎賃金集計表
提出先	届け出不要（申告者の事業主控えとともに会社に保管）
作成する時期	6月1日から7月10日の「労働保険料・拠出金申告書」の届け出期間（前年度分の給与を支払い終わってから作業が可能）
検索場所	労働保険／概算確定保険料申告書／厚労省 確定保険料・一般拠出金算定基礎賃金集計表

確定保険料 算定基礎集計表の基礎を知る

❶ **作成の目的**：「確定保険料・一般拠出金算定基礎賃金集計表」は「労働保険料申告書」の用紙とともに郵送されてきますが、「確定保険料 算定基礎集計表」は添付書類になっていません（事業主が労災の特別加入をしている場合に利用する労働保険事務組合を介して労働保険料を申告する場合は届け出を求められることがあります）。「労働保険料申告書」を作成するときは、同じパートでも雇用保険の被保険者かどうか区分して集計する必要があるため、「労働保険料申告書」に数字を記入する前に労働者の種類ごとの賃金集計するものです。

❷ **集計のしかた**：大きく分けて、労災保険と雇用保険のそれぞれの賃金総額を集計します。さらに雇用形態別に集計します。常用労働者には正社員だけでなく、パートで雇用保険に加入している従業員も含まれます。

(!) 労災の特別加入とは

労災に加入できるのは、国内で働く労働者のみで、事業主や家族従事者、個人事業主であるタクシードライバーや大工、海外に赴任する者などは対象外となります。しかし、業務の実態や災害の発生状況などから見て、保護することがふさわしいとみなされる場合は「特別加入」をすることができます。種類に応じて第1種～第3種に分かれます。

保険の種類	従業員の種類	雇用形態
労災保険	常用労働者	有期契約であっても雇用保険被保険者となる場合は常用労働者となる
	役員で労働者扱いの者	役員報酬以外の賃金額を記入する
	臨時労働者	日払いのアルバイトなど1日でも労働し、賃金を支払った者は対象
雇用保険	雇用保険被保険者	雇用保険の資格取得者（週20時間以上勤務する者）
	役員で労働者扱いの者	役員報酬以外の賃金額を記入する

❸ **作成時期**：「労働保険料申告書」の用紙は5月末ごろに会社に届きますが、確定保険料は前年度に支払った給与を集計して計算されるものなので、前年度3月分の給与額が確定した段階で集計作業ができます。労働保険料の申告期限の7月10日は社会保険料の「算定基礎届」の提出期限と重なっていること、会社によっては賞与支払いと月末締めの給与計算も重なってしまうということも考えられるので、早い段階から進めておくと業務がスムーズになります。

❹ **労働保険料の算定の基礎となる賃金**：基本給、諸手当などのほかにも通勤交通費（課税・非課税問わず）や賞与も対象となります。賃金台帳を集計する際は、総支給額から立替経費など賃金以外のものを差し引いたものを集計し、「確定保険料・一般拠出金算定基礎賃金集計表」にまとめます。

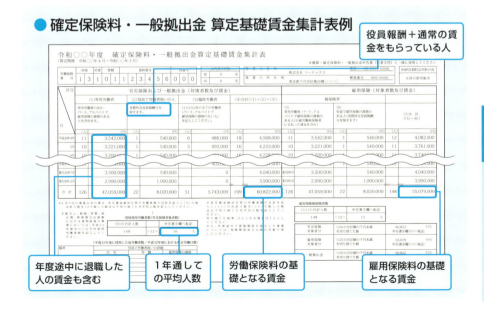

● 確定保険料・一般拠出金 算定基礎賃金集計表例

労働保険の申告

03 「労働保険年度更新申告書」を作成し、保険料を支払う

昨年度の賃金総額が確定したら、保険料率を掛けて1年分の労働保険料を算出します。前年度に支払った概算額を精算して、また新たに概算保険料を支払うというサイクルを毎年繰り返します。

作成する書類	● 労働保険年度更新申告書
添付書類	なし
提出先	● 労働基準監督署　● 金融機関
納付期限	7月10日（延納の場合、2回目が10月31日、3回目が1月31日）

労働保険料申告書の作成

❶ **賃金の合計を転記する：**「確定保険料 算定基礎賃金集計表」の左側「労災保険及び一般拠出金」の欄の賃金の総合計⑩の金額（千円未満切り捨て）を「申告書の労災保険料の賃金欄に、集計表右側の雇用保険の賃金総合計、「申告書」の雇用保険料の賃金欄に記入します。

❷ **「確定保険料 算定基礎賃金集計表」で集計した前年度の確定賃金額を労災・雇用それぞれの欄に記載する：**業種別の保険料率を掛けて、それぞれの保険料額を算出します（小数点以下切り捨て）。

❸ **労災・雇用の賃金総額が同額の場合：**従業員全員が雇用保険加入者である場合、労災保険と雇用保険の算定基礎額が同額になります。その場合は労災・雇用別々に計算する必要はなく、すべての労働者の賃金総額（算定基礎額）を「申告書」の確定保険料の内訳の1番上段「労働保険料」の賃金欄に記入して、労災保険料率と雇用保険料率を合計した率を掛けて保険料を算出します（小数

> **！ 労働保険料率が変わるメリット制**
>
> 労災保険料率は、災害リスクに応じて業種ごとに定められています。労災保険制度では、労災の発生率に応じて保険料率が増減されるしくみ「メリット制」があります。労災が多く発生する事業所は給付が多い分、労働保険料を多く負担し、逆にほとんど労災が発生していない事業所は通常の労働保険料率よりも低くすることによって労災防止努力の促進と保険料負担の公平性を目的としています。この労働保険料率の増減は自動で行われ、「労働保険料申告書」とともに通知書が送付されます。

点を切り捨て）。

	算定基礎賃金	保険料率	保険料
労災保険	800,000	0.03	24,000
雇用保険	800,000	0.09	72,000

	算定基礎賃金	保険料率	保険料
労働保険料	800,000	0.12	96,000

❹ **概算保険料：**確定保険料は支払った賃金に基づいて決定しますが、申告する年の概算保険料については事業主が自由に見込額に基づいて決めることができます。従業員数に変動がほとんどないと見込まれる場合は、確定した算定基礎賃金額と同額を記載します。一方で事業の拡大・縮小があらかじめわかっている場合などは、次年度の申告額が大きく変わってしまい経理上の影響も大きくなるため、予想に近い額を申告するようにします。

労働保険料額が少なかったときの「充当」

❶ **確定保険料額が申告済み概算保険料額（昨年度に申告した概算保険料額）を下回る場合：**今年度の概算保険料や一般拠出金の納付額にこの差引額を充てることができます。申告書には「充当」と「還付」の欄があり、選択することができます。今年度の概算保険料を支払ってもなお余剰が出る場合は還付請求しますが、ほとんどのケースは「充当」を選択したほうがスムーズです。

労働保険料を支払う

❶ **紙ベースで手続きする場合：**「労働保険料申告書」と「領収済通知書」を金融機関に持っていくと納付することができます。また口座振替にすることも可能です。その場合の引き落としは9月6日（延納する場合、2回目は11月14日、3回目は2月14日）と納期が遅くなります。

労務

第12章 労働保険の申告

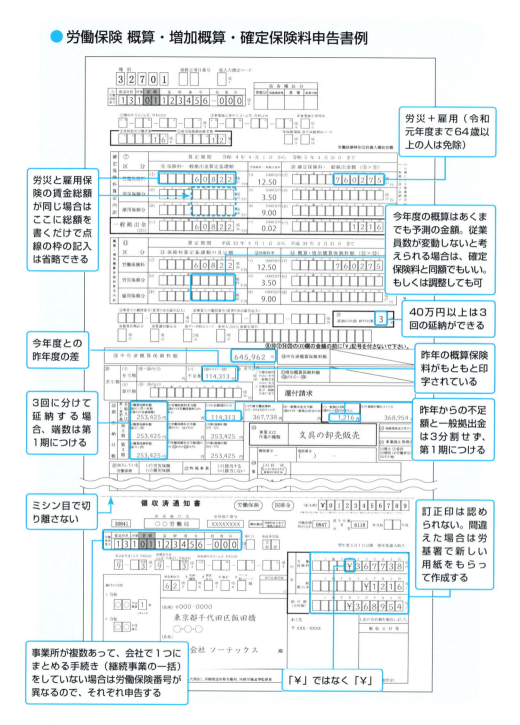

第13章 入社1年目からできる労務のお仕事 〔社会保険の算定編〕

☑ 13章でできること!

01 「算定基礎届」の手続き
02 正社員（月給者）の「算定基礎届」
03 パート（時給・日給者）の「算定基礎届」
04 「算定基礎届」のイレギュラーな手続き
05 「算定基礎届」「月額変更届」を提出する
06 個別に「保険料額の変更通知」を送る

社会保険料は毎月納付をしますが、月々の給料に応じて保険料が計算されるのではなく、原則は年に1回の「算定基礎届」提出後に改定されます。パートと正社員、育休明け、新入社員など、計算のルールが少しずつ異なるのでそれぞれポイントを押さえましょう。

社会保険の算定

01 「算定基礎届」の手続き

従業員の社会保険料は、原則、毎年1回の見直しがあります。4月～6月に支払った報酬額を7月に申請すると、その年の9月以降の保険料が決まります。

作成する書類
- 健康保険・厚生年金保険　被保険者報酬月額算定基礎届
- 総括表（算定基礎届）

提出先
- 年金事務所（事務センター）

添付書類　なし

提出期限　7月1日から7月10日

対象者　7月1日現在の社会保険被保険者　※次の従業員を除く
❶6月1日以降に資格取得した従業員　❷6月30日以前に退職した従業員　❸7月8月、9月改定の月額変更の対象者

検索場所　算定基礎届　日本年金機構／算定基礎届

STEP 1　　年金事務所から送付された用紙を確認する

- 「算定基礎届用の用紙」が年金事務所から送付される。用紙には届け出済みの被保険者の氏名と標準報酬月額があらかじめ記載されている。届け出忘れ変更の予定も含めて、内容を確認する

STEP 2　　対象となる報酬を確認する

- 4月、5月、6月に支払われた報酬額が保険料の算定の基礎となる。

STEP 3　　社会保険料の算定対象とならないものがないかチェックする

- 報酬とならないものとして、「解雇予告手当」「出張旅費」「交際費」「慶弔見舞金」「傷病手当金」「労災保険の休業補償給付」などが挙げられる

STEP 4　　現物給与の支給をチェックする

- 通勤定期券や回数券が現物で支給される場合、社食の食券、社宅や寮、自社商品を支給された場合なども現物給与として取り扱われる。定期券が3カ月分、6カ月分などまとめて支給された場合は、1カ月あたりの額を算出する

STEP 5　　雇用形態ごとのルールにしたがって報酬額を記入する

- 月給制、日給制、パートといった短時間就労者、正社員の労働時間の4分の3未満の短時間労働者ごとにルールが異なる

STEP6	月額変更の確認

- 4～6月の報酬が2等級以上上がっている人（月変者）をピックアップする

STEP 7	イレギュラーを確認する

- 新卒・休業者をピックアップする

STEP 8	「算定基礎届」を提出し、保険料を改定する

- 7月10日までに「算定基礎届」を提出すると「保険料額決定通知書」が送付されてくる

社会保険料の決定方法

❶ **定時決定と随時決定（月額変更）**：社会保険料は、雇用保険のように毎月の給料に保険料率を掛けて計算されるのではなく、原則は年に1回、4、5、6月に支払われた報酬の平均額をもとに標準報酬等級が決まります（定時決定）。残業などで毎月の給与額が上下しても保険料額は変わりませんが、基本給や定額の手当など固定給が変更し、残業などとあわせて報酬が大きく変動した場合は、随時決定（月額変更）の手続きを取り、保険料が変更されます。

❷ **保険料の基礎となる報酬**：支払日で考えるので、3月分の給与が翌月払いで4月に支払われた場合、3月～5月分の給料を記入します。報酬とは、賃金、給料、手当、賞与などの名称を問いませんが、賞与については年3回以下支払われた一時金にかぎります。また「通勤交通費」などを除いてしまいがちですが、課税・非課税問わず、社会保険料の対象となります。

❸ **年金事務所から送られてくる用紙のチェック**：次の項目をチェックして、必要に応じて対応策を講じます。

チェック事項	対応策
□ 用紙に載っていない従業員、退職したのに載っている従業員はいないか	届け出忘れがあった場合は、速やかに「取得届」「喪失届」を提出し、用紙に記入・削除（二重線を引く）をする
□ 4月1日から6月30日までに退職した従業員、または退職予定の従業員はいないか	すでに退職の手続きをした者については斜線を、退職予定の者には備考欄に○月○日退職と記載する
□ 4月支払いの給与で昇降給があり、2等級以上の報酬等級が変更になる従業員はいないか	備考欄に「7月月変」と記載して、同時に送付されてきた「月額変更届」を提出する
□ 8月、9月に随時改訂が予定されている従業員はいないか	備考欄に「8月月変」「9月月変」と記載して提出する

労務

第13章 社会保険の算定

社会保険の算定

02 正社員（月給者）の「算定基礎届」

月給制の正社員は、17日以上出勤した月の報酬額によって保険料を算定します。

正社員 「算定基礎届」を記載する際の注意事項

❶ **月給者の算定基礎となる日数は「17日」以上**：月給者は17日以上出勤した月のみが保険料算定の対象となります。17日未満の月があれば、その月を除いて算定します。そして月給者でも休職や欠勤などで17日以上勤務した月がひと月もない場合は、右側の備考欄の5「病休・育休・休職等」に丸をつけ、それまでの標準報酬月額を継続します。

「算定基礎届」の記載方法

❶ **全日出勤している場合**：月給者の給与は、暦日ベースで支払われているという考え方なので、17日以上出勤していて、かつ全日出勤している場合、日数（⑩）には暦日数を記入します。

❷ **17日未満の月がある場合**：17日未満の月を除いて平均を出し、報酬月額を算出します。17日未満の月に⑬の合計額の欄には棒線を引きます。

❸ **欠勤がある場合**：欠勤日数分だけ給料が減額される場合は、所定労働日数から欠勤日数を差し引いた実際の労働日数が支払基礎日数となります。

   例 所定労働日数22日・欠勤8日

     × **暦日数** 31日－8日＝23日 算定基礎日数⑩に「23日」と記載

     ○ **所定労働日数** 22日－欠勤8日＝14日 17日未満だから算定対象外

   例 所定労働日数22日・欠勤1日

     × **暦日数** 31日－1日＝30日 算定基礎日数⑩に「30日」と記載

     ○ **所定労働日数** 22日－1日＝21日 算定基礎日数⑩に「21日」と記載

❹ **新卒入社・中途入社**：4月、5月に途中入社で、支払基礎日数が17日以上あったとしても締日が月の途中だったとすると日割計算によって1カ月の給与額に満たない場合があります。このような場合は、算定の基礎には含めません。

❺ **現物支給がある場合**：通勤定期券や回数券の現物支給、給食などは通貨に換算します。定期券が6カ月分などまとめて支給される場合は、按分して1カ月分を記入します。

● 健康保険・厚生年金保険 被保険者報酬月額算定基礎届例

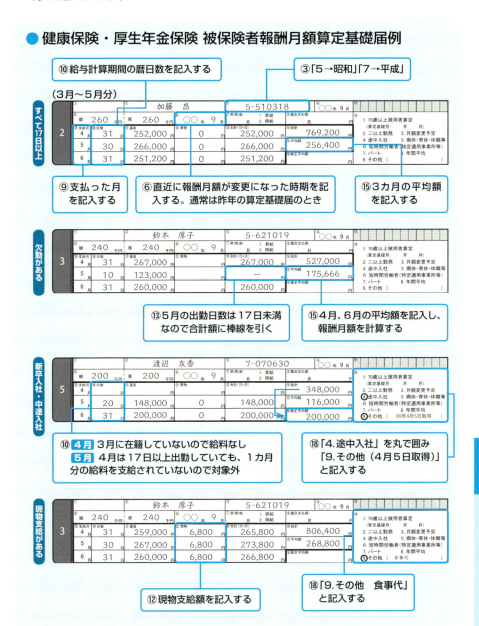

社会保険の算定

03 パート（時給・日給者）の「算定基礎届」

時給・日給者は、出勤した日数をもとに報酬月額の平均値を計算します。月給者とは日数の基準が異なります。

パート 「算定基礎届」を記載する際の注意事項

❶ **時給・日給者の出勤日数と報酬**：時給・日給者は常勤者と同じような勤務形態だったとしても、実際に出勤日数・時間によって報酬が決まっているため、勤務日数を支払基礎日数に記入します。

❷ **「短時間就労者」と「短時間労働者」**：短時間就労者とは、パートなど、正規社員より労働時間が短い人のことをいいます。短時間労働者とは、正規社員の労働時間の4分の3未満の、本来ならば社会保険の加入要件がない人のことをいいます。時給者・日給者として、正社員のおおむね4分の3以上働くパート（短時間就労者）は社会保険の被保険者となりますが、常時501人以上※の企業（特定適用事業所）あるいは500人以下であっても労使が合意した企業（任意特定適用事業所）は、次の条件であれば勤務時間が短くても社会保険に加入します（短時間労働者）。

※ 2022年からは従業員数が101人以上、2024年には51人以上に拡大していく予定です。

> ❶ 週の所定労働時間が20時間以上
> ❷ 雇用期間が1年以上見込まれる
> ❸ 賃金の月額が8.8万円以上

	4・5・6月の支払基礎日数	標準報酬月額の決定
短時間就労者	17日以上の月が1カ月以上	17日以上の月の報酬月額の平均額で決定
	いずれも17日未満	15日・16日の月の報酬月額の平均額で決定
	いずれも15日未満	従前の標準報酬月額のまま
短時間労働者	いずれも11日以上	3カ月すべての報酬月額の平均額で決定
	11未満の月がある	11日以上の月の報酬月額の平均額で決定

「算定基礎届」の記載方法

❶ **短時間就労者**：月給者が17日以上の月しかカウントしないのに対し、短時間就労者はいずれの月も17日未満だった場合は15日、16日の月を算定の基礎に含めます。月給者よりも報酬額の変動が大きいものの、時給単価が変わらないかぎり月額変更の対象になりません。

● 健康保険・厚生年金保険 被保険者報酬月額算定基礎届例

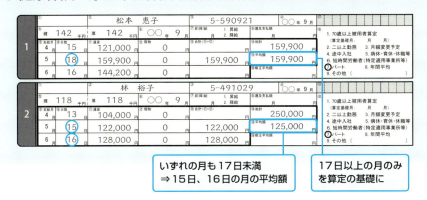

❷ **短時間労働者**：本来の社会保険の加入要件を下回る（週の労働時間がおおむね20時間〜30時間）労働条件のため、「11日以上」ある月が算定の基礎になります。申請の際は、右側の摘要欄の「短時間労働者」に丸をつけます。

● 健康保険・厚生年金保険 被保険者報酬月額算定基礎届例

社会保険の算定

04 「算定基礎届」のイレギュラーな手続き

通常の方法では保険料を算定することが難しい場合についても押さえておきます。

作成する書類 ● 年間報酬の平均で算定することの申立表　● 保険者算定申立に係る例年の状況、標準報酬月額の比較及び被保険者の同意書

イレギュラーケース 「算定基礎届」を記載する方際の注意事項

❶ **年間を通して繁閑の差がある場合：**社会保険料は、毎年4、5、6月に支給した報酬額をもとに社会保険料を決定しますが（定時決定）、ちょうどその時期が繁忙期で残業が多く報酬が高額になるような場合は、その後の負担がとても大きくなってしまいます。そのような場合は、報酬額を年間平均して届け出ることができます。

❷ **休職期間がある場合：**17日未満の月を除いて平均を出し、報酬月額を算出します。17日未満の月における合計額の欄には棒線を引きます。

● 健康保険・厚生年金保険 被保険者報酬月額算定基礎届 例

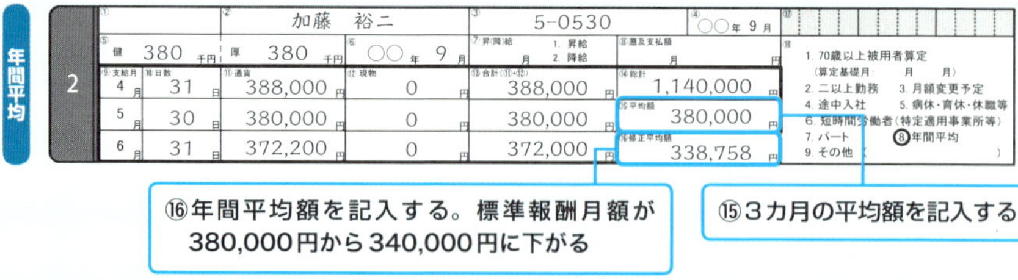

⑯年間平均額を記入する。標準報酬月額が380,000円から340,000円に下がる

⑮3カ月の平均額を記入する

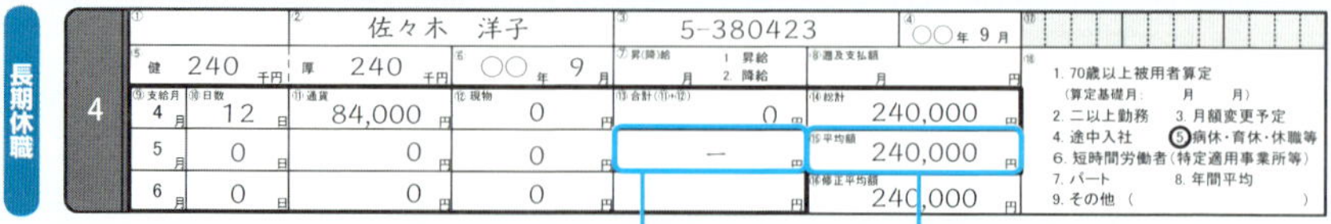

⑬育休のため、17日以上出金の月が1月もない

⑮従前の標準報酬月額をそのまま引き継ぐ

❸ **70歳以上の場合：**「70歳以上被用者算定基礎届」の場合には、「備考」欄の「70歳以上被用者算定」に〇をつけたうえで、17番の欄に個人番号（マイナンバー）を記載します。マイナンバーの代わりに基礎年金番号を記入しても大丈夫です。

● **健康保険・厚生年金保険 70歳以上被用者算定基礎届例**
※「健康保険・厚生年金保険 被保険者報酬月額算定基礎届 総括表」と同じ様式

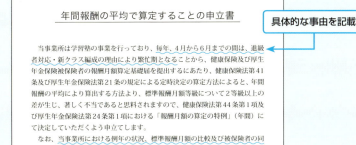

● **年間平均を取る場合の申立書例**

● 保険者算定申立に係る例年の状況、標準報酬月額の比較及び被保険者の同意等例

(様式2)

保険者算定申立に係る例年の状況、標準報酬月額の比較及び被保険者の同意等

【申請にあたっての注意事項】
- この用紙は、算定基礎届をお届けいただくにあたって、年間報酬の平均で決定することを申し立てる場合に必ず提出してください。
- この用紙は、定時決定にあたり、4、5、6月の報酬の月平均と年間報酬の月平均に2等級以上の差があり、年間報酬の平均で決定することに同意する方のみ記入してください。
- また、被保険者の同意を得ている必要がありますので、同意欄に被保険者の自署にて氏名を記入いただくか記名のうえ押印してください。
- なお、標準報酬月額は、年金や傷病手当金など、被保険者が受ける保険給付の額にも影響を及ぼすことにご留意下さい。

事業所整理記号	あよて	事業所名称	株式会社ソーテックス

被保険者整理番号	被保険者の名前	生 年 月 日	種別
5	加藤裕二	昭和 57 年 5 月 30 日	1

【前年7月～当年6月の報酬額等の欄】

算定基礎月の報酬支払基礎日数		通貨によるものの額	現物によるものの額	合計
平成 ○○ 年 7月	30 日	313,200 円	円	313,200 円
平成 ○○ 年 8月	31 日	314,000 円	円	314,000 円
平成 ○○ 年 9月	31 日	320,000 円	円	320,000 円
平成 ○○ 年 10月	30 日	315,000 円	円	315,000 円
平成 ○○ 年 11月	31 日	316,900 円	円	316,900 円
平成 ○○ 年 12月	30 日	331,000 円	円	331,000 円
平成 ○○ 年 1月	31 日	316,000 円	円	316,000 円
平成 ○○ 年 2月	31 日	344,000 円	円	344,000 円
平成 ○○ 年 3月	29 日	355,000 円	円	355,000 円
平成 ○○ 年 4月	31 日	388,000 円	円	388,000 円
平成 ○○ 年 5月	30 日	380,000 円	円	380,000 円
平成 ○○ 年 6月	31 日	372,000 円	円	372,000 円

> 17日以上ある月のみを記入する

> 1年平均だとこの時期だけ高い

【標準報酬月額の比較欄】 ※全て事業主が記載してください。

従前の標準報酬月額	健 康 保 険	厚 生 年 金 保 険
	340 千円	340 千円

前年7月～本年6月の合計額（※）	前年7月～本年6月の平均額（※）	健 康 保 険		厚 生 年 金 保 険	
		等級	標準報酬月額	等級	標準報酬月額
4,065,100 円	338,758 円	24	340 千円	21	340 千円

本年4月～6月の合計額（※）	本年4月～6月の平均額（※）	健 康 保 険		厚 生 年 金 保 険	
		等級	標準報酬月額	等級	標準報酬月額
1,140,000 円	380,000 円	26	380 千円	23	380 千円

2等級以上（○又は×）	修 正 平 均 額（※）	健 康 保 険		厚 生 年 金 保 険	
		等級	標準報酬月額	等級	標準報酬月額
○	338,758 円	24	340 千円	21	340 千円

【標準報酬月額の比較欄】の（※）部分を算出する場合は、以下にご注意ください。

① 支払基礎日数17日未満の月の報酬額は除く。
② 短時間就労者の場合は、「通常の方法で算出した標準報酬月額」（当年4月～6月）の支払基礎日数を17日以上の月の報酬の平均額とした場合には、「年間平均で算出した標準報酬月額」（前年7月～当年6月）も17日以上の月の報酬の平均額。「通常の方法で算出した標準報酬月額」の支払基礎日数が17日以上ないので、15日以上17日未満の月の報酬の平均額とした場合には、「年間平均で算出した標準報酬月額」の支払基礎日数が15日以上の月の報酬の平均額。
③ 低額の休職給を受けた月、ストライキによる賃金カットを受けた月及び一時帰休にて休業手当等を受けた月を除く。
④ 給与の支払いに遅配がある場合は
　ア　前年6月分以前に支払うべきであった給与の遅配分を前年7月～当年6月迄に受けた場合は、その遅配分に当たる報酬の額を除く。
　イ　前年7月～当年6月までの間に支払うべき給与の一部が、当年7月以降に支払われることになった場合は、その支払うはずだった月を除く。
⑤ この保険者算定の要件に該当する場合は、「修正平均額」には、「前年7月～本年6月の平均額」を記入。
⑥ 上記①～④に該当した場合は、その旨を【備考欄】に記入。

【被保険者同意欄】
私は本年の定時決定にあたり、年間報酬額の平均で決定することを希望しますので、当事業所が申立てすることに同意します。

被保険者氏名　　加藤裕二　　㊞

【備考欄】

> 2等級以上変わらない場合は×をつける。×の場合は年間平均の申し立てをすることができない。

> 本人の署名が必要

242

社会保険の算定

「算定基礎届」「月額変更届」を提出する

05

従業員の報酬額を計算したら総括表とともに年金事務所に提出します。

作成する書類	● **DL** 健康保険・厚生年金保険 報酬月額算定基礎届 総括表（算定基礎届） ● 健康保険・厚生年金保険 被保険者報酬月額算定基礎届 70歳以上被用者算定基礎届	● 健康保険・厚生年金保険 被保険者報酬月額変更届（月額変更届）
提出期限	7月10日	7月10日 ※それ以外の時期に随時改定に該当した場合は速やかに
添付書類	特になし	原則不要
提出先	● 年金事務所（事務センター）	
検索場所	**算定基礎届** 日本年金機構／算定基礎届	

「算定基礎届」「月額変更届」を同時に提出する

❶ **随時改定の対象となる人がいる場合：**4月からの報酬が大きく変動し、7月に随時改定の対象となる人については「算定基礎届」の対象外となりますが、年金事務所から送られてくる一覧には氏名が載っているので、備考欄に「7月月変」と記入して「月額変更届」を提出します。

❷ **算定基礎届計算期間中に月額変更となる場合：**「算定基礎届」を提出することで10月支払いの保険料から改定されますが、月額変更によりそれよりも前の7月〜9月保険料が改定になる場合、月額変更で決定された標準報酬月額が優先されます。「月額変更届」は、従業員の固定的賃金が変更され、全体の報酬が2等級以上変化したときに随時改定が行われますが、9月の定時決定に影響がある7月〜9月改定者の場合には「算定基礎届」と同時に「月額変更届」を提出します。

労務

第13章 社会保険の算定

❸ **6月に月額変更となる場合**：3月に給与の大幅な変動があり、6月に随時改定（月額変更）となる場合は、⑤「健保の従前」「厚年の従前」の欄を改定後の標準報酬月額に訂正し、提出します。

❹ **7月に月額変更となる場合**：7月の随時改定（月額変更）該当者（予定者）は、「算定基礎届」から抹消し、備考欄に「7月月変」と記入します。総括表の予定者欄もあわせて記入します。

● **健康保険・厚生年金保険 被保険者報酬月額変更届例**

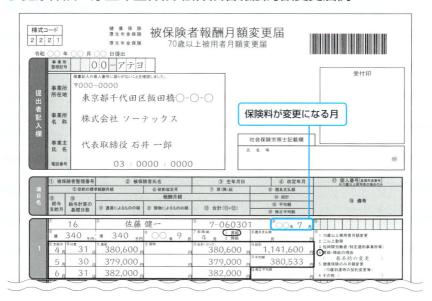

70歳以上 厚生年金被保険者から被用者へ

❶ **「厚生年金保険 70歳以上被用者賞与支払届」の届け出**：70歳になると厚生年金被保険者ではなくなり、「被用者」と呼ばれます。当然、保険料の徴収はありませんが、在職中に給料を受け取ることで老齢厚生年金の支給が調整される場合があります（在職老齢年金）。そのため、報酬額と賞与額の届け出が必要です。該当者がいる場合は「算定基礎届」と同時に提出しますが、提出後の期間に従業員が途中で70歳に到達した場合は「厚生年金保険 被保険者資格喪失届・厚生年金保険被用者該当届」（厚生年金の被保険者でなくなり「被用者」に該当することの届け出＝「70歳到達届」）を提出します。

社会保険の算定

個別に「保険料額の変更通知」を送る

06

年金事務所から「保険料の決定通知」が届いたら個別に通知を出します。

作成する書類 ・保険料改定通知（従業員用）

通知する時期 年金事務所より「標準報酬月額決定通知書」が届いたとき

保険料額の基礎を知る

❶ **「標準報酬決定通知書」が届いたら給与計算ソフトの確認：**「算定基礎届」を提出すると、改定後の該当者全員分の「標準報酬月額決定通知書」が届きます。氏名、等級、生年月日、性別を再度確認して、9月分の給与から保険料額を改定します。給料計算期間に入る前に、給与計算ソフトなどの確認をしておきましょう。

❷ **個別に保険料額の変更通知を手渡す：**事業主には、従業員の社会保険料は決定・変更の都度、本人に通知することが義務づけられていいるため、個別に通知を渡します。

● **標準報酬月額決定通知書例**

改定後の標準報酬月額

事業所整理番号	事業所番号	健康保険・厚生年金保険被保険者標準報酬決定通知書		
98-ワン	01234			
被保険者整理番号	被保険者名郵便番号 被保険者住所	生年月日標準報酬月額割	種別（性別）	基礎年金番号
30	ヤマモト テツヤ山本　鉄也000-0000 東京都港区…	H08.04.08健保：160千円　厚年：160千円	1（男）	1234-567890

確認
0000.00.00
日本年金機構
○○広域事務センター

郵便番号	000-0000	令和○○年○○月○○日
事業所住所	東京都千代田区飯田橋○-○-○	上記のとおり標準報酬の
事業所名称	株式会社 ソーテックス	決定がなされたので通知します。
事業主氏名	代表取締役　石井一郎　様	日本年金機構理事長

労務

第13章 社会保険の算定

● 社会保険料決定・変更通知書例

令和○○年○○月○○日

山本鉄也　殿

社会保険料決定・変更通知書

　貴方の標準報酬月額および社会保険料の個人負担額が、9月分（10月の給与時）から下記のとおりとなりますのでお伝えします。

標準報酬月額	健 保	160,000 円	厚 年	160,000 円
保険料額	健 保	7,920 円	厚 年	14,640 円
決定・変更事由	□ 資格取得時決定			
	☑ 定時決定			
	□ 随時改定			
	（標準報酬等級が2等級以上変更した場合）			
	□ 料率変更			
	□ 育児休業終了後の変更			
	□ 介護保険適用年齢（40歳）に到達			

> 社会保険料改定のタイミングはさまざまあるので1つにまとめるといい

❸ 保険料改定のタイミング： 給料の締め日と支払日の関係で次のタイミングで保険料を改定します。

15日締め月末払いで支給している企業		
❶前月分の保険料を当月分の給料から控除している企業	**10月分**	10月31日支給の給料から
❷当月分の保険料を当月分の給料から控除している企業	**9月分**	9月30日支給の給料から
前月分給料を翌月5日に支給している企業		
❶前月分の保険料を当月分の給料から控除している企業	**10月分**	11月5日支給の給料から
❷当月分の保険料を当月分の給料から控除している企業	**9月分**	10月5日支給の給料から

246

第14章 入社3年目からの労務のお仕事 就業規則の整備編＋36協定の作成編

☑ 14章でできること！

01 就業規則を作成する
02 管轄の監督署に届け出る
03 就業規則を変更する
04 残業時間・休日出勤数を決定する
05 特別条項を定める
06 「時間外労働・休日労働に関する協定届」を提出する
07 「1年単位の変形労働時間制の協定書」をつくる
08 長時間労働者への勤務改善の指導を行う

就業規則は会社で働くうえで最も重要なルールです。会社が自由に決められますが、労働基準法をはじめとする法律の基準を下回らないようにすることなど、一定の決まりがあります。

就業規則の整備

01 就業規則を作成する

会社のルールである就業規則は、従業員が10名以上（パート含む）の事業場の場合、必ず作成し、労働基準監督署に届け出をしなければなりません。

保管場所 **総務部** 従業員がいつでも見やすい場所に備えつけ

検索場所 **就業規則の策定例** 就業規則／規定例／東京労働局

STEP 1　**絶対的記載事項** 必ず取り決めなければならないことを規定する

- 始業終業の時刻、休憩や休日といった勤怠に関すること、給与がどのように計算されいつ支払われるのか、どのような手当があってどんなルールで昇給するのか、退職金や賞与はあるのかといった❶労働時間・休憩・休日、❷賃金に関すること、❸退職に関することは、絶対的記載事項として就業規則へ必ず定める

STEP 2　**相対的必要記載事項** 会社ごとに必要な事項を規定する

- ❶安全衛生、❷表彰、❸制裁、❹職業訓練、❺災害補償といった事項については、相対的必要記載事項といって、必要な場合に規定する

STEP 3　必要な付属規程を作成する

- 1つの就業規則にすべてまとめることも可能だが（目的別）、賃金規程、退職金規程、賞与規程など、重点事項を付属規程として分けてつくることも可能

STEP 4　必要な附属規程を作成する（雇用形態別）

- 正社員以外の雇用形態の従業員がいる場合、「正社員向けの就業規則（本則）」と「パート規程」「契約社員規程」を別にすることで、それぞれ異なるルールを定めることができる

STEP 5　労働者代表の意見を聴く

- 従業員代表の意見を聴き、意見書に記入してもらう

STEP 6　労働基準監督署に届け出る

- 就業規則届・意見書とともに管轄の労働基準監督署に届け出、受理印の押された就業規則を事業場の見やすいところに保管する

就業規則の基礎を知る

❹ **就業規則の全体像**：次頁の表の項目の中に、作成する際の確認事項に注意しながら、該当する条文をまとめていきます。

項目	条文	法律で定められているもの	パートと扱いが異なるもの	作成の際の確認事項
第1章 総則	会社における就業規則の目的。この規則が適用になる従業員の範囲			正社員とパートは賃金形態や勤務時間が異なるため、規程を別にする
第2章 採用、異動等	採用時の提出書類、試用期間の長さと本採用のルール		○	一般的には3カ月程度。試用期間の延長についても定める
	人事異動		○	可能性があれば転籍についても規定
	休職（期間の長さや復帰のルール）		○	勤続年数に応じて期間を定める。断続的な休職は期間を通算
第3章 服務規律	事業場における遵守事項			
	ハラスメントの禁止	○		セクハラ・パワハラ・マタハラ・そのほかのハラスメントについて相談窓口の設置
	個人情報保護	○		個人情報の範囲と取り扱いルール
	勤怠管理のルール			遅刻や無断欠勤の定義
第4章 労働時間、休憩及び休日	労働時間制 • 週休2日 • 1カ月単位の変形労働時間制 • 1年単位の変形労働時間制	○	○	始業終業の時刻。1日の所定労働時間
	休憩	○		8時間超：60分。6時間超：45分
	休日	○		年間休日数
	時間外・休日労働	○		申請と承認のルール。振替休日と代休
第5章 休暇等	年次有給休暇（計画年休・時間単位、半日単位）	○	○	年次有給休暇の起算日：入社日から6カ月経過後。全社員一律4月付与
	産前産後、妊娠中の母子健康管理措置	○		検診への配慮
	生理休暇	○		有給とするか、無給とするか。申請方法
	慶弔休暇、病気休暇、裁判員休暇	裁判員 ○	慶弔 ○	
第6章 賃金	賃金の構成（基本給・手当等）		○	どのような手当を設定するか、金額の範囲
	賃金の計算期間、支払日	○	○	支払日が休日だった場合、前倒しするか後日にするか
	遅刻や欠勤、中途入社の計算方法		○	日割り単価・時間単価の出し方（年間平均所定労働時間とする場合が多い）
	賃金の控除項目（保険料・税金以外）	○		食費や組合費などを給与から控除する場合
	昇給のルール		○	定期昇給。業績に応じた昇給
	賞与		○	支払日に在籍していること。計算方法のルール

労務

第14章 就業規則＋36協定

項目	条文	法律で定められているもの	パートと扱いが異なるもの	作成の際の確認事項
第7章 定年、退職及び解雇	定年年齢	○	○	定年後の再雇用
	退職			退職の定義（自己都合、死亡、行方不明、役員就任）。退職証明
	解雇	○		解雇理由
第8章 退職金	退職金支給のルール		○	勤続年数に応じた支給、ポイント制など
	退職金の額		○	
	退職金の支払方法・時期		○	
第9章 安全衛生及び災害補償	健康診断	○	○	健康診断中の賃金。精密検査の費用負担。受診命令
	ストレスチェック	○		
	安全衛生教育	○		
	災害補償	○		労災からの給付を充てる
第10章 職業訓練	教育訓練			費用負担、勤務時間中の場合は賃金を支払う
第11章 表彰及び制裁	表彰			表彰のルールと内容
	懲戒の種類と懲戒事由	減給○		
第12章 無期労働契約への転換	無期労働契約への転換	○		
第13章 公益通報者保護	公益通報者保護			
第14章 副業・兼業	副業・兼業		○	

パートは有期契約だけでなく、無期転換ルールができてからは期間の定めのない無期契約パートも増えてきます。通常、有期契約者は毎回の契約更新なので、定年や休職の規定がない場合がありますが、必要に応じて追加します。また、昇給・賞与・退職金について対象外であったときも、その旨を定めておくようにします。

 就業規則の作成の参考書

就業規則の具体的な作成については、次の書籍を参考にしてください。
「ひとりでできる 必要なことがパッとわかる 就業規則が全部できる本」（菊地加奈子著・ソーテック社刊）

就業規則の整備

管轄の監督署に届け出る

02

就業規則を作成したら、管轄の監督署に届け出をします。複数の事業場を持っていてそれぞれが離れている場合は、一括して届け出ることもできます。

作成する書類 ● 就業規則（変更）届：2部　● 意見書：2部　● 就業規則：2部

提出先 ● 事業場を管轄する労働基準監督署

提出時期 就業規則を作成して、従業員の意見を聴いたら速やかに

就業規則を届け出る

❶ **届ける書類：**就業規則届、意見書、作成・変更した就業規則を、それぞれ監督署用と会社保管用と2部ずつ用意し、事業場を管轄する労働基準監督署に届け出ます。届け出は郵送でも可能です。

● **就業規則（変更）届例**

就業規則（変更）届

中央労働基準監督署長殿

令和○○年○○月○○日

　今回、別添のとおり当社の就業規則、その他関係規程を制定いたしましたので、従業員代表の意見書を添付のうえお届けします。

事業所の所在地　東京都千代田区飯田橋○・○・○
事業所の名称　株式会社ソーテックス
使用者職氏名　代表取締役　石井一郎　㊞

● **従業員代表意見書例**

意　見　書

株式会社ソーテックス
代表取締役　石井一郎　殿

令和○○年○○月○○日

　令和○○年○○月○○日付をもって意見を求められた就業規則等の案について、下記のとおり意見を提出します。

記

第56条　有給休暇の申請が前日までとなっていますが、突発的な病気のときなど、やむを得ない場合に限り事後申請も認めていただきたい。

従業員代表：職名　営業部
　　　　　　氏名　高橋　直　㊞

反対意見があったとしても法律に反するものでない場合はすべて適用されます

！ 反対意見があっても、使用者が決めたルールが優先される

就業規則は必ず従業員代表（労働組合がある場合は労働組合）の意見を聴く必要があります。これは「意見を聴く」ということであり、「同意を得る」ところまでは求められていません。届け出る際に添付する意見書に反対意見が書いてあったとしても、法律違反でないかぎりはその就業規則が有効になります。

労務

第14章　就業規則＋36協定

就業規則の整備

03 就業規則を変更する

新しい雇用形態の従業員を雇った場合、勤務時間や給与形態が変わった場合、法改正があった場合など、必要に応じて就業規則を変更します。変更のタイミングは特に決まっていないので、変更の必要がなければ何年間も使い続けることができます。

就業規則を変更する場合

❶ **法改正があったとき：**古いままの就業規則であったとしても、改正した部分については新しい法律が適用されます。ただし従業員が法律が変わったことを知らずに誤った運用がされ続けてしまうと、従業員にとって不利益になったり、場合によってはトラブルに発展しかねないので、新しい法律の施行日までに変更する必要があります。

❷ **従業員トラブルを経験したとき：**いくらリスクを最小限にしようと思って作成した就業規則であっても、世の中の変化や社内環境の変化によってはこれまで予測しなかったトラブルを経験することがあります。今後も起こり得ることなのか、就業規則を変更しなかった場合のリスクはどの程度あるのか、よく検討し、早めに変更するようにします。

　例 試用期間終了時に、期待する能力が認められないため解雇したら訴えられた。⇒「本採用」か「解雇」の二者択一ではなく、「試用期間の延長」という規定を加え、指導期間を延ばし、本採用をより慎重に見極められるようにした。

　例 退職届を提出した翌日から30日間、有給消化のため休みを取得。1日も出金しないで退職となってしまったため、後任への引き継ぎが一切されず、現場が混乱した。⇒ 退職届は1カ月前に届け出るというルールはそのままで、最低2週間は現場勤務し（出勤する）、引き継ぎをすることを定めた。

❸ **新たなルールが必要になったとき：**「フレックス勤務制を導入することになった」「退職金を支払うことにした」「新たな手当を支給することにした」というように、新しいルールが増えた場合も、「別規程」や新たなルールをつくる必要が出てきます。

36協定の作成

残業時間・休日出勤数を決定する

04

時間外労働の上限は原則月45時間・年360時間までとし、特別の事情がなければこれを超えることができません。有効期限があるので、期間が切れる前までに毎回届け出ます。

作成する書類	● 時間外労働・休日労働に関する協定届（36協定・特別条項）
提出先	● 管轄の労働基準監督署
提出期限	協定の有効期間より前までに

STEP 1 　　事業場ごとに協定する

● 事業場（工場・支店・営業所）ごとに業務の種類と担当従業員数を分け、必要な時間外労働の時間数について検討する

STEP 2 　　時間外労働の時間数を決める

● 事業所の中の業務ごとに1日、1カ月、1年の時間外労働の上限について取り決める。原則、1カ月につき45時間、1年につき360時間を超えることはできない

STEP 3 　　1年単位の変形労働時間制の対象者がいる場合

● 業務ごとに人数を算出し、1日、1カ月、1年について時間外労働の上限について取り決める

STEP 4 　　休日労働について協定する

● 休日労働をしなければならない事由、対象人数、どのくらいの頻度でどの時間行うのか取り決める。対象以外の時間外労働は違反になるため、余裕を持って盛り込む

STEP 5 　　協定の有効期間を定める

● 通常は1年間で協定する。有効期間をすぎてから監督署に届け出をすると、遅れた分の期間は無効になってしまう（すぐさま罰則を受けるわけではないが注意する）

STEP 6 　　時間外労働の上限を超えない旨のチェックをする

● 有効期間を通じて、時間外労働が法律で定められた上限を超えていないことを確認するチェックボックスにチェックをする

STEP 7 　　労働者代表が署名をする

● 管理監督者ではない労働者による署名押印が必要。また、労働者代表をどのように選んだか（投票、挙手など）も記入する

労務

第14章 就業規則＋36協定

| STEP 8 | 管轄の労働基準監督署に届け出る |

- 事業場がある場合は、法人代表ではなく事業場の長が署名押印する

時間外・休日労働と36協定の基礎を知る

❶ **時間外労働と36協定：**労働時間は原則１日８時間・１週40時間・休日は毎週少なくとも１日と定められています。これを超えて働くには「36協定（時間外労働、休日労働に関する協定）」の締結、労働基準監督署長への届け出が必要になります。なお、会社側は協定した時間数の範囲内で労働させた場合であっても、従業員の健康管理に留意しなければなりません（労働契約法第５条：安全配慮義務）

❷ **時間外労働の上限：**時間外労働の上限は、原則として月45時間・年360時間とし、臨時的な特別の事情がなければこれを超えることはできません。１日についての上限は定められていないので、「３時間」とすることも「８時間」とすることもできますが、１週間につき15時間、２週間につき27時間という目安時間（努力義務）もあるので、負荷がかからないように管理する必要があります。

❸ **法定限度時間を超えた協定は無効：**以前までは月45時間、年360時間といった限度時間はあくまでも「基準」だったので、それを超えた時間で届け出ることもできました。しかし、法改正によって限度時間が36協定の法定要件となったので、限度時間を超える協定は無効となってしまいます。

協定書を作成する

❶ **起算日と有効期間：**協定の期間を定めます。１年単位で定める事業場が多いですが、３年など長い期間で定めることもできます。「協定の成立日」は労働者代表と協定をした日であり、起算日よりも前になります。労働者代表の職名を記入する必要がありますが、「部長」「課長」など管理監督者に該当すると判断される場合は、その協定書が無効になります。

❷ **労働署への届け出：**「就業規則」は届け出が遅れても施行日・変更日をもって有効となるのに対して、「36協定」は起算日のあとに届け出ると届け出前の部分は無効となります。つまり、届け出が遅れた期間内に時間外労働をしたら、法律違反になってしまうということです。

36協定の作成

特別条項を定める　05

原則の労働時間の上限を超えるような臨時的な事情がある場合は、36協定の特別条項を定める必要があります。

特別条項の基礎を知る

❶ **36協定と特別条項はセットで協定・届け出を行う**：36協定では、原則の時間外労働の上限を基準として定めますが、緊急事態や繁忙期など、どうしても基準の時間を超えて時間外労働を行わなければならない場合にかぎり「特別条項」を定めることができます。ただし、特別条項にも上限があります。上限を超えた場合、いくら「労使協定」を届け出て割増賃金を支払ったといっても法律違反となってしまいます。

❷ **具体的な理由が必要**：「36協定で結んだ時間外労働の限度時間を超えて働かなければならない場合はどのようなときなのか」具体的に記載する必要があります。「業務上必要なとき」「やむを得ないとき」などは認められず、「大規模な発注ミスが発生したとき」といった臨時的な事情であることが求められます。

❸ **限度時間を超えて労働する場合、時間と月数に上限がある**：臨時的な特別の事情があって労使が合意する場合であっても、次の時間数を超えて働かせることはできません。また、原則の月45時間を超えることができるのは年間6カ月までです。

> ❶年720時間以内
> ❷複数月の平均が80時間以内（休日労働を含む）
> ❸月100時間未満（休日労働を含む）

❹ **1年の限度時間を超える時間外労働については起算日を設定する**：1年間で720時間、月に45時間を超えることができるのは6カ月と、年間を通して確認する必要があるため、起算日を設定します。36協定は1年を超えた期間でも結ぶことができますが、起算日については36協定と特別条項を同じにしておく必要があります。

労務

第14章　就業規則＋36協定

255

❺ **限度時間を超えて労働する場合の割増率を設定する：** 法定の割増率（25％）を超えることは努力義務のため、25％で問題ありません。

● 特別条項の実務上のルール

特別条項の回数	年6回まで
特別条項における年間の時間外労働の条件	年720時間以内
1カ月の時間外労働と休日労働の合計時間の上限	月100時間未満
複数回平均ルール	2カ月～6カ月の期間において時間外労働＋休日労働の平均が80時間を超えない

❻ **労働者の健康・福祉の確保措置を定める：** 次の中から協定することが望ましいとされています。

- 医師による面接指導
- 深夜営業（22時～5時）の回数制限
- 終業が始業までの休息時間の確保（勤務間インターバル）
- 健康診断
- 代償休日・特別な休暇の付与
- 連続休暇の取得
- 配置転換
- 心とからだの相談窓口の設置
- 産業医による助言、指導や保健指導

! **複数月の平均80時間の考え方**

「複数月の平均」とは、2カ月、3カ月、4カ月、5カ月、6カ月の期間です。それぞれの期間で、「時間外労働＋休日労働時間の平均」が80時間を超えることはできません。「休日労働を含む」こともポイントです。

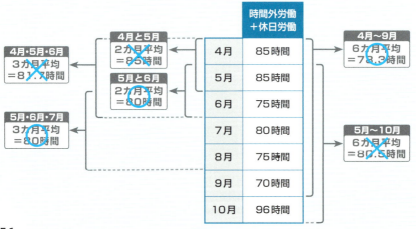

36協定の作成

「時間外労働・休日労働に関する協定届」を提出する

06

労働時間に関する労使協定は原則として労働基準監督署への届け出が義務づけられていて、協定を結ぶだけでは無効となってしまいます。

作成する書類 （必要によって作成）	● 時間外労働・休日労働に関する協定届（36協定） ● 時間外労働・休日労働に関する協定届（特別条項）
提出先	● 管轄の労働基準監督署（36協定とともに提出）
提出期限	協定の有効期間より前までに
提出方法	正副2部を提出（郵送可）
保管方法	各事業所
検索場所	36協定／東京労働局／様式

「36協定の届け出」の基礎を知る

❶ **36協定は従業員が1人でも届け出が必要：** 就業規則は10名未満の事業場には労働基準監督署への届出義務はありませんが、36協定は1人でも従業員を雇用し、その人に時間外労働をさせる必要がある場合は、必ず届け出が必要になります。労働基準法では時間外労働・休日労働は禁止されており、36協定を締結・届け出をしてはじめて可能になります。いくら割増賃金を支払ったからといっても、違反になるので注意が必要です。

❷ **もしも届け出が遅れてしまったら：** 協定期間よりも後の届け出となった場合は、労働基準監督署で「届出書」に次のいずれかの文言の印鑑が押されます。

> ❶ 本件届出年月日以前については無効
> ❷ 本件届出は届出年月日以後について有効

　つまり、届け出が少しでも遅れてしまった場合は、届け出がされた日より前の期間は無効になってしまい、行政指導が入っても改善されない場合は公表されるケースもあります。

労務

第14章　就業規則＋36協定

257

●時間外労働・休日労働に関する協定届（36協定）例

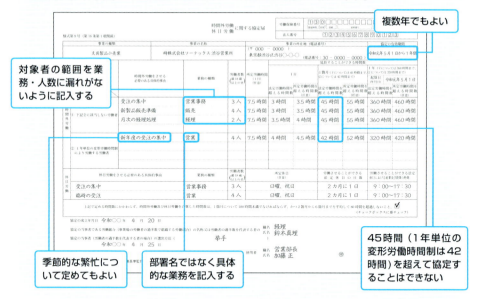

●時間外労働・休日労働に関する協定届（特別条項）例

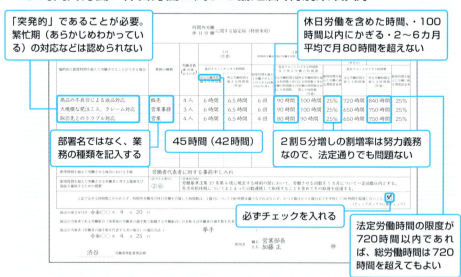

36協定の作成

「1年単位の変形労働時間制の協定書」をつくる

07

変形労働時間制を採用することで時間外労働の計算も変わります。36協定とともに労使で取り決めます。

作成する書類	● 1年単位の変形労働時間制に関する協定届 ● 年間カレンダー ● **任意** 1年単位の変形労働時間制に関する協定書
提出先	● 管轄の労働基準監督署 （36協定とともに提出）
提出期限	協定の有効期間より前までに
検索場所	1年単位の変形労働時間制／東京労働局／様式

1年単位の変形労働時間制の基礎を知る

❶ **1年単位の変形労働時間制を採用する目的：** 法定労働時間では1日8時間、1週間40時間と決められていますが、事業場によっては年間の中で繁閑期があったり、営業日が多くて年間休日が少なくなるケースもあります。その場合、法定労働時間を超えた部分をすべて残業扱いにするのではなく、1日の労働時間が9時間になったり、1週間6連勤して週の労働時間が48時間となったとしても、「1年を通した平均値が法定労働時間内に収まっている」ことに同意する「労使協定（1年単位の変形労働時間制に関する協定届）」を結べば、従業員の労働時間に配慮しながら時間外労働扱いにならない働き方にできます。

❷ **休日数に応じて所定労働時間の上限を確認する：** 法定労働時間である1日8時間勤務ができる休日数の下限は105日です。そして1年単位の変形労働時間制における年間の総労働時間の上限は2,085時間です。年間休日が105日を下回る場合は8時間よりも短い所定労働時間にして、年間の総労働時間の上限以下になるように設定する必要があります。

1日の所定労働時間	必要な年間休日日数	
	1年365日の場合	1年366日の場合
8時間00分	105日	105日
7時間45分	96日	97日
7時間30分	87日	88日

労務

第14章 就業規則＋36協定

259

● 1年単位の変形労働時間制に関する協定届例

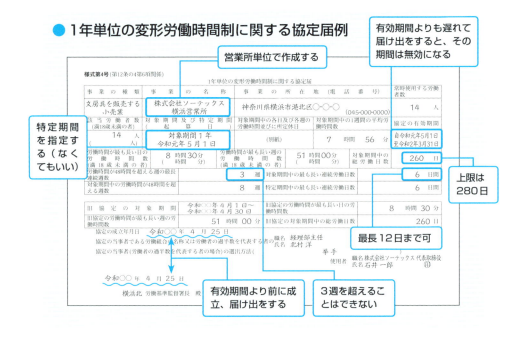

● 繁閑の差に応じて所定労働時間を変えるときの上限の確認方法

例 年間休日105日の会社で7月、12月、3月の3カ月間の繁忙期の所定労働時間を8時間30分にしたい。残りの月数の所定労働時間は何時間になる？

❶ 7月、12月、3月の所定労働日数の合計＝67日
❷ それ以外の月の所定労働日数の合計＝193日

❶の労働時間：8.5時間×67日＝569.5時間
❷の労働時間：(2,085時間－569.5時間)÷193日
　　　　　　 ＝7.85時間≒7時間50分

もちろん、上記の範囲で年間の総労働時間数を2,085時間よりも短く設定することも可能。

例 忙しい月を8時間30分、それ以外を7時間45分と定める

所定労働時間	月	始業時刻	終業時刻	休憩時間
7時間45分	4月～6月、8月～11月、1月～2月	9時00分	17時45分	12時00分～13時00分
8時間30分	7月、12月、3月	8時30分	18時00分	同上

❸ **年間カレンダーをつくる**：1年単位の変形労働時間制は年間カレンダーを作成し、協定届に添付する必要があります。

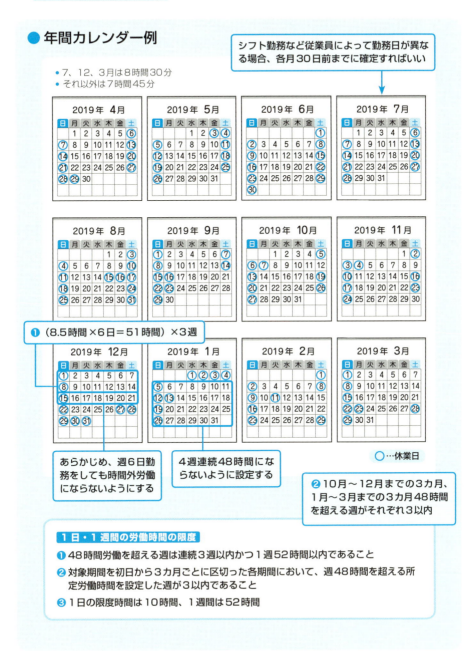

36協定の作成

08 長時間労働者への勤務改善の指導を行う

メンタル不調者が増加傾向の中、従業員のケア、欠勤や休職後の対応についても配慮する必要があります。

長時間労働者への指導と事業主が講じる措置を知る

❶ **長時間労働者への通知**：1カ月あたりの時間外・休日労働が80時間を超える管理監督者やみなし労働時間制対象者を含むすべての従業員（高度プロフェッショナル制度対象者は除く）本人に対し、毎月1回以上、一定の期日を定めて把握し、通知をしなければなりません。毎月の基準日は給料計算期間で区切ると勤怠と連動させやすくなります。「労働時間」は実労働時間である必要はなく、始業終業の時刻を把握するだけでも問題ありませんが、その場合、休憩時間を含めて時間外労働80時間をカウントすることになります。

❷ **労働者ごとの労働時間管理と面接指導のルール**：次のようになります。

対象労働者	80時間超	100時間超
❶ 研究開発業務	本人の申し出があれば義務	申し出なく義務（罰則つき）
❷ 一般労働者	本人の申し出があれば義務	100時間を超える時間外労働は×
❸ 管理監督者	本人の申し出があれば義務	
❹ 裁量労働制	本人の申し出があれば義務	
❺ 高度プロフェッショナル制度	検討中	検討中

❸ **労働時間が把握しにくい場合**：営業職など、出先から直帰することが常態化している従業員は毎日タイムカードを打刻することができません。その場合は自己申告や事業主（上司）が実態を見て確認する現認でも可能です。ただし、外部から社内システムに簡単にアクセスでき勤怠管理もできる場合は、自己申告は不適切であると判断されてしまいます。また、自己申告であってもパソコンのログや建物の入退館記録と照らしたときに著しい乖離があるときは補正をする必要があります。

第15章 入社3年目からの人事のお仕事 ―労働条件通知書の作成編―

15章でできること!

01 「労働条件通知書」の基本
02 労働条件を通知する
03 誓約書・身元保証書を作成する

面接までにも重要事項を確認していますが、改めて正式に書面で労働条件を明示したうえで誓約を交わすようにします。入社の際の「雇用契約書（労働条件通知書）」の書き方、明示の方法を見ていきます。

労働条件通知書の作成

01 「労働条件通知書」の基本

就業規則には、全社員の働き方が定められているのに対して、労働条件通知書は個別の労働条件について詳細に記載するものです。雇用契約書、労働契約書という表現をする場合もあります。

STEP 1	「労働条件通知書」を作成する 入社1週間前

● 募集媒体や紹介会社に提示した労働条件、面接時に合意した条件を再度確認し、「労働条件通知書」を作成する

STEP 2	「労働条件通知書」を事前に提示する 入社1週間前

● 本来、「労働条件通知書」は入社時に手渡せばいいが、事前に相互確認するためにも2部印刷して、ほかの入社書類とともに郵送することもできる

STEP 3	本人印を押したものを回収する

● 1つひとつ内容を確認したうえで2通に押印してもらい、入社日に回収し1部を会社で保管する

STEP 4	変更・更新のつど作成する

● 労働条件が変更されたとき、また有期契約者の契約を更新するときは、そのつど新たな「雇用契約書」を作成し提示する

労働条件の通知のしかたを知る

❶ 労働条件を明示する方法： 法律では「労働条件を"書面で通知"する」とありますが、紙に印刷して手渡す方法だけでなく、本人が希望すれば、メールにPDFなどを添付して通知する方法も認められます。通知の履歴も確実に残りますし作業の効率化にもつながります。

❷ 労働条件で明示しなければならないこと： 従業員の個別の労働条件を通知する際、様式に決まりはないものの、必ず明示しなければならない事項（絶対的明示事項）が定められており、不足がないように通知する必要があります。

❸ 「雇用契約書」と「労働条件通知書」の違い： 会社によっては「雇用契約書」を取り交わす場合もあれば「労働条件通知書」を渡す場合もあります。「絶対的明示事項」を不足なく明示していればどちらでもいいとされています。では

この２つの書類の違いはというと、名前のとおり、「雇用契約書」は従業員が契約に合意して押印してもらうのに対し、「労働条件通知書」は会社からの通知なので基本的には押印は不要です。ただし、あとで通知を受け取っていない・見ていないというトラブルになる可能性もあるので、押印もしくは別の形で従業員がきちんと受け取っていることを記録しておきます。

❹ **求人募集時の労働条件と異なる場合：**給料については、必ず何がどのように変わったのか、書面で説明しなければなりません。

基本給の額が変わった「当初、基本給30万円／月とお伝えしていましたが28万円／月となります」

一定の範囲のみ伝えていたが額が確定した「当初、基本給25万～30万円／月と提示していましたが基本給28万円／月となりました」

手当などを削除することになった「当初、基本給25万円、職務手当3万円／月としていましたが、基本給25万円／月となります」

明示していなかった条件を新たに追加することになった「当初、基本給25万円／月と提示していましたが、基本給25万円、職務手当3万円／月となります」

❺ **労働条件で明示しなければならないこと：**従業員の個別の労働条件を通知する際、様式に決まりはないものの必ず明示しなければならない事項（絶対的明示事項）と口頭の説明のみでいい事項があります。

書面による明示が必要な事項	口頭による明示でもいい事項
❶ 労働契約の期間	❶ 昇給に関する事項
❷ 就業の場所・従事する業務の内容	❷ 退職手当の定めが適用される労働者の範囲、退職手当の決定・計算・支払いの方法、支払いの時期に関する事項
❸ 始業・終業時刻、所定労働時間を超える労働の有無、休憩時間、休日、休暇、交代制勤務をさせる場合は就業時転換に関する事項	❸ 臨時に支払われる賃金・賞与などに関する事項 ❹ 労働者に負担させる食費・作業用品その他に関する事項 ❺ 安全衛生に関する事項 ❻ 職業訓練に関する事項
❹ 賃金の決定・計算・支払いの方法、賃金の締め切り・支払いの時期に関する事項	❼ 災害補償、業務外の傷病扶助に関する事項 ❽ 表彰、制裁に関する事項
❺ 退職に関する事項（解雇の事由を含む）	❾ 休職に関する事項

人事

第15章 雇用契約書の作成

労働条件通知書の作成

02 労働条件を通知する

労働条件の通知については必ず明示しなければならない事項（絶対的明示事項）が労働基準法で定められています。

作成する書類 ・雇用契約書（労働条件通知書）2部
作業の時期 ・雇い入れ時 ・労働条件を変更するとき
・有期契約を更新するとき

労働条件通知書の書き方

● 労働条件通知書例

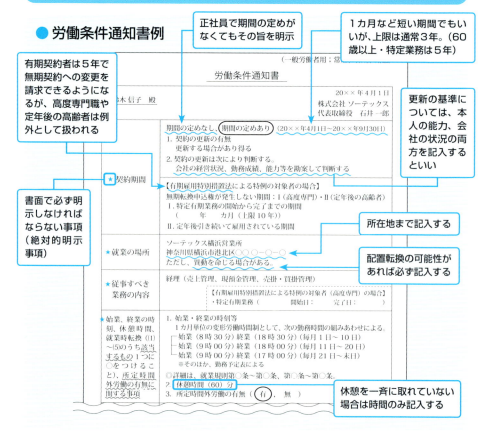

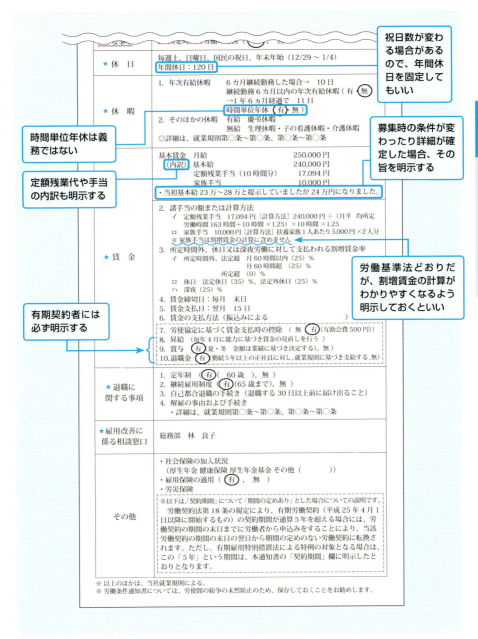

労働条件通知書の作成

03 誓約書・身元保証書を作成する

法律で義務づけられたものではありませんが、身元や経歴に虚偽がないことを確認し、職務に従事することを約束する書面としては有効です。

「誓約書」の基礎を知る

❶ **誠実に業務に従事することの誓約：**入社するうえで最も重要な誓約となります。ルールを守ること、上長の指示にしたがうことを改めて誓約してもらいます。

❷ **秘密保持に関する誓約：**会社の機密情報、個人情報、取引先の情報などについての秘密を守る誓約です。雇用契約は退職と同時に当然解約となりますが、在職中だけでなく退職後も秘密保持を負うことを誓約してもらいます。第6章02の競業避止義務と同時に、会社のノウハウや機密情報を転職先に流出させるのを防ぐためです。

❸ **服務に関する誓約：**社会的に、その会社の名誉や対面を汚すような行為を禁止する制約です。こちらは就業規則の服務規律にも記載されていますが、解雇事案などに発展する可能性のある重大なことについては、別途「誓約書」でも合意を求めるようにします。

❹ **経歴詐称がないことの誓約：**経歴詐称は解雇事由に挙げている会社もあるほど重大な事項です。それによって待遇が大きく変わったり、病歴を隠して入社して事故を起こしたりすることは会社にとって大きな損害となります。

❺ **損害賠償に応じる誓約：**故意や過失があった場合に、損害賠償に応じる誓約です。ただし労働基準法では、賠償予定（罰金〇〇円、全額賠償してもらう、など）を禁止していることから、金額の記載はできません。

❻ **競業避止に関する誓約：**前職で競業避止を負って入社する人もいますが、自社においても入社時と退職時に競業避止に関する誓約を結ぶことを求めることができます。

● 誓約書例

誓約書

株式会社ソーテックス
代表取締役　石井一郎　殿

　私は、貴社に採用され従業員として入社するにあたり、下記事項について誓約いたします。

> 内定・採用取消のトラブルを防ぐ

1. 貴社の就業規則その他諸規定を守り、上長の指示にしたがい、誠実に勤務します。
2. 貴社の本旨を理解し、顧客のために親切かつ適切な業務を遂行します。
3. 履歴書および職務経歴書の記載事項にうそ偽りがないことを約束いたします。
4. 貴社の秘密情報、顧客の秘密、個人情報などについて、在職中はもとより、退職後も、貴社の許可なく、いかなる方法をもってしても、開示、漏えいもしくは使用しないことを約束いたします。
5. 貴社従業員としての体面を汚すような行為(セクシュアルハラスメントなどを含む)、社会に迷惑をおよぼすような行為を事業所内・外において行わないことを約束いたします。
6. 勤務内容の変更、職種の転換、勤務場所の異動などについて、貴社の指示にしたがいます。
7. 故意または重大な過失により貴社またはサービス利用者に損害を与えた場合は、その損害について賠償の責任を負います。
8. 私は、貴社が、人事労務・賃金管理および○○業務などの目的を達成するに必要な範囲で、私および私の家族に対する個人情報を取得し、利用することを承諾します。

> 競業避止義務を負わせられない社員などには特に重要

> 解雇事由として特に強調したい部分を記入する

令和○○年○○月○○日

従業員氏名　加藤　洋介

「身元保証書」の基礎を知る

❶ **「身元保証書」とは:** 従業員が会社に重大な損害を与えてしまった場合に、自分では賠償できないときに身元保証人が賠償することを約束するという契約です。また、従業員が行方不明になってしまったときも身元保証人がいることで手続きや連絡がスムーズにいくことがあります。

❷ **身元保証人の限界:** 必ずしも親族であることは要しませんが、海外に住んでいて緊急時に連絡が取れなかったり、資力がないと損害賠償の責任を負えないので、身元保証人として適した人物に依頼してもらうようにします。

● 身元保証書例

株式会社ソーテックス
代表取締役　石井一郎　殿

現住所　東京都世田谷区○○-○-○-○
氏　名　加藤　洋介　㊞
生年月日　1990年12月23日

> 身元保証契約に期間を定めない場合は3年、上限は5年（身元保証に関する法律）

身元保証書

　今般上記の者が貴社に採用されるにあたり、貴社在職中の身元保証人として、本日より、5年間保証いたします。

　万一、貴社の就業規則および諸規程に違反し、本人の故意または重大な過失によって貴社に損害をおよぼしたときは、直ちに本人に責任をとらせるとともに、私ども保証人が連帯して500万円を限度としてその損害を賠償することをお約束いたします。

> 限度額を定めなければ無効となる

令和○○年○○月○○日

> 従業員が勝手に作成したり架空の氏名で署名、押印してしまうケースもあるので、印鑑証明書を提出させることもできる

現住所　神奈川県横浜市中区-○-○-○
本人との関係　　父
保証人氏　加藤　健介　㊞
生年月日　1962年5月1日

第16章

入社3年目からの人事のお仕事 休業者対応編＋福利厚生編

☑ 16章でできること！

- 01 妊娠報告から出産までの流れ
- 02 出産手当金を申請する
- 03 社内の手続き
- 04 産休・育休中の社会保険料免除の手続きをする
- 05 育児休業給付金の手続きをする
- 06 休職から復職までの流れ
- 07 傷病手当金の手続きをする
- 08 従業員に健康診断を受診させる

従業員の休業、給付にはさまざまな種類がありますが、本章では出産、育児、私傷病による休職を取りあげます。給付金の申請や税、社会保険の取り扱いのポイントを押さえます。

休業者対応

01 妊娠報告から出産までの流れ

「産前」「産後」「育児」と、休業はそれぞれの期間で適用される制度が異なります。

STEP 1　産前休業　予定日から6カ月
- 女性の場合、予定日6週間前から出産当日までが「産前休業」として出産手当金（STEP4）が受けられる。「産前休業」を取らずに働くこともできる

STEP 2　出産当日
- 男性の場合、出産当日から「育児休業」を取ることができる。女性は出産翌日から「産後休業」

STEP 3　扶養異動届　出産後速やかに
- 生まれた子を扶養に入れる場合、届け出をする。なるべく早めに「保険証」が手元に届くよう手続きをする

STEP 4　産後休業　産後8週間
- 女性は、産後8週間（医師が認めた場合は6週間）は「産後休業」として就業禁止期間となる。出産前とあわせて産前産後休業期間に休んだ場合、健康保険より出産手当金が支給される

STEP 5　育児休業給付金　産後8週間経過後～子どもが1歳になる日の前日
- 男性は出産当日より育児休業が取得可能。女性は産後休業がまず優先され、8週間後（出産の日から58日目）から雇用保険より育児休業給付金が支給される

STEP 6　社会保険料の免除　産前産後休業中
- 産前休業～育児休業まで、社会保険料は本人・会社負担分ともに免除になる。「月末に休業している」月が対象

STEP 7　給料計算の処理
- 通勤定期券の残りの代金を精算し、住民税は次回切り替えの5月まで一括徴収する

STEP 8　標準報酬月額の改定　復帰後に給与が下がったら
- 復職後に給与が下がったら、2等級以上の報酬の変動がなくても標準報酬月額の改定が行われ、保険料が改定される

　子どもが生まれたときのマイナンバーと保険証

　　扶養に入れるときの手続き（被扶養者届）にも、原則マイナンバーが必要ですが、生まれたばかりでマイナンバーが不明な場合は、「出生届」を出してすぐにマイナンバーの記載のない世帯全員の住民票を取って添付すれば手続きができます。

● 産前休業から育休復帰までの流れ

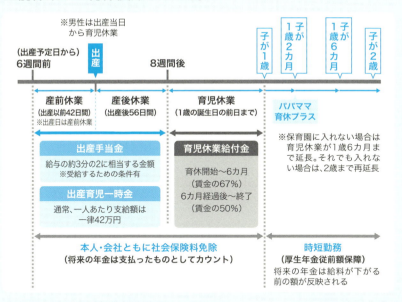

● 産前休業から育休復帰までの手続きリスト

時期		手続項目	提出書類や必要な対応等の例	書類取得・提出先
出産前（産休前）	健保・厚年	健保・厚生年金保険料免除	・健康保険・厚生年金保険産前産後休業取得者申出書	日本年金機構（Webサイトに掲載あり）
	企業	通勤定期代金返却	・休業期間中の通勤定期代金を企業へ返却	ー
	企業	住民税	・5月分まで一括徴収	市区町村市民税課
出産後	企業	出生の届け出	・被扶養者家族異動届	企業
	健保・厚年	健保・厚生年金保険料免除	・産前産後休業取得者変更（終了）届	日本年金機構（Webサイトに掲載あり）
	健保	出産手当金請求	・健康保険出産手当金支給申請書	
育休中	健保・厚年	健保・厚生年金保険料免除	・健康保険 厚生年金保険 育児休業等取得者申出書	日本年金機構（Webサイトに掲載あり）
	雇用保険	育児休業給付	・育児休業給付受給資格確認票・（初回）育児休業給付金支給申請書 ・休業開始時賃金月額証明書	ハローワーク（Webサイトに掲載あり）
復職時	健保・厚年	育児休業を予定より早く終了した際の届け出	・健康保険厚生年金保険育児休業等取得者終了届	日本年金機構（Webサイトに掲載あり）
	厚生年金	子が3歳になるまでの年金に関する特例措置※の申し出	・厚生年金保険養育期間標準報酬月額特例申出書	
	健保・厚年	標準報酬月額の改定の申し出（該当者のみ）	・健康保険 厚生年金保険 育児休業等終了時報酬月額変更届	

※ 時短勤務で標準報酬月額が下がっても、将来の年金は休業前の額が反映されます。

休業者対応

02 出産手当金を申請する

産前・産後休業は、出産前と産後の母体保護を目的とした休業です。その後の育児休業とは目的が異なるところがポイントです。

作成する書類	● 健康保険　出産手当金支給申請書
提出先	● 管轄の協会けんぽ
対象期間	出産予定日の6週間前〜出産日の翌日以後8週間
1日あたりの受給額	支給開始日以前の12カ月間の（各月の標準報酬月額を平均した額）÷30日×2／3（小数点第1位を四捨五入） ※12カ月に満たない場合は、次のうちいずれか低い額 ❶ 支給開始日の属する月以前の継続した各月の標準報酬月額の平均額 ❷ 30万円
申請期限	休業した日から2年以内
添付書類	なし
通知の方法	従業員本人に「健康保険 出産手当金支給決定通知書」が送付される（会社に通知はこない）
従業員から確認すること	● 休業の予定　● 出産予定日　● 出産日
会社で用意するもの	● タイムカード　● 賃金台帳
検索場所	出産手当金／協会けんぽ

出産手当金の基礎を知る

❶ **出産手当金とは**：産前産後休業期間について支給されるのが出産手当金で、出産する女性が対象です。この期間の社会保険料は事業主・本人ともに免除になります。

❷ **産前産後休業期間を正しくカウントする**：産前産後休業は「予定日」で考えます。出産予定日を聞いたら早めに6週間前の日を確定し、正確な休業期間を把握しておきます。産前休業は必ずしも休業を取る必要はありません。また、会社が認めれば早めに休業に入って産前休業を長くすることもできますが、期間を超えた分の手当金は支給されません。

❸ **出産日がずれた場合**：産前休業は出産予定日を基準に考えるため、実際の出産日がずれることがあります。出産予定日よりも出産が遅れた場合は、産前6週間（42日分）に加えて遅れた日数分の出産手当金を支給されます。

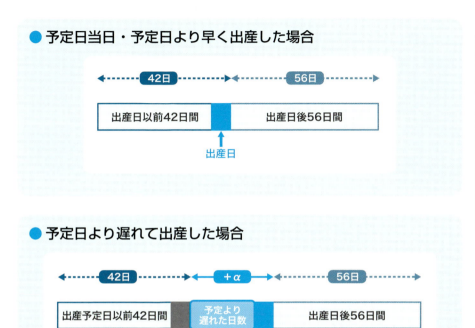

❹ **申請方法**：管轄の協会けんぽに「健康保険 出産手当金支給申請書」を提出します。産前産後とそれぞれ分けて申請することも可能ですが、出産日などの証明を医師または助産師から得られたら2回目以後の申請書への証明が省略できるため、産後にまとめて申請するほうが効率的です。

❺ **通知書の送付**：会社から提出した場合でも会社に通知が届くことはなく、支給額が記載された「健康保険出産手当金支給決定通知書」が協会けんぽから従業員に送付されます。

> **役員が出産する場合**
>
> 取締役の立場の人は育児休業給付金の対象外ですが、産前産後の社会保険料免除は対象になります。この期間に休業し、さらに役員報酬を受けない場合、出産手当金も支給されます。

> 休業者対応

03 社内の手続き

出産・育児休業は給付金などの社外手続きだけでなく、社内でも諸々の手続を整備しましょう。

出産にかかる社内手続きの基礎を知る

❶ 産休1カ月前 **休業1カ月前面談：**前回の面談からの変更点、復帰後の働き方（配属場所の希望、時短勤務の希望など）を確認します。また、給付金などのやり取りも出てくることから休業に入ったときの連絡先（里帰りしている場合は実家も）についても把握しておくようにします。

❷ 産休直前 **有給休暇の確認：**有給休暇は休業中に取得することはできませんが、長期に休んでも産休・育休期間は出勤したものとして新たな有給休暇が付与されるため、日数の整理をして本人に伝えるようにします。

育休・復帰にかかる社内手続きの基礎を知る

❶ 出産 **出産報告：**出産報告はできるだけ早めにもらうようにします。扶養の追加や給付金申請の準備を進めるとともに慶弔金を支給する場合は手配をします。慶弔金は賃金ではないので、給与課税はありません。

❷ 育休 **男性の育休取得：**女性は産後休業中は労働基準法上の就業禁止期間のため、必ず産後8週間（6週間）は休みになりますが、男性の場合は出産当日からだけでなく、「妻が里帰りから戻ったあと」「妻の育休復帰とバトンタッチ」など、必要に応じて取得することができます。育休期間に関して育休は「子どもが1歳になるまで」というように、長期の休業をイメージしますが、無給の育児休業を与えれば1日でも対象となり給付金ももらえます。

❸ 復帰2カ月前 **復帰前面談：**産後の体調や子どもの様子、保育園の申し込み状況を確認しつつ、復帰後の働き方について再度確認します。

❹ 復帰時 **復帰後の労働条件（辞令）の通知：**育休後は原職復帰が原則ですが、通勤の都合や勤務時間の関係上、配属先を変更する場合があります。また、時短勤務を希望する場合は給与額も変更になるため、復帰後の労働条件を通知します。

休業者対応

産休・育休中の社会保険料免除の手続きをする

04

産前・産後・育児休業中は、社会保険料が本人・会社負担分ともに免除になります。

作成する書類
❶ 健康保険・厚生年金保険　産前産後休業取得者申出書／変更（終了）届
❷ 健康保険・厚生年金保険　育児休業取得者申出書／変更（終了）届

提出先 ・年金事務所（事務センター）

提出期限 ❶産前産後休業期間中　❷育児休業を取得したとき

添付書類 なし

検索場所 産前産後休業保険料免除／日本年金機構

人事

第16章 休業者対応＋福利厚生

産前産後休業中の社会保険料免除の基礎を知る

❶ **産前産後休業中の社会保険料免除：**産前休業を開始した月から社会保険料が免除になります。この免除期間は将来の年金受給においては「支払ったものとみなす」ため、もらえる年金が減ることはありません。「健康保険・厚生年金保険 産前産後休業取得者申出書／変更（終了）届」は、産前休業・産後休業のいずれの時期も申請できますが、産前休業中に申請した場合、子どもの生まれた日や名前を書くことができないので改めて提出することになります。産後に提出すれば1度ですみます。

❷ **育児休業中の社会保険料免除：**予定日から6週間前＋α（出産が予定日より遅れた場合）、産後8週間をすぎたら育児休業に入ります。この期間も引き続き社会保険料が免除になります。育児休業に入ったら「健康保険・厚生年金保険 育児休業取得者申出書／変更（終了）届」を提出します。予定よりも延長したり早く復帰したりする場合、「A.延長」「B.終了」にも記入します。

❸ **月末に休んでいた月が免除になる：**保険料が免除になるのは、休業開始月から終了予定日の翌日の月の前月までです。つまり、月末まで休んでいる月は免除になりますが、終了した月が月の途中であればその月の保険料は免除になりません。

277

● 健康保険・厚生年金保険 産前産後休業取得者申出書／
　変更（終了）届例

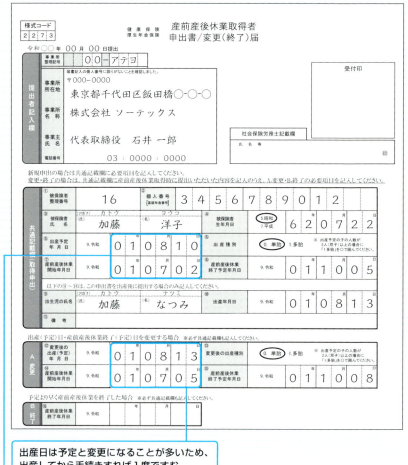

出産日は予定と変更になることが多いため、出産してから手続きすれば1度ですむ

※自動計算ツールが便利。→厚生労働省委託母性健康管理サイト「妊娠・出産をサポートする女性にやさしい職場づくりナビ」（https://www.bosei-navi.mhlw.go.jp/leave/）出産日を入力すれば正確な日付を確認できる

 男性の育休と保険料免除

　1日でも休業すれば育児休業給付金の対象になるだけでなく、その日が月末であれば1カ月分の社会保険料が免除になります。令和4年より、休業開始月と終了月が同じ場合は、休業日数が14日以上であることが要件となります。

● 健康保険・厚生年金保険 育児休業取得者申出書（新規・延長）／終了届例

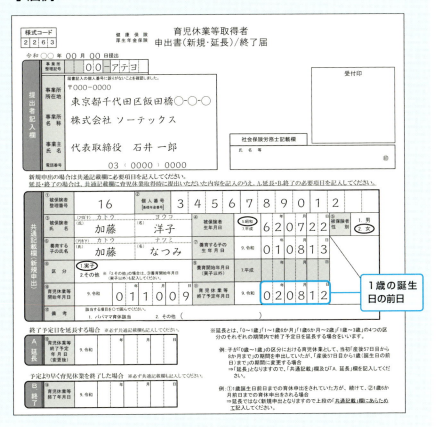

● 社会保険料が免除になる月とならない月

休業者対応

05 育児休業給付金の手続きをする

出産手当金は健康保険なのに対し、育児休業給付金は雇用保険から支給されます。男性・女性それぞれ申請できます。

作成する書類	• 育児休業給付受給資格確認票・(初回)育児休業給付金支給申請書(受給資格確認票) • 雇用保険 被保険者休業開始時賃金月額証明書(育児)(賃金月額証明書)
1日あたりの受給額	• 休業開始〜180日達するまで：休業前賃金の67％ • 180日をすぎてから終了まで：休業前賃金の50％
受給期間	**女性**：出産日から58日目〜子どもの1歳誕生日前日まで **男性**：出産当日〜子どもの1歳誕生日前日まで。パパママ育休プラス(1歳2カ月まで)、育休延長(再延長で子どもが2歳まで)をした場合は終了まで
提出先	• ハローワーク
提出期限	休業開始日から4カ月を経過する日の属する月の末日まで
添付書類	• 母子手帳 • 賃金台帳 • 出勤簿(タイムカード)

育児休業給付金の基礎を知る

❶ **育児休業給付金の要件**：次の3つになります。

❶ 1歳未満の子を養育するために、「育児休業」を取得した被保険者であること
• 育児休業者は父母は問わない • 育児をする子は実子・養子を問わない • 期間雇用者も支給対象 ※ ・同一の事業主に引き続き1年以上雇用されていること 　 ・子どもが1歳6カ月に達する日までに、労働契約の期間が満了することが明らかではないこと
❷ 育児休業を開始した日の前2年間に、賃金支払基礎日数が11日以上ある月が12カ月以上あること
•「育児休業を開始した日」とは、女性は産後休業57日間の後(58日目)から、男性は出産当日から対象
❸ 支給単位期間(育休開始から1カ月ごとに区切った各期間)について
• 就業している場合は10日以下、10日を超える場合は80時間以下であること • 支給単位期間に支払われた給与が休業前の賃金月額の80％未満であること

❷ **「雇用保険 被保険者休業開始時賃金月額証明書」を提出する：**育児休業の受給資格の確認のために、これまでの勤務の状況や給与の支払いについての確認書類を提出します。❸の「支給申請書」と同時に提出することができます。

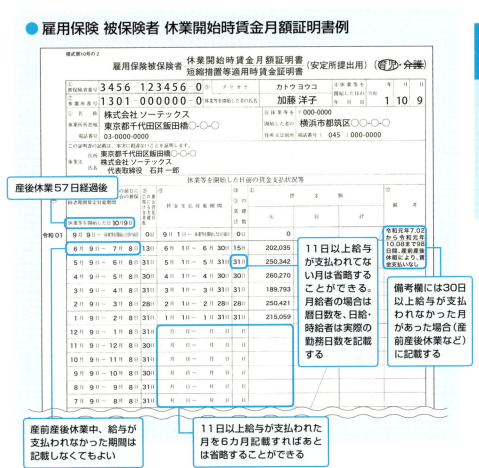

● 雇用保険 被保険者 休業開始時賃金月額証明書例

❸ **「育児休業給付金支給申請書」を提出する：**❷の「賃金月額証明」と同時に提出します。子どもが1歳になるまでの間の復帰予定日まで、2カ月ごとに申請します。育休中の従業員の印鑑が必要となり、時間を要する場合もあるので、申請のタイミングをあらかじめ計画しておきます。

※ 上記の場合、5/9～6/8、6/9～7/8 ⇒ 7/9～9月末日までが申請期間になります。

● 育児休業給付受給資格確認票・(初回)育児休業給付金支給申請書例

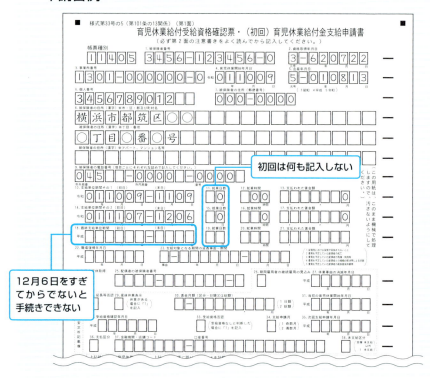

❹ **休業中に給与が支払われた(勤務した)場合の給付金額の調整：** 育児休業中に給与が支払われた場合は、給付金額が調整されます。

> ❶ 賃金月額の30％以下：給付金の減額なし
> ❷ 賃金月額の30％超～80％未満：賃金月額の80％と実際に支払われた給与との差額
> ❸ 賃金月額の80％以上：給付金の支給なし

※ 休業開始～6カ月間：休業前賃金月額の80％ －67％（給付金の満額）＝13％まで
　 6カ月経過後～終了：休業前賃金月額の80％ －50％（給付金の満額）＝30％まで

休業中に勤務しても給付金が減額されません。そのうえ社会保険料も免除になるため、手取りの給料は休業前に近い額をもらうことができます。休業中に会社が無理矢理働かせることは違法ですが、収入減を不安に思って育休を取らない社員や人手不足の会社にはありがたい制度です。

休業者対応

休職から復職までの流れ

06

病気やケガで長期に会社を休まなければならないときの会社のルールはそれぞれですが、要件を満たせば健康保険の給付を受けることができます。

提出するもの	● 医師の診断書
従業員に通知するもの	● **DL** 休職発令（休職通知）
確認するもの	● 就業規則の休職に関する規定
従業員に提出させるもの	● **DL** 休職者近況報告書（療養状況報告書）

人事

第16章 休業者対応＋福利厚生

休職の基礎を知る

❶ **休職には会社ごとにルールがある：**仕事中の事故などは、労災として治癒するまで休業することができますが、プライベートのケガや病気は会社がルールを決めることになります。正社員の場合は一定期間の休職が認められることが多いですが、有期契約のパートの場合は、契約期間中に回復しなかったら期間満了で退職になる場合もあります。

❷ **休職に入るタイミング：**「欠勤が1カ月以上続いた場合」など、一定の期間、様子を見たうえで休職を命じます。精神疾患などの場合、出勤と欠勤を繰り返す場合もあるので、就業規則で「連続断続問わず6カ月間で通算して○日休んだ場合」というように定めておくと判断がしやすくなります。

❸ **休職中にも税金や保険料は発生する：**休職中は会社から給料が支払われなくなりますが、育児休業と異なり、社会保険料が免除にならず、住民税も発生するため、毎月会社に支払ってもらう必要があります。社会保険料の定時決定では、休職して報酬が支払われないから保険料が下がるということはなく、休職前の報酬に基づいて保険料が決定します。

❹ **休職中の報告義務のルール：**一定期間の休職を認めた場合も、「休職者近況報告書（療養状況報告書）**DL**」で定期的に状況を報告してもらうようにしましょう。医師の診断や日常生活の近況報告をしてもらうことで仕事復帰がどこまで可能かを判断することができるようになります。

283

休業者対応

07 傷病手当金の手続きをする

病気やケガで仕事ができないとき、会社の休職ルールとは別に健康保険の給付を申請することができます。

作成する書類	● 健康保険　傷病手当金支給申請書
提出してもらうもの	● 医師の診断書
提出先	協会けんぽ（けんぽ組合）
申請期限	速やかに
確認するもの	● 診断書　● 賃金台帳　● 出勤簿
受給できる期間	支給開始日から1年6カ月以内
受給額	支給開始日以前の継続した12カ月間の各月の標準報酬月額を平均した額÷30日×3分の2
検索場所	傷病手当金／協会けんぽ／東京

傷病手当金の基礎を知る

❶ **支給要件：**次の3つになります。

❶ 健康保険加入している被保険者であること
被保険者だった期間の長さは問われない
❷ 業務外のケガや病気で仕事に就くことができず、連続3日間以上休んでいること
医師から「労務不能」と診断されたあとに「連続して」3日間休んでいることが必要。これを「待機期間」といい、有給・会社の休み（公休）・欠勤いずれも対象になる
❸ 休んでいる期間に給与が支払われていないこと
傷病手当金は仕事を休まなければならなくなったときの所得補償が目的なので、給料の支払いがある場合は支給されない。ただし、傷病手当金の額と比べて支払われた給料が少なかった場合、その差額については支給される（上限あり）

❷ **待機期間を終えた「支給開始日」からが支給対象：**医師の診断を受けて、連続3日間の待機期間を終えて4日目からが支給対象になるので、待機期間までは無給となります（有給休暇を充てることは問題ありません）。それまで欠勤が続いていたとしても診断を受けて労務不能となった日を確定する必要があります。

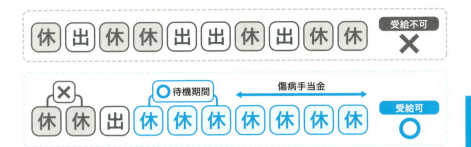

❸ **再発した場合**：再発しても同じ傷病であれば1年6カ月の間であれば支給されます。

「傷病手当金支給申請書」の提出のしかた

❶ **意見書欄を医師に記入してもらう**：従業員から傷病手当金の依頼があったら、申請書類を欠勤している従業員に郵送し、医師の意見書欄に記入したものを返送してもらいます。労務不能の期間は医師が判断します。

❷ **事業主証明欄を記入する**：出勤状況と給与の支払状況を記入します。月の途中で休職に入っている場合は、日割の計算根拠を記入します。

❸ **提出先・方法など**：医師の診断をもらった用紙が従業員から送られてきたら、会社の印を押して協会けんぽ（けんぽ組合など）に提出します。数カ月分をまとめて申請することも可能ですが、支給が遅れてしまうので賃金締日ごとに申請するようにします。協会けんぽは本人に直接振り込まれるので、会社は本人負担の社会保険料と相殺できないため、別途振り込んでもらう必要があります。

> **！ 傷病手当金は退職してからも支給される**
>
> 傷病手当金の期限は支給日から1年6カ月です。それまでの間に退職しても引き続き傷病手当金を申請することができます。会社を辞めるので会社が加入している健康保険の資格を喪失し、国民健康保険などに移行しても申請することができます。要件は3日間の待機期間は健康保険の資格があること、退職日までに継続して1年以上の被保険者期間があることです。労務不能と診断されてすぐに退職してしまうと、待機期間が完成せず、傷病手当金が申請できなくなります。

● 健康保険 傷病手当金支給申請書例

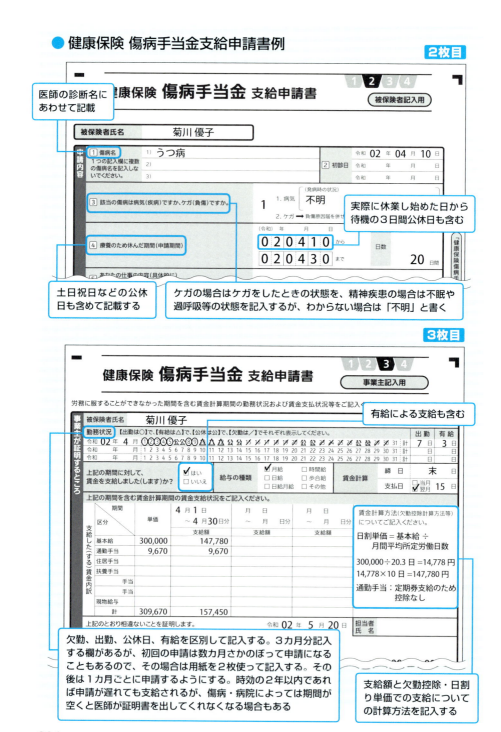

福利厚生

従業員に健康診断を受診させる

08

事業主は従業員に対して安全配慮義務を負っており、従業員の健康管理を正しく行う必要があります。

作成する書類 ● **DL** 定期健康診断結果報告書
（常時雇用する労働者が５０名以上の事業場）

提出先 ● 管轄の労働基準監督署

提出期限 受診後遅滞なく（時期がバラバラになる場合は提出回数を記入する）

提出方法 2部を管轄の労基署に提出（郵送可）

検索場所 定期健康診断結果報告／届出／労働基準監督署

人事

第16章 休業者対応＋福利厚生

健康診断の種類

健康診断	対象者	時 期	結果の保存期間
❶ 雇い入れ時の健康診断	常時使用する労働者	雇い入れの際	５年
❷ 定期健康診断	常時使用する労働者	１年以内ごとに１回	５年
❸ 特定業務従事者の健康診断	特殊業務や深夜業務など、労働安全衛生法で定められた業務に就く労働者	左記業務への配置替えの際、６カ月以内ごとに１回	５年
❹ 海外派遣労働者の健康診断	海外に６カ月以上派遣する労働者	海外に６カ月以上派遣する際、帰国後国内業務に就かせる際	５年
❺ 給食従業員の検便	事業に附属する食堂または炊事場における 給食の業務に従事する労働者	雇い入れの際、配置替えの際	５年

STEP 1	**健康診断の結果を記録する**

● 健康診断を受診させる義務は規模に関わらずすべての事業主が負っている

STEP 2	**健康診断の結果を本人に通知する**

● 健康診断結果は、労働者本人に通知する

STEP 3	**要精密検査者に対して受診を促す**

● 要精密検査を受けさせる義務は会社にはないが受診を促す。費用は原則、本人が負担する

287

STEP 3	結果に基づいて必要な対応をする

● 定期健康診断の結果を「健康診断結果報告書」に記載し、遅滞なく所轄の労働基準監督署長に提出する（常時50人以上の労働者を使用する事業者、「特殊健診の結果報告書」については健診を行ったすべての事業者）

健康診断の基礎を知る

❶ 常時使用する労働者の範囲： 次のどちらかになります。

> ❶ 1週間の労働時間数が、その事業場における同種の業務に従事する通常の労働者の1週間の所定労働時間数の4分3以上であること
> ❷ 期間の定めのない契約により使用されていること。なお期間の定めのある契約により使用されている場合は、1年以上使用されることが予定されていること、および更新により1年以上使用されていること

❷ 健康診断の費用と受診の間の賃金： 会社に義務づけられた健康診断については、その費用はすべて会社が負担しなければなりません（一部費用は健保から補助がでます）。では就業時間内に受診した際の賃金はというと、一般健康診断は一般的な健康確保を目的としているものであり、受診のための時間についての賃金は労使間の話しあいで決めていいことになっています。ただ、月給者について健康診断の時間分を控除するのは納得が得にくいので、支給することが望ましいでしょう。特殊健康診断は業務の遂行に関して、労働者の健康確保のため当然実施しなければならないことなので、特殊健康診断の受診に要した時間は労働時間であり、賃金の支払い対象になります。

健康診断受診後の流れを知る

❶ 雇い入れ時の健康診断： 対象者の範囲は定期健康診断と同じです。受診のタイミングは雇い入れ後1カ月以内とされていますが、入社前3カ月以内に対象の項目（11項目）を受診していれば問題ありません。費用負担については特にきまりはなく、次のいずれでも問題ありません。

> ❶ 就業時間中に受診させ、その分の給与も費用も払う
> ❷ 受診費用のみ負担する
> ❸ 給与も受診費用も払わない

定期健康診断と異なり、内定を出してから時間もあるので、できるだけ入社前にすませてもらうようにします。

第17章 入社3年目からの労務のお仕事 労災手続き編

☑ 17章でできること!

01 労働災害（労災）の判断
02 ケガや病気をして病院で治療を受けたときの手続き
03 休業したときの手続き

労災にはさまざまな種類の給付があります。本章では業務災害と通勤災害の違いに触れながら、治療や休業をしたときの給付の申請方法、給付の内容について見ていきます。

労災手続き

01 労働災害（労災）の判断

業務中にケガや病気になってしまった場合、労災保険から診察費用や休業したときの賃金補償、障害や死亡時の給付を受けることができます。

労災の基礎を知る

❶ **労災の給付を受けられる対象者：**すべての労働者が対象になります。1日だけのアルバイトがケガをした場合も対象になります。

❷ **労災の給付の全体像を理解する：**労災保険（労働者災害補償保険法）は、業務中（業務災害）や通勤途中（通勤災害）で発生した労災について、労働者の負傷、疾病、障害、死亡などに対して必要な保険給付が行われます。業務災害の場合は療養補償給付、通勤災害は療養給付というように、給付の名称が変わります。業務災害は事業主の責任があるので、国が事業主に代わって補償し、通勤災害は事業主の責任がないので「補償」にはならないということです。

❸ **業務災害として認められるか認められないか：**次のように分けられます。

◯	✕
● 作業中に物を落としてケガをした ● 長い間粉塵を吸い続けて病気になった ● 会社の食堂で食中毒になった ● 職場を離れ、トイレに行ったときに階段から落ちた（生理的行為は◯）	● 昼休み中に転んでケガをした ● 個人的な恨みを買って仕事中に殴られた ● 地震が起きてケガをした

❹ **通勤災害として認められるか認められないか：**次のように分けられます。

◯	✕
● 自宅と勤務先の往復 ● 複数就労の場合で、自宅から就業場所 Ⓐ、就業場所から次の就業場所 Ⓑ への移動。Ⓐから Ⓑ の移動時の労災は Ⓑ で処理する ● 単身赴任者が勤務先、帰省先住居、赴任先住居の間を移動するとき ● エリア担当者が決められた営業所などへ行くとき	● 帰りに友人と食事をして店を出るときに転んでケガをした（中断） ● 通勤途中にジムに寄ろうと別ルートを通っているときにケガをした（逸脱）

労災手続き

ケガや病気をして病院で
治療を受けたときの手続き

02

業務または通勤が原因でケガをしたり病気になった場合は、療養（補償）給付を受けることができます。

作成する書類	**療養の給付**	
	業務災害	● 療養補償給付たる療養の給付請求書（様式5号）
	通勤災害	● 療養給付たる療養の給付請求書（様式16号の3）

療養の費用

医師または歯科医師から治療を受けた ● 様式7号（1）

※そのほか、薬剤の支給や柔道整復師からの手当など、種類に応じて様式7号（2）〜（5）

※通勤災害の場合は、様式16号の5（1）〜（5）

給付を受けられる期間	治癒するまで ※治癒とは、完全に回復するという意味ではなく、症状が固定しこれ以上変化しないと判断されたときのことをいう
提出先	● 管轄の労働基準監督署
申請期限	速やかに
検索場所	労災／休業・療養・通勤／厚生労働省／申請

ケガや病気をして病院で治療を受けたときの基礎を知る

❶ **指定医療機関で受診した場合**：指定医療機関とは、「労災指定病院」などと掲げられた病院や薬局のことをいい、自己負担なく治療や薬剤が支給されます。また、会社が作成した書類（様式5号）を病院や薬局に送ると、そのまま労働基準監督署に送ってもらえます。この給付を「療養の給付」といいます。

❷ **指定医療機関以外で受診した場合**：急な事故で、労災指定病院が近くになかったり、特殊な医療技術を必要とした場合に、指定医療機関以外の病院で治療を受けることがあります。その場合、病院が労災の書類を送ってくれることはなく、1度全額負担してから会社が労働基準監督署に書類（様式7号）を提出し、療養にかかった費用の全額の払い戻しを受けます。これを「療養の費用の支給」といいます。

労務

第17章 労災手続き

● 業務災害 療養補償給付たる療養の給付請求書（様式5号）例

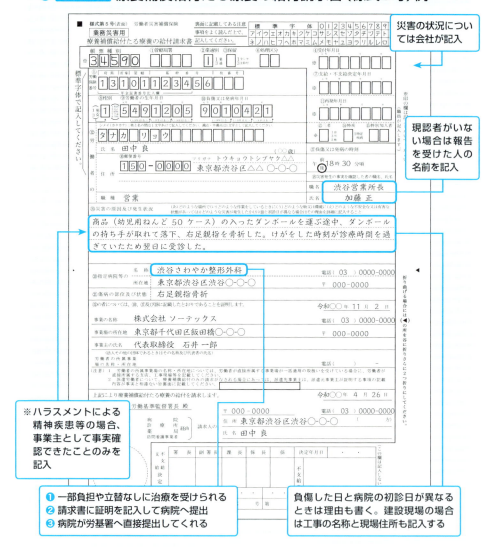

❸ **対象となる費用**：次の費用が対象となります。

- ・診察 ・薬剤／治療材料の支給 ・処置／手術そのほかの治療
- ・居宅における療養およびそれに伴う世話や看護
- ・病院／診療所への入院および療養に伴う世話や看護 ・移送

● 通勤災害 療養給付たる療養の給付請求書（様式16号の3）例

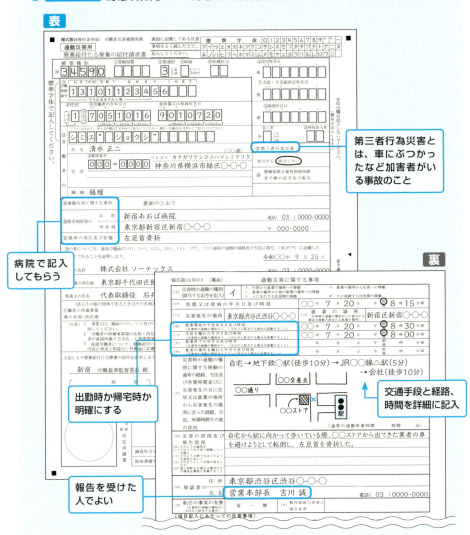

❹ **治癒とは：** 完全に回復した状態だけでなく、傷病の症状が安定し、医学上一般に認められた医療（健康保険に準拠しています）を行ってもその医療効果が期待できなくなった状態をいいます。

労災手続き

03 休業したときの手続き

業業務災害や通勤災害によるケガや病気をして勤務ができなくなってしまった場合、休業4日目から休業（補償）給付が受けられます。

作成する書類
- **業務災害** ● 休業補償給付支給請求書（様式8号）
- **通勤災害** ● 休業給付支給請求書（様式16号の6）
- **共通** ● 平均賃金算定内訳［様式8号（別紙1）］
  - ● 労働者死傷病報告

提出先 ● 管轄の労働基準監督署

申請期限 休業の日の翌日から2年以内

ケガや病気をして勤務ができなくなったときの基礎を知る

❶ **支給要件：** 次の3つをすべて満たしている場合に、申請することで支給されます。

> ❶ 業務上もしくは通勤によるケガや病気によって労働することができないこと
> ❷ 賃金を受けていないこと
> ❸ 3日間の待機期間（休んでいる期間）が完了していること
>
> **待機期間の考え方**
> ・所定労働時間中に被災しても残業時間中に被災しても、翌日から3日間の待機期間が必要になる
> ・健康保険の傷病手当金と異なり、待機期間は連続している必要はない
> ・公休日も待機期間として休んでいる日に含まれる

❷ **待機期間の給与処理：** 待機期間の要件は、公休日を含めて賃金をもらっていないことですが、業務災害の場合は、会社が平均賃金の60％を休業補償として支払う必要があります。これは通常の賃金（課税）ではなく非課税として扱うので、基本給等とは分けて計算します。通勤災害の場合は、会社に責任がないので、休業補償をする必要はありません。有給休暇を取得するなどして収入を補填します。

「休業補償給付支給請求書」「休業給付支給請求書」の提出のしかたを知る

❶ **提出の方法**：休業の場合は、たとえ入院・通院をしていたとしても会社が請求書（様式8号）を提出します。休業が長期にわたる場合は、賃金締日で区切って請求できるように医療機関に対して証明期間が賃金締日と合致するように依頼します。

● 労働者災害補償保険 休業補償給付支給請求書（様式8号）例

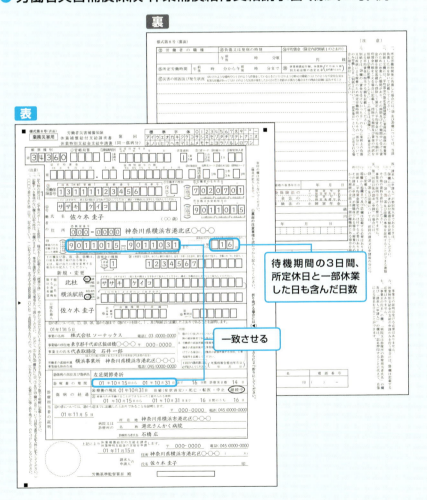

❷ **給付基礎日額の計算のしかた**：休業（補償）給付は給付基礎日額をベースに決定します。給付基礎日額とは、平均賃金のことです。会社が計算して「平均賃金算定内訳[様式8号（別紙1）]」を提出する必要があります。災害発生の直前の賃金締日からさかのぼって、過去3カ月の平均賃金を計算します。🅐固定的な給与（基本給や手当、固定の通勤手当、定額残業代）と🅑時間や日数に応じて支払われたもの（残業代）、すべてを記載します。

❸ **支給される額**：次のようになります。

> **計算例** ❶ **休業（補償）給付**：給付基礎日額×60%
> ❷ **休業特別支給金**：給付基礎日額×20%
> （社会復帰促進等事業として、休業（補償）給付とは別に支給される給付）

● 平均賃金算定内訳[様式8号（別紙1）]例

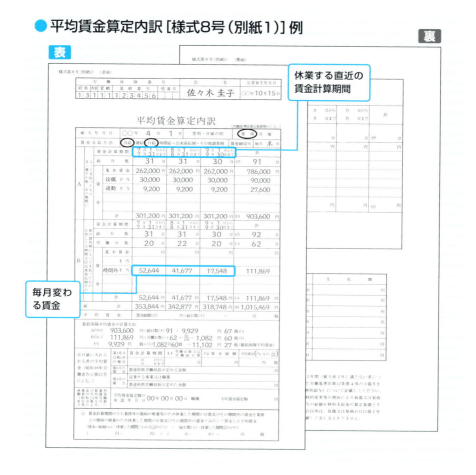

第18章 入社3年目からの経理のお仕事　決算処理編

18章でできること！

- 01 決算の流れ
- 02 現預金の残高を確認する
- 03 商品や材料の在庫を数える
- 04 各勘定科目の残高を確認する
- 05 発生主義を使って、正しい期間損益を計算する
- 06 売上や仕入の計上基準を確認する
- 07 減価償却費を計上する
- 08 引当金を計上する
- 09 消費税の最終処理を行う
- 10 法人税等を計上する

現金や在庫の残高を数えたり、減価償却の計上など決算特有の処理をします。また消費税のエラーチェックも大切です。

決算処理

01 決算の流れ

決算の準備は、3月の頭からスタートさせます（3月決算の場合）。

STEP 1	決算のスケジュールを立てる

●決算月の月初に計画する（3月決算なら3月初）

STEP 2	現預金の残高を確認する

●現金と預貯金の帳簿残高と実際残高があっているかチェックする

STEP 3	在庫の残高を確認する

●帳簿の在庫残高と実際残高の差異をチェックする

STEP 4	各勘定科目の残高を確認する

●「貸借対照表」の各勘定科目の帳簿残高の現物を確認する

STEP 5	売上の計上漏れがないか確認する

●締め後に請求したものや、請求漏れがないかチェックする

STEP 6	費用の計上漏れがないか確認する

●締め後に請求されたものや、請求書が届いていないものがないかチェックする

STEP 7	現金ベースと発生ベースの差異を調整する

●現金ベースで処理していたものを発生ベースに直す

STEP 8	減価償却費を計上する

●「資産台帳」を整理し、償却費を計算する

STEP 9	引当金を計上する

●会社によって、計上する引当金が異なる

STEP 10	消費税のチェックをする

●会計ソフトに入力した消費税コードのエラーチェックをする

STEP 11	決算書を作成する

●「貸借対照表」「損益計算書」などを作成する

STEP 12	「申告書」を作成する

- 決算に基づき、法人税・地方税・消費税などの「税務申告書」を作成する

STEP 13	定時株主総会を開催する

- 株主に決算の承認を受ける

STEP 14	「申告書」を提出する

- 作成した「税務申告書」を提出する

STEP 15	税金を納付する

- 「税務申告書」で計算した税額を納付する

● 決算スケジュール例（3月決算）

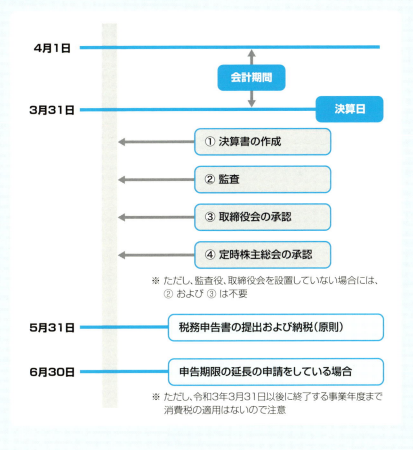

決算処理

02 現預金の残高を確認する

現金や預金の帳簿上の残高と、実際の現預金の残高が一致しているかをチェックします。

作成する書類 ● 金種表（現金監査）
作業の時期 期末の最終日
取寄せる書類 ● 銀行残高証明書

現金を数えるときの基本を知る

❶ **「金種表」を作成する**：帳簿上の現金と、実際に会社にある現金の残高が一致していることを確認するために、決算の最終日には、その日の現金の入出金が完了した時点で、必ず社内の現金を実際に数えます。経理が預かっている金庫の現金はもちろん、店舗やほかの支店・営業所にあるすべての現金の残高を数えます。数え終わったら「金種表」を作成し、数えた責任者が押印をします。このとき、現金を数える人と帳簿を作成する人は別の人がやります。

❷ **帳簿上の現金と、実際に会社にある現金の残高が一致しない場合**：「現金帳」が記帳漏れになっていないか、記帳ミスがないか、残高の計算が間違っていないかなど原因を解明します。原因がわからない場合は、「現金過不足勘定」を使って、実際現金の方が多ければ「収入」の欄に、実際現金の方が少なければ「費用」の欄に計上して、帳簿の残高とあわせます。

❸ **決算仕訳をする**：最後に、「現金過不足」勘定の残高が貸方に残ったら「雑収入」に、借方に残ったら「雑損失」に振り替えます。

● 現金過不足勘定が貸方に残ったときの仕訳（実際の現金が多い）

（借方）現金過不足	5,000 ／ （貸方）雑収入	5,000

● 現金過不足勘定が借方に残ったときの仕訳（実際の現金が少ない）

（借方）雑損失	5,000 ／ （貸方）現金過不足	5,000

● 金種表例

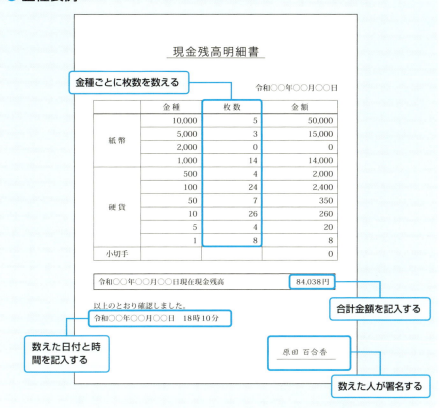

決算日後すぐにやること

❶ **通帳の記帳をする**：普段動いていない通帳も含めてすべての通帳を記帳します。通帳残高と帳簿残高が一致しているかチェックし、「合判」を押します。
❷ **残高証明書を取り寄せる**：銀行に決算日現在の「残高証明書」を依頼します。

> **当座預金の残高**
>
> 帳簿の残高と「残高証明書」の金額が一致しない場合は、理由を記載した書類（銀行勘定調整表）を、「残高証明書」と一緒に保存しておきます。
>
> | ❶未取付小切手 | 会社は小切手を振出し済みで、帳簿上は支払済みになっているが、相手先が受け取った小切手をまだ銀行で換金していない場合 |
> |---|---|
> | ❷未取立小切手 | 会社は受け取った小切手を銀行に入金済みで、帳簿上は入金済みになっているが、銀行がまだ取り立てていない場合 |

決算処理

03 商品や材料の在庫を数える

期末に在庫の棚卸しを行い、帳簿上の残高との差異を把握します。

作成する書類	● 棚卸表
作業の時期	期末の最終日
準備する書類	● 商品受払簿
必要があれば作成する書類	● 棚卸資産の評価方法の届け出
検索場所	国税庁／棚卸資産の評価方法の届け出

STEP 1	**実地棚卸をする**

● 実際に倉庫内にある在庫の数を数えて、「棚卸表」を作成する

STEP 2	**帳簿上の在庫との差額を確認する**

● 「商品受払簿」に残っている在庫数との差額を確認し、必要な仕訳を起こす

STEP 3	**単価を計算する**

● 残っている在庫に、それぞれの単価を掛けて、期末の棚卸高を計算する

実地棚卸しの基礎を知る

❶ **実地棚卸しは、なぜ必要か？：** 帳簿上の在庫数は、どんなに正確に記録しても実際に残高を数えると一致しないことがほとんどです。そこで、決算時には実際の在庫数を数えて、帳簿上の残高との差額を調整します。帳簿と実数が違っていたら、誤差が生じた原因を調査し、帳簿の残高を減らすとともに、廃棄損や交際費など、該当する科目で仕訳します。どうしても誤差の原因がわからない場合は「在庫差異」として処理し、帳簿の残高を実際の残高にあわせます。

❷ **在庫に差異が生じた場合の決算仕訳：** 次のようになります。

● 商品を取引先にプレゼントした場合の仕訳

| （借方）交際費 | 50,000 | ／ | （貸方）商品（製品など） | 50,000 |

● 在庫差異があった場合の仕訳

（借方）棚卸減耗損　　　　50,000　／　（貸方）商品（製品など）　50,000

● DL 在庫表例

在 庫 表

実際の残高
を数える

どの単価を使うか
は会社によって
ルールを決める

令和 ○○年　5月31日
保管場所　　太田倉庫

番号	品名	単価	個数	金額
1	Orange ノートブック XYZ II ver1	50,000	5	250,000
2	Orange ノートブック XYZ II ver2	65,000	15	975,000
3	Orange ノートブック ABC	40,000	4	160,000
4	Orange ノートブック ABC プロ	75,000	16	1,200,000
5	Orange タブレット ver8	30,000	8	240,000
6	Orange タブレット ver9	35,000	9	315,000
7	Orange タブレット ver10	40,000	12	480,000
8	Peach ノートパソコン XX30	30,000	6	180,000
9	Peach ノートパソコン XX31	40,000	11	440,000
10	Peach デスクトップ XX30	25,000	14	350,000
11	Peach デスクトップ XX31	30,000	20	600,000
12	ルーター	5,000	20	100,000
13	延長コード1M	800	5	4,000
14	延長コード2M	1,100	5	5,500
15	延長コード3M	1,500	5	7,500
16				0
17				0
18				0
19				0
20				0
24				0
25				0
合　計				5,307,000

帳簿残高とあわない場合は、
「在庫差異」の仕訳をする

経理

第18章　決算処理

303

売上原価の基本を知る

❶ **売上原価とは**：期中は仕入れの都度、いったん「仕入」勘定を使って仕訳しますが、その中から今期中に売れた分だけを売上原価として「損益計算書」に計上します。売上原価は、前期から引き続いて持っている在庫に当期に仕入れた金額を足し、そこから今期末に残った在庫を引いて計算します。

> 売上原価＝期首棚卸高＋今年度仕入高－期末棚卸高

　一方、まだ売れていないもの（＝在庫）は、「貸借対照表」に「商品」や「原材料」といった勘定科目を使って、資産として計上します。

● 売上原価のしくみ

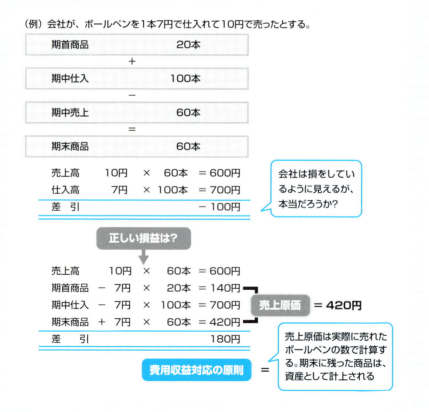

❷ **どの単価を使うか決める：** 決算書に計上すべき「期末棚卸高」の金額は、品目ごとに「棚卸で数えた在庫数 × 単価」で計算します。しかし同じ商品や原材料でも、1年間の間には購入単価が都度違ってくるのが普通です。どの単価を掛けるべきか、会社が税務書に届けた方法「棚卸資産の評価方法の届け出」によって決まります。何も届けていない場合は「最終仕入原価法」を使います。

❸ **決算仕訳をする：** 売上原価を計算するとき、商品の価値が下がったときの決算仕訳は次のようになります。

● 売上原価を計算するときの仕訳

（借方）期首商品棚卸高	100,000	／	（貸方）商品（原材料など）	100,000
（借方）商品（原材料など）	150,000	／	（貸方）期末商品棚卸高	150,000

● 商品の価値が下がったとき

（借方）商品評価損	50,000	／	（貸方）商品（製品など）	50,000

貯蔵品の在庫を数える

❶ **貯蔵品とは：** 収入印紙や切手、商品券、会社案内などのほか、まとめ買いした文房具、使用していない制服や作業服、ヘルメットなどを貯蔵品といいます。

❷ **決算仕訳をする：** 貯蔵品が残っている場合の決算仕訳は次のようになります。

● 期末に切手や印紙が残っているとき

（借方）貯蔵品	25,000	／	（貸方）通信費	25,000
（借方）貯蔵品（印紙）	30,000	／	（貸方）租税公課	30,000

● 棚卸資産の評価方法（原価法）

種　類	評価方法
最終仕入原価法	期末にもっとも近い時期に取得したときの仕入単価を、期末の棚卸資産の単価として評価する方法。届け出ていない場合は、これを使う
先入先出法	先に仕入れたものから順次売れたものと仮定して、期末の棚卸高を計算する方法
総平均法	期首の棚卸資産と期中に取得した商品や製品の合計を、総数量で割って単価を計算する方法
移動平均法	商品や原材料を購入するごとに、そのときまでの取得価額の総額と、新たに購入した商品や原材料の取得価額との合計を、在庫の総数量で割って単価を計算する方法
個別法	棚卸資産のすべてについて、個々の取得価額で評価する方法
売価還元法	期末の棚卸資産の通常販売予定価格の総額に、原価率を掛けて、在庫を計算する方法

決算処理

04 各勘定科目の残高を確認する

貸借対照表の各勘定科目の残高を確認します。

必要があれば作成する書類 ● 残高確認証

送付先 売掛先

作成の時期 4月10日ごろ（3月決算の場合）

貸借対照表のすべての項目で残高を確認

❶ **勘定科目の残高を確認する**：決算にあたっては、現金や在庫だけでなく、貸借対照表に計上されているすべての資産や負債について、実際に現物が存在するのかを確認しなければなりません。同時に、帳簿に記載されていない簿外資産や簿外負債がないかもチェックします。存在しない資産が計上されていた

● 主な各勘定科目の照合方法

勘定科目	照合するもの
現金	現金出納帳・金種表
預金	預金通帳・金融機関からの残高証明書
売掛金	売掛金台帳・残高確認証・請求書控え
受取手形	受取手形帳・手形のコピー
未収金	相手先ごとの根拠資料・請求書
立替金	相手先ごとの根拠資料・請求書
在庫	商品受払簿・実地棚卸表
貯蔵品	切手受払簿や印紙受払簿など
有価証券	証券会社の取引報告書など
有価証券	証券会社の取引報告書など
出資金	出資証券など

勘定科目	照合するもの
固定資産	固定資産台帳・現物・購入時の請求書や見積書
貸付金	貸付帳・契約書
保険積立金	保険証券・保険会社からの残高証明書
ゴルフ会員権	会員証など
買掛金	買掛金台帳・請求書
支払手形	支払手形帳・手形帳
未払金	ローン返済表・契約書など
預り金	給与台帳・税金の納付書など
借入金	借入金一覧表・金融機関からの残高証明書

り、実際の残高と異なる金額で計上されている場合は、必要な修正仕訳をします。帳簿に記載されていない借入などがあると正しい会社の財務状況を反映しなくなり、ひいては適切な経営判断をすることができなくなるからです。そこで、決算時にはすべての貸借対照表の項目で、帳簿どおりの資産や負債が実在するのかをチェックします。

❷ **売掛金など資産項目の残高を確認する：**会計帳簿上の売掛金残高と、売掛台帳の残高が一致しているかを確認します。あっていない場合は原因を究明し、必要な修正仕訳を計上します。次に、得意先宛に「残高確認証」（次頁参照）を送り、先方が把握している「買掛金」残高と一致しているかも確認します。「残高確認証」には、こちらの帳簿に記載している勘定科目と残高を記入し、相手の帳簿に残っている勘定科目と残高を記入してもらいます。

❸ **買掛金など負債項目の残高を確認する：**会計帳簿上の買掛金残高と、買掛台帳の残高が一致しているかを確認します。あっていない場合は原因を究明し、必要な「修正仕訳」を計上します。また購買部やほかの部署の担当者に対し、経理部に提出していない請求書がないか声を掛けて、計上漏れがないように気をつけます。特に決算の翌月の請求書を回収して、決算月のものが含まれていないかもチェックしてください。

❹ **仮受金や借入金の残高を確認する：**仮払金は、現預金を支払ったものの、支出の内容が不明なときや金額が確定していないときに、確定するまでの間、一時的に使用する仮の勘定科目です。同じように、仮受金は誰から入金されたのか、または入金の内容が不明なときに、その詳細が確定するまでの間、一時的に使用する仮の勘定科目です。したがって、仮払金や仮受金は決算までに不明点を解明し、それぞれの適切な科目に振り替えて残高を「0」にします。

● 仮払いした出張旅費を精算したときの仕訳例

| （借方）交通費 | 40,000 | （貸方）仮払金 | 50,000 |
| （借方）消耗品 | 10,000 | | |

● 取引先から手付金が入金されたときの仕訳例

| （借方）仮受金 | 1,000,000 | （貸方）前受金 | 1,000,000 |

● 残高確認証例

令和○○年4月2日

株式会社　有楽町ビジネスカレッジ

東京都千代田区飯田橋○-○-○
株式会社 ソーテックス
代表取締役 石井 一郎

残高確認についてのお願い

拝啓、時下ますますご清祥のこととお慶び申し上げます。
　今般、当社の決算にあたり、令和○○年3月31日現在（確認基準日）における貴社に対する残高は下記のとおりです。令和○○年3月31日現在の貴社の帳簿上の残高を、勘定科目別にご記入いただき、末尾にご署名の上同封の返信用封筒にて、令和○○年4月20日までに当社本店所在地あてご返送くださるようお願い申し上げます。
　なお、本書は貴社に対する支払いの督促または通知ではございませんので念のため申し添えます。

敬具

（決算日現在の残高を照合する）

勘定残高確認書

（本書は切り取らずにご返信ください）

株式会社　有楽町ビジネスカレッジ　御中
令和○○年3月31日現在の 株式会社有楽町ビジネスカレッジ に対する勘定残高は次のようになっております。

残　高	勘定科目	御社勘定科目	御社残高
6,284,300	売掛金		
720,000	立替金		
	合計		

（帳簿の残高を記入する）
（帳簿の勘定科目を記入する）

令和○○年4月2日

社　　名
署名捺印

（代表者または経理担当者が署名する）

決算処理

発生主義を使って、正しい期間損益を計算する　05

一会計期間の正しい損益を計算するために、発生主義が採用されています。

経過勘定項目の基礎を知る

❶ **経過勘定項目とは**：決算では、現金の入出金と収益・費用の発生時期のズレを調整します。「経過勘定科目」には、次の4種類があります。

勘定科目	内容
前払費用	まだ提供されていないサービスに対して、先に支払った対価
未収収益	すでに提供したサービスに対して、まだ対価を受け取っていないもの
未払費用	すでに提供されたサービスに対して、まだ対価を支払っていないもの
前受収益	まだ提供していないサービスに対して、先に受け取った対価

● 翌月分の家賃を支払う契約をしたときの仕訳例

（借方）前払費用　　50,000　／　（貸方）支払家賃　　50,000

● 当月分の利息を翌月に受け取る契約をしたときの仕訳例

（借方）未収収益　　50,000　／　（貸方）受取利息　　50,000

● 当月分の利息を翌月に支払う契約をしたときの仕訳例

（借方）支払利息　　50,000　／　（貸方）未払費用　　50,000

● 翌月分の家賃を受け取る契約をしたときの仕訳例

（借方）受取家賃　　50,000　／　（貸方）前受収益　　50,000

● 経過勘定項目のイメージ図

経理　第18章　決算処理

309

決算処理

06 売上や仕入の計上基準を確認する

会計上、収益は実現主義で認識します。

準備する書類 ●決算翌月の請求書 ●決算日前後の納品書

売上の計上基準の基礎を知る

❶ **売上の計上基準の決め方**：会社にとって最も合理的と考えられる基準を採用し、いったん決めた基準は、原則として継続して適用します。

計上基準	売上の計上日	売上が実現した日の考え方
出荷基準	出荷した日	商品を倉庫や工場から出荷した日。実務的に、最も多く採用されている
納品基準	納品した日	相手先に商品を引き渡した日。納品書で確認
検収基準	相手先が検収した日	相手先が納品者の数量や品質などを確認し、検収通知を発行した日。ソフトウエアなど、品質が重視される場合
役務提供完了基準	役務の提供が完了した日	サービス業など、物の引き渡しを要しない場合。継続的なサービス提供の場合は、1月ごとに期間を区切って計上
工事完成基準	工事が完成した日	建設業など、請負った工事が完成し、引き渡しが完了した日
工事進行基準	工事の進捗度合いに応じて	工事の進みぐあいに応じて売上を計上し、各会計期間に配分

❷ **締め後売上を計上する**：通常、得意先とは、締め日や支払日などの支払条件を「15日締めの翌月末払い」といったように契約で決めます。

● 締め後売上の計上

310

決算処理

減価償却費を計上する 07

固定資産のうち、時の経過にともなって価値が減少するものは、少しずつ費用計上していきます。

準備する書類 ●固定資産台帳
検索場所 **耐用年数表** 国税方／耐用年数表

減価償却費の基本を知る

❶ **減価償却とは**：建物や機械設備・車両などは、いったん固定資産に計上し、使用可能な期間、少しずつ費用化します。使用期間中に費用按分するしくみを「減価償却」といい、「減価償却費」という勘定科目を使用します。

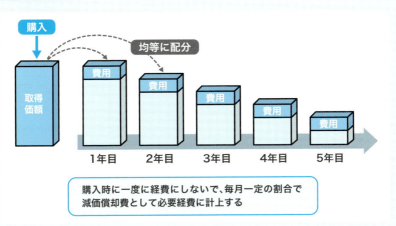

❷ **耐用年数とは**：固定資産を何年で償却するかは、資産の種類ごとに法人税で決まっています。何年で償却するか、その期間を「耐用年数」といいます。
❸ **減価償却費を計算する** **定額法**：減価償却費を計算する主な方法としては、

311

定額法と定率法があります。定額法とは、一定額を減価償却していく方法です。耐用年数ごとに償却率が決められているので、「定額法の減価償却費＝取得価額×償却率」で求めた金額を償却します。

● 取得価格18万円のパソコン（耐用年数4年：償却率0.250）を減価償却するときの仕訳例

購入時 （借方）器具備品　180,000　／　（貸方）現金または預金　180,000

償却時 （借方）減価償却費　45,000　／　（貸方）器具備品　45,000

❹ **減価償却費を計算する** **定率法** ：定率法とは、固定資産の毎年の期首の帳簿価額に、一定の率を乗じて減価償却費を計算し、償却していく方法です。

　償却率表から「定率法の減価償却費＝期首帳簿残高×定率法の償却率」で求めた金額を償却します。

❺ **法定の償却方法：** 会社が税務署に届け出た方法によります。届け出をしていない場合は、有形固定資産は「定率法」、無形固定資産は「定額法」で計算します。ただし、平成10年4月1日以後に取得した建物および平成28年4月1日以後に取得した建物附属設備と構築物は、定額法で計算します。

繰延資産の償却費を計算する

❶ **会社法上の繰延資産とは：**「創立費」「開業費」「開発費」「株式発行費」「社債発行費」の5つです。「任意償却」か「均等償却」かを会社が選ぶことができます。均等償却をする場合は、創立費・開業費・開発費は5年、株式交付費は3年、社債発行費は社債の償還期限内に償却します。

❷ **税法上の繰延資産とは：**「投資その他の資産」の「長期前払費用」などの勘定科目を使っていったん資産に計上したあと、税法で決められた年数で均等に償却します。主な繰延資産と、その償却期間は次のとおりです。

支出の内容		償却期間
共同的施設の負担金	そのほかの権利金や礼金・更新料など	5年と賃借期間の短い方
電子計算機そのほかの機器の賃借にともなって支出する費用		耐用年数の10分の7と賃借期間の短い方
ノウハウの頭金		5年と有効期間の短い方
同業者団体などの加盟金		5年

決算処理

引当金を計上する　08

引当金は、将来発生する可能性の高い費用を、当期に計上するものです。

引当金の基本を知る

❶ **引当金とは**：ある費用や損失が、来期以降に確実に発生するだろうと見込まれる場合で、当期中にその原因があるときに、将来発生するであろう費用見積計上することを「引当金」といいます。法人税法では資本金１億円以下の中小企業にかぎって、「貸倒引当金」のみを費用として認めています。

● 引当金のイメージ

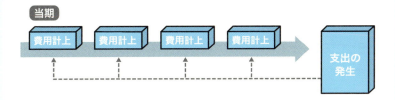

● 当期の貸倒引当金を計上するときの仕訳例

（借方）貸倒引当金繰入額　100,000　／　（貸方）貸倒引当金　100,000

● 前期に計上した貸倒引当金を使わなかったときの仕訳例

（借方）貸倒引当金　80,000　／　（貸方）貸倒引当金戻入益　80,000

! 法定繰入率

業種	法定繰入率
卸売業・小売業・飲食店	10/1,000
製造業	8/1,000
金融業・保険業	3/1,000

業種	法定繰入率
割賦販売小売業	13/1,000
その他	6/1,000

決算処理

09 消費税の最終処理を行う

会計ソフトを利用して、消費税のエラーチェックを行います。

STEP 1	会計ソフトで消費税のエラーチェックをする
●会計ソフトによって、ボタンの名称が違う	
STEP 2	誤りがあったら、修正する
●エラーメッセージが出たら内容を確認し、必要な修正を仕訳をする	
STEP 3	未払消費税を計上する
●仮受消費税と仮払消費税を相殺する	
STEP 4	消費税差額を計上する
●納付すべき消費税との差額を仕訳する	

消費税のエラーチェックの基礎を知る

❶ **消費税のエラーチェック**：エラーチェック機能は、市販の会計ソフトには必ず搭載されています。エラーが見つかったら、修正仕訳をします。

● 取引先に支払った香典の消費税区分が課税になっていたときの仕訳例

（借方）交際費（非課税）	50,000	（貸方）交際費（課税）	46,297
		（貸方）仮払消費税	3,703

❷ **未払消費税を計算する**：仮払消費税と仮受消費税を相殺し、差額を「未払消費税」として振替仕訳をします。納付すべき消費税との間に差額が発生した場合には、「租税公課」または「雑収入」として処理し、「消費税申告書」の納付金額と決算書に計上される未払消費税の金額を一致させます。

● 未払消費税を仕訳する

（借方）仮受消費税	5,000,000	（貸方）仮払消費税	4,000,300
（借方）租税公課	300	（貸方）未払消費税	1,000,000

● 消費税のエラーチェックリスト

収入に関するもの

- ☐ 受取利息は非課税で処理したか
- ☐ 社宅家賃は非課税で処理したか
- ☐ 受取配当金は不課税で処理したか

支払いに関するもの

- ☐ 給与や賞与は不課税で処理したか
- ☐ 社会保険料は不課税で処理したか
- ☐ 人材派遣料は課税で処理したか
- ☐ 非課税限度額を超える通勤手当を課税で処理したか
- ☐ 社宅家賃は非課税で処理したか
- ☐ 香典や祝金は不課税で処理したか
- ☐ 生命保険料や損害保険料は不課税で処理したか
- ☐ 印紙は非課税で処理したか
- ☐ 会費（対価性のないもの）は不課税で処理したか
- ☐ 固定資産税や自動車税は不課税で処理したか
- ☐ 支払利息は非課税で処理したか
- ☐ 有価証券の購入は非課税で処理したか
- ☐ 有価証券購入のための手数料は課税で処理したか
- ☐ ゴルフ場利用税は、不課税で処理したか
- ☐ カード手数料は非課税で処理したか
- ☐ 軽油引取税は不課税で処理したか
- ☐ 商品券やプリペイドカードの購入は非課税で処理したか
- ☐ 商品券やプリペイドカードを使って支払いをしたときは課税で処理したか
- ☐ 土地の売買は非課税で処理したか
- ☐ 土地の地代は非課税で処理したか
- ☐ 駐車場（青空駐車場を除く）は課税で処理したか

海外取引に関するもの

- ☐ 商品を輸出したときは免税にしたか
- ☐ 海外でサービスを提供したときは免税で処理したか
- ☐ 海外への出張費や宿泊代は免税で処理したか
- ☐ 国際郵便や国際電話は免税で処理したか
- ☐ 海外で受けたサービスに対する支払は免税で処理したか
- ☐ 国外事業者と行う電子商取引はリバースチャージで処理したか

経理

第18章 決算処理

315

決算処理

10 法人税等を計上する

すべての計算が終わったら、最後に法人税を計上します。

税金を計上する

❶ **決算時に支払う税金は6種類**：法人税や地方税は、原則として2カ月以内に申告と納税をします。実際の納税は来期になりますが、当期の決算にかかる税金なので、当期の決算書に反映させます。決算に際して支払う税金は、「法人税」「地方法人税」「事業税」「地方法人特別税」「道府県民税」「市町村民税」の6種類です。これらを総称して「法人税等」といいます。会社の所得に対して課税されるものなので、自動車税などの租税公課とは別に、決算書の「税引前利益」の下に「法人税等」として計上します。

❷ **法人税等を計上する**：「法人税等」は6つの税金として仕訳します。

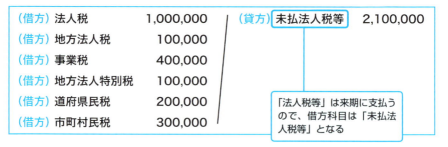

決算書を作成する

❶ **決算書とは**：具体的には「貸借対照表」「損益計算書」「株主資本等変動計算書」「個別注記表」の4つをいいます。
❷ **貸借対照表とは**：決算日現在における会社の財産と負債の残高を一覧表にまとめたものです。
❸ **損益計算書とは**：1年間の会社の売上と経費、損益の結果を集計した表です。
❹ **すべての入力が終わったら決算書を作成する**：会計ソフトに設定されている「決算書」ボタンをおすだけで、簡単に印刷することができます。

第19章

入社3年目からの経理のお仕事 申告編

☑ 19章でできること!

01 「税務申告書」を作成する
02 「税務申告書」の提出と税金の納付
03 「償却資産税申告書」の作成

法人税や消費税の申告書をつくり、納税すべき税金の金額を記入します。原則として期末から2カ月以内に申告書を提出し納税します。

申告

01 「税務申告書」を作成する

「税務申告書」は、決算の数字をもとに計算します。

提出期限 決算終了の日から2カ月以内（延長を申請している場合は3カ月）

STEP 1 　法人税の申告書を作成する

● 決算書の当期純利益をもとに法人税を計算する

STEP 2 　内訳明細書を作成する

● 貸借対照表の各勘定科目残高の内訳を転記する

STEP 3 　事業概況書を作成する

● 会社の1年間の活動状況のサマリーを作成する

STEP 4 　地方税の申告書を作成する

● 決算書をもとに事業税を、法人税をもとに法人住民税を計算する

決算終了後に作成する申告書の種類

❶ **税務申告書：**次のような書類を作成します。

法人税申告書	法人税は1事業年度の間に会社が獲得した利益に対して課税される
内訳明細書	決算書に記載されている各勘定科目の残高について、明細を記載する
事業概況書	月別売上や帳簿の作成状況、海外取引の有無などを所定の用紙に記載する
地方税申告書	法人事業税および法人住民税を計算し、地方自治体ごとに作成する。複数の自治体にまたがって事業所がある場合、その数だけ申告先が増える
消費税申告書	受け取った消費税から支払った消費税をマイナスし、差額を納税する。申告期限の延長の適用はない

申告

「税務申告書」の提出と
税金の納付

02

「税務申告書」の作成が終わったら、期限までに申告と納税をすませます。

作成する書類	●定時株主総会議事録　●納付書
提出期限	決算終了の日から2カ月以内
提出先	●所轄の税務署　●都道府県税事務所　●市町村

STEP 1	**「定時株主総会議事録」を作成する**

●定時株主総会を開いて、決算を確定させる

STEP 2	**「税務申告書」を提出する**

●原則として事業年度終了の日の翌日から2カ月以内に提出する

STEP 3	**納付する**

●自分で「納付書」を作成して納付する

「定時株主総会の議事録」の基礎を知る

❶ **定時株主総会とは：**「確定した決算」に基づいて「法人税確定申告書」を提出します。ほとんどの株式会社は定時株主総会で決算の承認をするので、定時株主総会の開催日が「決算が確定した日」になります。そこで法人税の申告期限にあわせて、事業年度終了の日から2カ月以内に定時株主総会を開催します。

「法人税申告書」の提出

❶ **「法人税申告書」の提出期限：**事業年度終了の日の翌日から2カ月以内です。申告期限が、土、日、祝日などの場合は、その翌日が期限となります。定款に「当社の定時株主総会は、毎事業年度の終了後3カ月以内に招集する」などの記載があれば、1カ月延長することができます。

「法人税申告書（別表）」に添付する書類は次のとおりです。

❶ 決算書（貸借対照表・損益計算書・株主資本等変動計算書・個別注記表）
❷ 勘定科目内訳書
❸ 事業概況説明書

経理

第19章　申告

319

❷ **紙ベースで申告する場合**：同じものを2部作成し、うち1部を役所に提出し、1部を会社控えにします。「別表1-1」に関しては、さらにOCR用紙を1部作成して提出します。郵送の場合は、返信用封筒に返却先の住所と会社名を記入し、切手を貼って同封します。

❸ **e-Taxで申告する場合**：申告書データに電子署名と電子証明書を添付し、本人確認をするので、あらかじめパソコンを通じて電子証明書をe-Taxに登録しておく必要があります。

「消費税申告書」の提出

❶ **「消費税申告書」の提出期限**：決算から2カ月以内に、書面または電子申告いずれかの方法で申告します。法人税の申告期限の延長申請をしていれば、消費税の申告期限も1カ月延長することができます※。

※ 令和3年3月31日以後に終了する事業年度から適用

「地方税申告書」の提出

❶ **「地方税申告書」を提出する**：本店所在地以外に、店舗や事務所、営業所などが複数ある場合は、それぞれの所在地を所轄する県税事務所や市町村に提出します。書面による提出も、eL-TAXを利用した電子申告も可能ですが、電子申告に対応していない地方自治体もあるので、個別確認が必要です。

法人税の納付の基礎を知る

❶ **納付の方法**：決算から2カ月以内に、次のいずれかの方法で納付します。

> ❶ 納付書を作成して税務署や金融機関の窓口で支払う
> ❷ インターネットバンキングを利用して電子納税する
> ❸ 事前に登録した預貯金口座から振替により納税するダイレクト納付の方法で支払う。ただし、ダイレクト納付が利用できるのは、電子申告をしている会社にかぎられる

❷ **納付書**：決算終了の1カ月後ごろ、税務署や各地方自治体から郵送で送られてきます。申告期限の延長を申請している場合でも、納付期限が延長されているわけではないので気をつけてください。その場合は、まず2カ月以内に見込み額を仮納付し、納税額が確定したら差額を支払います。納付が不足していた部分は、後日、利子税という税金を支払います。

! 郵送の場合の注意点

申告書を「郵送」（第一種郵便）または「信書便」で税務署に送付した場合は、通信日付印に表示された日（送った日）が提出とみなされます。ただし、ゆうパック、ゆうメール、ゆうパケット、小包郵便、宅急便などは、信書便には該当しないので、税務署に届いた日が提出日となります。

そのほかの税金

「償却資産税申告書」の作成 03

償却資産税は、減価償却費を計上している資産にかかる税金です。

作成する書類	● 償却資産税申告書
提出期限	1月末
準備する書類	● 固定資産台帳
提出先	● 事業所所在地を所轄する自治体

STEP 1	除却（売却）した資産を、資産台帳から削除する

● 1月1日から12月31日までに除却した資産が対象

STEP 2	購入した資産を、資産台帳に追加する

● 1月1日から12月31日までに購入した資産が対象

STEP 3	償却資産税申告書を提出する

● 毎年1月31日が期限

償却資産税の基本を知る

❶ **償却資産税とは：**市区町村が機械・器具備品・建物附属設備などの事業用減価償却資産に対して課税する固定資産税の一種です。固定資産税の課税対象となっている土地や建物、自動車税や軽自動車税の対象となっている車両は、対象外です。減価償却資産を所有している会社は、毎年1月1日現在、所有している償却資産の取得年月・取得価額・耐用年数などを、1月31日までに資産の所在する事業所を所轄する自治体に申告しなければなりません。ただし、償却資産税の課税標準額が150万円未満の場合は課税されません。

❷ **償却資産税の申告書を作成する：**「償却資産税申告書」は、「固定資産台帳」に記載されている減価償却資産の明細をもとに作成します。まず「固定資産台

！ 借家人が施した内装や造作など

建物を賃借している会社が、事業用に取りつけた内装や造作などは、取りつけた会社の事業用に使われている間、建物以外の資産とみなされ、取りつけた会社の償却資産税の課税対象となります。

経理

第19章 申告

帳」をメンテナンスし、昨年1月1日から12月31日までの間に、除却または売却した資産や新しく購入した資産があれば更新します。除却した資産があれば、「 DL 種類別明細書（減少資産用）」に、新しく購入した資産がある場合は、「 DL 種類別明細書（増加資産・全資産用）」に、資産の名称・取得価額などを記入して、「償却資産税申告書」に添付します。

❸ **償却資産税の申告と納付**：毎年1月31日までに減価償却資産の所在地の自治体に、書面またはeL-TAXを利用して申告します。納付先の市区町村が申告をもとに税額を計算し、「納付書」を送付してきます。したがって「償却資産税申告書」には、減価償却資産の明細は記入しますが、税額までは計算する必要がありません。償却資産税の税率は、1.4％が標準的ですが、地方自治体によって税率が異なっている場合もあります。納付は、4月（東京23区は6月、23区外は5月）、7月（東京23区は9月）、12月、2月に分けて行います。

● 償却資産税を支払ったときの仕訳例

（借方）租税公課	100,000	（貸方）現金または預金	100,000

● 償却資産税申告書例

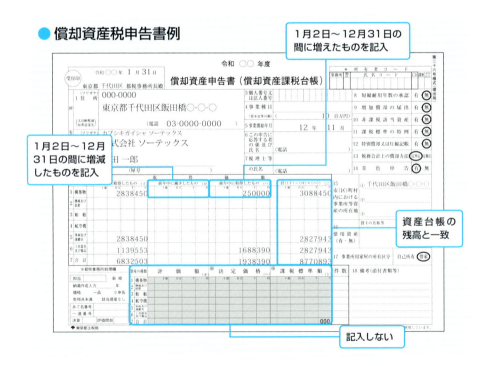

第20章 入社3年目からの経理のお仕事 重要書類の作成編

☑ 20章でできること!

01 「資金繰り表」を作成する
02 「契約書」を作成する
03 「内容証明書」を作成する
04 「株主総会議事録」を作成する
05 「取締役会議事録」を作成する

翌日の入金予定と支払予定を月ごとにExcelでまとめて、資金がショートしないように気をつけます。

重要書類の作成

01 「資金繰り表」を作成する

短期の資金繰り表をつくって、資金ショートを防ぎます。

作成する書類 • 資金繰り表

作業の時期 毎月

準備する書類 • 預金通帳 • 当座照合表 • 手形帳 • 売掛帳 • 買掛帳
• 請求書綴りなど

資金繰り表の基本を知る

❶ 資金繰り表とは：「月次試算表」や「決算書」は、発生ベースで作成するため、会社の損益と実際の現預金の動きとは一致しません。売上があっても入金がなかったり、高額な固定資産を購入したりすると、数値上では儲かっているのに会社にはお金がないという状況に陥ります。「資金繰り表」は、現在の現預金残高からスタートして、将来の現金の入出金を予測することで、資金不足の可能性をあらかじめ把握し、早めに対策を打つことを目的に作成するものです。資金繰り表には、年単位で予測する「中長期の資金繰り表（収支計画書）」と月単位で入出金を予測する「短期の資金繰り表」とがあります。

❶-2 年単位で予測する「 DL 中長期の収支計画書」：過去の実績をもとに、向こう１年間の予算や目標値を加味して作成します。会社の経営方針の策定に利用されるもので、予測の占める割合が高くなります。

❶-3 月単位で作成する「短期の資金繰り表」：翌月の入金予定と支払が確定している支出をもとに作成するので、現実に即した予測になります。

❷ 短期の資金繰り表を作成する：毎月１日からスタートし、月末までの日付欄を縦軸にしたエクセルを月ごとに作成します。横軸には、入金予定・支払予定・残高欄をつくります。

❸ 資金残高がマイナスになった場合の対策：残高欄がマイナスになると、その日に資金がショートするという意味になります。社長や上司に相談し、対処法を検討します。資金ショートまでの期間が短いので、即効性のある対策が必要になります（200頁参照）。

● 短期の資金繰り表例

資金繰り　○○年○○月

> このあたりで資金ショートの可能性がある

日付曜日	摘要	3月 入金	3月 支出	3月 残高	4月 入金	4月 支出	4月 残高
	繰越			38,248,560			41,068,560
1 日	社長へ仮払い		500,000	37,748,560		500,000	40,568,560
2 日	家賃支払		1,350,000	36,398,560		1,350,000	39,218,560
3 日	○○手数料		300,000	36,098,560		300,000	38,918,560
4 日			0	17,938,560		0	16,758,560
22 日	給与支払		15,000,000	2,938,560		14,000,000	2,758,560
23 日	事務用品支払		700,000	2,238,560		700,000	2,058,560
24 日	小口へ		100,000	2,138,560		100,000	1,958,560
25 日	○○社入金	18,000,000	0	20,138,560	15,000,000	0	16,958,560
26日	○○社入金	8,000,000		28,138,560	1,000,000		17,958,560
	○○社入金	17,000,000		45,138,560	16,000,000		33,958,560
27日			0	45,138,560		0	33,958,560
28日			0	45,138,560		0	33,958,560
29日	○○社手数料		300,000	44,838,560		300,000	33,658,560
	水道光熱費		350,000	44,488,560		350,000	33,308,560
30日	中退金		300,000	44,188,560		300,000	33,008,560
31日	駐車代		320,000	43,868,560		320,000	32,688,560
	社会保険料		2,800,000	41,068,560		2,800,000	29,888,560
	残高	64,000,000	61,180,000	41,068,560	47,000,000	58,180,000	29,888,560

❶　❷　❸　❹

❶ 実際のカレンダーどおりに記載する

❷ 入金が確実に見込めるものだけを記載する。飲食店など現金商売の場合は、前月実績と昨年実績を考慮して、できるだけ保守的な売上を予測する

❸ 借入金の返済や家賃、税金など、支払いが決まっているものだけでなく、仮払金の申請など定例的に発生が見込まれるものも記載する。また給料は、額面金額ではなく、税引き後の振込予定額を予測する

❹ 1日現在の現金と当座預金および普通預金の実際残高を合計してスタートする。スタート地点の残高に「入金予定」金額をプラスし、「支払予定」金額をマイナスして、毎日の資金残高を予測する。エクセルに計算式を入れておけば、自動で残高を計算してくれるので便利

重要書類の作成

02 「契約書」を作成する

契約は将来のリスクを避けるために、書面で交わします。

検索場所 国税庁／タックス／印紙税額の一覧表

契約書の基本を知る

❶ **契約書に盛り込む内容：** 公序良俗に反しないかぎり、当事者間で自由に決めることができますが、お互いの権利と義務を明らかにするために、次の項目を記載するのが一般的です。

項目		内容
タイトル		内容に沿ったタイトル名をつけるが、単に「契約書」でもかまわない。「合意書」や「覚書」でも効力は一緒
前文		契約の当事者名と契約の概略を記載する。本文中に記載するときは、甲乙丙といった仮称を使うのが一般的
本文	契約の目的	契約を結ぶ趣旨や理念を、総論的に表す
	契約の内容	契約書の柱となる部分。契約の対象物や条件を明記する
	契約の存続期間	契約の「始期」と「終期」を記載するのが一般的。継続的な取引関係が予定される場合は、「自動更新条項」を追記しておく
	契約金額	記載する場合は、消費税について税込か税抜かを明記しておく
	禁止条項	禁止事項を決めたときは、契約違反したときの対処方法についても記載しておく
	解約条項	契約違反があった場合に、契約を解約できるようにしておく。また相手方が破産の申し立てをしたり、差し押さえなどの処分を受けた場合などを記載するのが一般的
	契約終了条項	契約期間が終了した場合の、権利・義務についても取り決めておく
後文		作成した契約書の通数や、誰が契約書を所持するかなど記載する
契約書の作成日		契約書に署名した日付を記載する。作成日とは別に、効力発生日を本文中に記載することもできる
当事者名		契約当事者の本店所在地・正式名称・代表取締役名を記載する

❸ **契約書が複数枚にまたがるとき：** あとで改ざんされることを防ぐために、「袋とじ」にするか、「すべてのページに契印を押します」。

326

● 契約書 業務委託契約書例

タイトルは内容がわかればいい

業務委託契約書

　株式会社ソーテックス（以下、「甲」という。）と株式会社アジアンワールド（以下、「乙」という。）とは、乙が甲のために行う下記の業務に関して、次のとおり契約する。

第1条　契約の目的
　乙は甲の発展に寄与するため、下記のコンサルティング業務（以下「本件コンサルティング業務」という）を行う。
1. 甲が販売する商品「○○」の市場調査
2. 市場調査に基づく営業戦略の助言・指導

第2条　報酬
　本件コンサルティング業務の報酬は、金50万円（消費税別）とする。甲は、毎月10日限り、乙の指定する口座に振り込みの方法により支払うものとする。

第3条　費用の負担
　本件コンサルティング業務遂行のために発生する費用は、甲乙間の協議により、その都度、負担者を決定するものとする。

第4条　貸与品
　本件コンサルティング業務遂行に必要な甲の資料・情報等は、甲より乙に無償にて貸与される。乙は、当該資料・情報を本件コンサルティング業務以外に使用してはならない。

第5条　契約期間
1. 本契約の有効期間は、2020年5月1日から2021年4月30日までの1年間とする。
2. 期間満了の2カ月前までに、甲または乙による解約の意思表示がない場合は、本契約はさらに1年間延長されるものとし、その後も同様とする。

第6条　秘密保持
1. 本件業務の遂行上知り得た甲の経営内容や業務に関連する一切の情報を、乙は第三者に漏洩してはならない。乙が違反した場合、甲は乙に対しその損害の賠償を請求することができる。
2. 前項は、本契約の終了後も効力を有する。

第7条　管轄裁判所
　本契約に関する紛争については、甲の本店所在地を管轄する地方裁判所を管轄裁判所とする。

　以上、本契約成立の証として、本書を2通作成し、甲乙は署名押印のうえ、それぞれ1通を保管する。

契約の柱となる部分なのでしっかり確認する

　　　　　　　　　　令和○○年　5月　1日
　　　　　　　甲：東京都千代田区飯田橋○-○-○
　　　　　　　　　　株式会社ソーテックス　代表取締役　石井　一郎

　　　　　　　乙：神奈川県横浜市中区石川町○-○-○
　　　　　　　　　　株式会社アジアンワールド　代表取締役　中川　なおみ

実印を押す

経理　第20章　重要書類の作成

327

契約書 金銭消費貸借契約書例

金銭消費貸借契約書

株式会社ソーテックス（以下、「甲」という。）と小谷翔平（以下、「乙」という。）は、次のとおり、金銭消費貸借契約を締結した。

第1条 借入金額
　甲は乙に、令和○○年7月25日、金 1,000,000 円を、資格取得費用に充当する目的で貸し渡し、乙はこれを受領した。

第2条 金利
　本件消費貸借の利息は、元金に対し年 1.5％の割合とする。

第3条 弁済方法
　乙は、甲に対し、第1条の借入金については、毎月5万円ずつ、令和○○年8月10日を1回目とし、以後毎月の給料から天引きの方法により弁済する。第2条の利息については、借入金の弁済終了後の最初の給料から、天引きの方法により一括で支払うこととする。

第2条 繰上返済
　乙は、返済期日が到来する以前に、借入金額の全部または一部を返済することができる。

第3条 期限の利益の喪失
　乙について次の各号の事由が一つでも生じた場合には、甲に対する一切の債務について期限の利益を失い、直ちに債務を弁済しなければならない。
　①株式会社ソーテックスを退社するとき
　②民事再生または破産の申立てがあったとき。
　③仮差押、差押または滞納処分を受けたとき。

第4条 遅延損害金
　乙が期限の利益を喪失したときには、支払期日の翌日から支払済となる日までの間、滞留金額に対して年12％の割合で遅延損害金を支払う。

第7条 合意管轄
　本契約に関して争いが生じたときには、甲の所在地を管轄する地方裁判所を管轄裁判所とする。

　この契約を証するため本証書二通を作成し、各自その内容を確認し署名捺印の上、各々一通を所持する。

　　　　　　　　　　　　　　　　　令和○○年7月25日
　　　　　　　　　　　　　　　　　住所　東京都千代田区飯田橋○-○-○
　　　　　　　　　　　　　　　　　貸主　株式会社ソーテックス
　　　　　　　　　　　　　　　　　　　　代表取締役　石井一郎

　　　　　　　　　　　　　　　　　住所　東京都世田谷瀬田○-○-○
　　　　　　　　　　　　　　　　　借主　山田 正平

❹ **袋とじの方法**：契約書の端から5～6ミリのところをホチキスで留め、製本テープを「契約書」と同じ長さに切り、裏表紙と表表紙を挟むように貼ります。背表紙と契約書の間に、当事者全員が割り印を押します。

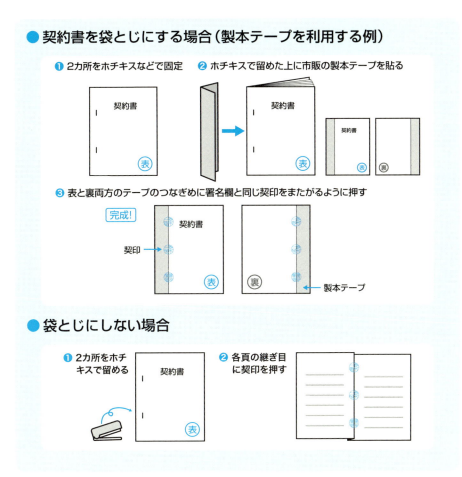

❺ **契約書に印紙を貼る**：印紙の貼付が必要な課税文書に該当するかを、国税庁が公表している「印紙税額一覧（課税物件表）」で確認します。

❻ **署名・捺印する**：認印でも構いませんが、なるべく自筆で署名の上、実印を押します。電子契約の場合は、改ざんを防ぐため電子署名を行います。電子証明書は、認証業務を行う事業者に申し込めば、簡単に発行してもらうことができます。重要な契約の場合は、電子署名に加えて、タイムスタンプも付与しておきます。

重要書類の作成

03 「内容証明書」を作成する

内容証明書は、「誰が」「誰に」「いつ」「どんな内容」の郵便を送ったかを郵便局が証明してくれるものです。

STEP 1	内容証明書を作成する

● 原本とコピー 2 部あわせて、同じものを 3 部作成する

STEP 2	封筒に相手の住所・氏名と自社の住所・社名を書く

● 文書中の相手の住所と氏名、差出人の住所・社名と同じものを記載する

STEP 3	郵便局に持参して発送する

● 内容証明郵便を取り扱っていない郵便局もあるので、注意する

STEP 4	控えを持ち帰って保管 する

● 3 部のうち、1 部は送付用、1 部は郵便局の保管用。残りの 1 部は会社で保管する

内容証明書を送付する

❶ **郵便局に持っていく：** 相手先に送付する原本 1 部と控えを 2 部、差出人および受取人の住所・氏名を記載した封筒 1 部、郵便料金と印鑑を郵便局の窓口に持参して、提出します。

❷ **電子で内容証明を出す：**「内容証明書」は、「郵便局の電子内容証明サービス」を利用すれば、窓口に出向かなくても、24 時間発送が可能です。まず e 内容証明の専用 Web サイト（下記参照）にログインします。利用登録（無料）をすませたあと、Word で作成した「内容証明文書」をアップロードします。続いて差出人およびあて先を入力すれば、自動的に発送してくれます。

🔍 **検索場所**

日本郵便／電子内容証明（e内容証明）
https://e-naiyo.post.japanpost.jp/enaiyo_kaiin/enaiyo/enkn110/engm111.xhtml

● 内容証明書（督促書）例

用紙の大きさや材質は問われない

督　促　書

令和〇〇年3月31日

東京都港区中央〇-〇-〇
株式会社　〇〇商事
代表取締役　田中太郎　殿

　当社は、貴社に対し、令和〇〇年6月12日に、当社商品〇〇を代金324万円（消費税込）にて、ご購入いただく旨の売買契約を締結し、同年6月30日に本件商品を納品しました。
　上記契約書によれば、本件商品の代金支払期日は、令和〇〇年8月31日となっておりますが、令和〇〇年3月31日現在、未だにお支払いいただいておりません。その間、再三の督促をしているにもかかわらず、貴社からは誠意ある回答も頂けませんでした。
　つきましては、貴社に対し、本書面到着後1週間以内に、当社が指定する下記口座へ振込送金の方法により支払うよう、本書を以て催告します。
　上記期限内に送金がなされず、誠意ある回答も頂けない場合には、あらためて通知をすることなく、上記契約を解除し、法的手続きによって、上記売買代金及びこれに対する遅延損害金の請求をする所存でおりますので、ご承知おきください。

記
東京銀行　飯田橋支店
普通預金　0123456
名　　義　株式会社ソーテックス

以上

通知人
東京都千代田区飯田橋〇-〇-〇
株式会社ソーテックス
代表取締役　石井一郎

2頁以上にまたがるときは契印を押す

押印は任意だが、強い気持ちを表すために押しておく

字数に制限があるので、注意する

区別	字数・行数の制限
縦書きの場合	1行20字以内、1枚26行以内
横書きの場合	1行20字以内、1枚26行以内
	1行13字以内、1枚40行以内
	1行26字以内、1枚20行以内

経理
第20章　重要書類の作成

重要書類の作成

04 「株主総会議事録」を作成する

「定時株主総会議事録」は、節税のためにも重要な書類です。

定時株主総会の基本を知る

❶ **定時株主総会とは**：決算が固まったら、定時株主総会を開催して「決算の承認」を受けます。その後、税務署や地方自治体に「法人税の申告書」を提出します。通常は、年に1度、決算が終了してから3カ月以内に開催されますが、株主が1人または身内だけという小さな会社の場合、実際に株主を招集していないケースも多く見受けられます。しかし、株主総会で決算の承認を得てはじめて決算が確定するというルールは、会社の規模に関係なく、上場企業も株主1人だけの小さな会社も同じです。

❷ **定時株主総会で決めること**：次の3つです。

決議項目	説明
❶決算の承認	会社法によって、すべての会社に義務づけられている
❷任期満了にともなう役員の改選	取締役の任期は2年から最長10年、監査役の任期は4年から最長10年。役員の任期が満了したら役員は、定時株主総会の終了時に退任することになるので、任期満了の年の定時株主総会で、新しい役員を選び、登記しなければならない
❸役員の報酬	法人税では、役員報酬は定時株主総会で年に1度だけ変更が認められている。また役員に賞与は、定時株主総会で決議し、総会の開催日からひと月以内に税務署に届けた場合（事前確定届出給与）にかぎり損金算入できる。「定時株主総会議事録」は、節税のためにも重要な書類

❸ **臨時株主総会とは**：株主総会は、年に何回でも開催できます。たとえば、本店を移転したり、増資をしたり、期の途中で役員が辞任したような場合には、株主総会を開いて、新しい住所や役員を決めることになります。定時株主総会以外の株主総会のことを、「臨時株主総会」といいます。

● 定時株主総会議事録例

第○○回定時株主総会議事録

令和○○年5月25日、午前10時00分より、当会社の本店において定時株主総会を開催した。

発行済株式の総数　　　　　　　　　　　　　　5000株
議決権を行使することができる株主の総数　　　15名
議決権を行使することができる株主の総議決権の数　5000個
出席した当該株主の数（委任状による出席を含む）　15名
出席した当該株主の有する議決権の数　　　　　5000個

> 株主名簿で確認する

株主総会に出席した取締役及び監査役
取締役　石井一郎、同　砂川華子、同　山本達也
監査役　渡辺英夫
議　長　取締役　石井一郎
議事録の作成に係わる職務を行った取締役　取締役　石井一郎
　以上のとおり株主の出席があったので、定款の規定により代表取締役社長　石井一郎は議長席につき、定時総会は適法に成立したので、開会する旨を宣し、直ちに議事に入った。

第1号議案　決算報告書の承認に関する件

　議長は、当期（自令和○○年4月1日　至令和○○年3月31日）における営業状況を詳細に説明し、下記の書類を提出して、その承認を求めた。
1. 貸　借　対　照　表
1. 損　益　計　算　書
1. 株主資本等変動計算書
1. 個　別　注　記　表

> 定時総会で承認後税務署に申告する

　次いで、監査役　渡辺英夫　は、上記の書類は綿密に調査したところ、いずれも正確妥当であることを認めた旨を報告した。
　総会は、別段の異議なく、承認可決した。

> 任期満了の年に新しい役員を選ぶ

第2号議案　取締役任期満了につき改選の件

　議長は、取締役石田一郎、同　砂川華子、同　山本達也は、本定時総会の終了をもって任期満了したので、その後任者を選任する必要がある旨を述べ、その選任方法を諮ったところ、出席株主中から議長の指名に一任したいとの発言があり、一同これを承認した。
　議長は下記の者を指名し、これらの者につきその可否を議場に諮ったところ、満場一致をもってこれを承認可決した。

　　　　　取締役　石井一郎、同　砂川華子、同　山本達也

経理

第20章　重要書類の作成

なお、被選任者はいずれもその就任を承諾した。

第3号議案　取締役および監査役報酬額決定の件

議長は、下記取締役および監査役の報酬を令和〇〇年6月支給分より、以下のとおり決定したい旨およびその詳細を述べて可否を議場に諮ったところ、満場一致をもってこれを承認可決した。

取締役	石井一郎	月額	1,050,000円
同	砂川華子	月額	650,000円
同	山本達也	月額	650,000円
監査役	渡辺英夫	月額	350,000円
合計額		月額	2,700,000円

> 役員の報酬額を決める。総額だけを決めて配分方法は取締役会に一任することもできる

第4号議案　取締役各個の受けるべき賞与額及び支給日決定の件

議長は、当期の取締役および監査役へ支給する事前確定届出賞与については下記のとおりしたい旨およびその理由を述べ、慎重協議した結果、満場一致をもってこれを承認可決した。

取締役	砂川華子	金	500,000円（令和〇〇年3月25日支給）
同	山本達也	金	500,000円（令和〇〇年3月25日支給）
監査役	渡辺英夫	金	200,000円（令和〇〇年3月25日支給）
合計額		金	1,200,000円

> 金額だけでなく支給日まで転記する

議長は、以上をもって本日の議事を終了した旨を述べ、午前11時30分閉会した。

以上の決議を明確にするため、この議事録を作り、議長および出席取締役がこれに記名押印する。

> 決算から2カ月（3カ月）以内

令和〇〇年5月25日
株式会社　ソーテックス
第〇〇回定時株主総会

　議　長
　代表取締役　　　石井一郎
　出席取締役　　　砂川華子
　出席取締役　　　山本達也
　出席監査役　　　渡辺英夫

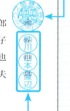

> 代表取締印を押す

> 会社法では、株主総会議事録に議長および出席取締役の署名や押印は義務付けられていません。しかし作成した議事録の真正を担保するために、会社代表印や出席取締役の印は押しておくとよいでしょう。また定款に押印義務の記載がある場合には、押印が必要です。

> 定款に定めがなければ押印の義務はないが、議事録の申請を担保するために押印しておく

重要書類の作成

「取締役会議事録」を作成する 05

取締役会を設置するかどうかは、会社の任意です。

取締役会の基本を知る

❶ **取締役会とは**：3人以上の役員が集まり、会社における重要な経営方針を決める機関のことをいいます。取締役会を設置するかどうかは会社が任意で決めることができますが、取締役会を設置した場合は必ず監査役も置かなければなりません。取締役会では取締役のうち1名が「代表取締役」に選任され、会社の実質的なトップになります。取締役会で決める事項は、重要な財産の処分や譲り受け、代表取締役の選定、利益相反取引・競業取引の承認など、会社の業務に関する重要事項などですが、株主総会で一任された場合にかぎり、個々の役員報酬を決めることもできます。

取締役会議事録を作成する

❶ **取締役会議事録に記載すべき内容**：次のとおりです。

項 目		内 容
タイトル		「取締役員議事録」と記載する
前文		開催日時や開催場所などを書く
出席取締役の人数		現存する取締役の過半数の出席が必要。監査役が出席している場合は、その旨も記載する
決議事項	代表取締役の選任	「代表取締役選定の件」などと記載する
	役員報酬の決定	「役員報酬月額決定の件」などと記載する
	その他	役員の利益相反取引などを決議することもある
後文		閉会の時間などを記載する
日付		取締役会の開催日を記載する
出席取締役の記名押印		出席した取締役名を記載し、印鑑を押してもらう。印鑑は認印でもかまわないが、新しい代表取締役を選定したときは、「取締役会議事録」を「登記申請書」に添付するので、取締役全員が実印を押す必要がある

経理

第20章 重要書類の作成

335

● **取締役会議事録例**

取締役会議事録

　令和○○年6月12日、午前10時00分より、当会社の事務所において、取締役3名出席（総取締役3名）の出席があったので、定刻に取締役 石井 一郎は選ばれて席に着き、開会を宣し、本取締役会は適法に成立した旨を告げた。

　　議　案　当会社の株式譲渡の件　　［決議事項を記載する］

　議長は、当会社株主山田よし子氏から、次のとおり株式譲渡承認請求書が提出されている旨を報告し、譲渡を承認すべきか否かついて議場に諮ったところ、全会一致で下記のとおり、株式の譲渡を承認可決した。

　　株主譲渡承認請求株主
　　住所　　東京都世田谷区世田谷○-○-○
　　氏名　　山田恵子
　　譲渡株数　100株

　　譲渡の相手方
　　住所　　東京都港区白金○-○-○
　　氏名　　小林直美

　上記の決議を明確にするため、この議事録をつくり、出席取締役の全員がこれに記名押印する。

令和○○年6月12日
株式会社　ソーテックス

議長　代表取締役　石井一郎
　　　出席取締役　砂川華子
　　　　　同　　　山本達也

［代表取締役を選任する場合は全員が実印を押す］

第21章 入社3年目からの労務のお仕事 調査対応編

☑ 21章でできること！

01 年金事務所の調査
02 監督署の「定期調査」

労働基準監督署、年金事務所の代表的な調査について見ていきます。日頃の管理が重要ですが、調査で確認される点を覚えておくと、日常の業務の留意点も押さえられます。

調査対応

01 年金事務所の調査

会社に届く年金事務所の調査は、主に「定期的な確認調査」と「算定基礎届提出時の調査」です。加入状況や報酬月額が適正かをチェックされます。

会社に届く書類
❶ 健康保険・厚生年金保険事務所についての総合調査のお知らせ
❷ 算定基礎届、総括表及び総括表附表の提出についての確認

提出を求められる書類
❶ ・雇用契約書　・源泉所得税領収書　・賃金台帳または賃金支給明細書など給与支払内容が確認できるもの
　・出勤簿またはタイムカード
　・過去に年金事務所へ提出した届の決定通知書及び控え
❷ ・算定基礎届　・厚生年金保険70歳以上被用者算定基礎届
　・算定基礎届総括表・附表　・賃金台帳、出勤簿
　・源泉所得税領収書　・適用関係の決定通知書

調査の実施者　・年金事務所（事務センター）

検索場所　適用調査対象事業所対策／日本年金機構

STEP 1　通知が届く

● 年金事務所の通常の調査は、3～4年に1回くらいの間隔である。労働基準監督署の調査のように突然事業所に来ることはなく、事前に通知がくる。日程は決められているが、都合がつかない場合は調整してもらうことも可能

STEP 2　調査❶ 賃金台帳の金額の確認

● 賃金台帳の金額と届け出されている報酬の金額に間違いがないかを確認する。交通費を含めずに資格取得をしているケースや、資格取得時にさかのぼって申請している額と大きく異なっていないかを確認する

STEP 3　調査❷ 月額変更漏れの確認

● 算定調査でも通常の調査でも必ず確認される。「算定基礎届」提出のときに、月額変更漏れに気づかずにいると、過去にさかのぼって差額の調整が生じることもある

STEP 4　調査❸ パートやアルバイトの加入確認

● 恒常的に週30時間以上働くパートの中には、社会保険料を支払いたくないからといって加入を拒否する人もいるが、学生であっても外国人であっても、要件を満たせばさかのぼって加入を求められる

| STEP 5 | 調査④ 賞与支払届の提出確認 |

● 賃金台帳には賞与支払の事実があるのに、「賞与支払届」を提出するのを忘れて、社会保険料を支払っていないことがある。賞与の正しい定義（年3回以内の臨時の賃金）を確認し、適切な届け出をする

| STEP 6 | 調査⑤ 源泉税領収書の金額とのつきあわせ |

● 賃金台帳で記載された所得税の総額と「源泉税領収書」の額が異なるということは通常考えられないため、調査に際し、賃金台帳を書き換えていないかを確認するために提出を求められる

| STEP 7 | 違反が見つかった場合 |

● 未加入や標準報酬月額の誤りについては、法律上は最大2年間さかのぼって加入・修正すると定められている。実際には、期間については年金事務所の判断になるか必ず加入・修正は求められる

年金事務所の通常の調査の基礎を知る

❶ **年金事務所の通常の調査とは**：年金事務所の調査では、厚生年金の加入漏れ、標準報酬月額の正しい算定（月額変更の届出漏れ）を確認されます。パートで、入社当初は週30時間未満で働いていたのに次第に働く時間が増えて週30時間を超えることが常態化していった場合やわずかに時給が変わった時点では2等級以上標準報酬月額の変更がなく、チェックをしていなかったけれども働く時間が増えて次第に総額が増えていった場合に、月額変更の手続き漏れが起こります。また、大学生のアルバイトだった従業員も週30時間以上勤務するようになった場合は加入の義務が生じます。大学卒業が近くなって働く時間が増えたときなど、「3月に卒業するから入らなくていい」ということは認めてもらえないので、本人にもしっかり説明する必要があります。

❷ **未加入が見つかった場合**：どのくらいさかのぼって加入しなければならないのかというと、法律上は最長2年までさかのぼって加入の手続きを命じられることになります。年金事務所の判断によっては、3カ月だったり調査の日から加入でも認められる場合もありますが、会社側から交渉できるものではありません。

❸ **さかのぼって加入する場合の手続き**：次のようになります。

　❸-2 **保険料の支払い**：保険料は本人と会社負担、両方請求されます。さかのぼりの期間が長くなればなるほど請求額も増えるため、従業員から1回で支払ってもらうことが難しくなります。いったん会社が立て替えることは認められますが、2分の1の支払いの義務は従業員本人にあります。この期間に家族の扶養に入っていた場合は、全額負担することになりますが、国民年金の第1号被保険者として保険料を支払っていた場合はその分はまとめて還付されるの

労務

第21章 調査対応

339

で従業員が住む役所の窓口で本人に手続きをしてもらいます。

❓-3 **健康保険：**厚生年金に加入していなかった期間、家族の扶養に入っていた場合も、本人で国民健康保険に加入していた場合も、それまで使用していた「被保険者証」を返納します。そして、これまで医療機関にかかったときに支払った医療費についての7割分（保険がまかなってくれていた部分）を精算します。通常は保険者（国民健康保険や家族が加入している健康保険）側から連絡・レセプト（診療報酬明細書）の返戻があり、新たな「保険証」の提出を求められます。

❶ **算定調査とは：**「算定基礎届」の提出と同時に受ける年金事務所の調査のことをいいます。確認される事項は「❶ の通常の年金事務所の調査項目と同様に算定基礎届が正しく申請されているか」です。月額変更者が通常の算定リストに入っていたり、交通費の計上漏れがないかといったことも確認されます。

● 健康保険・厚生年金保険事務所についての総合調査のお知らせ（通知）例

〒000-0000
東京都千代田区飯田橋○-○-○
株式会社ソーテックス　事業主様

令和○○年○○月
日本年金機構
○○年金事務所長

健康保険・厚生年金保険事務所についての総合調査のお知らせ（通知）

平素は、社会保険事業の運営にご理解・ご協力を賜り厚くお礼申し上げます。
この度、貴事業所につきましては、社会保険事務所（被保険者資格・報酬等）についての総合的な調査を実施させていただくことになりました。
つきましては、ご多忙とは存じますが、当日は事業主様、又は事務担当者様等が下記の書類をご用意のうえ、ご来所いただきますようお願い申し上げます。
なお、今回の調査は、健康保険法第198条第1項、厚生年金保険法第100条第1項に基づき行うものです。

記

1. 調査日　令和○○年○○月○○日　午後1時00分　約2時間
※ なお、上記調査日時のご都合が悪い場合や、今回の調査に関しご不明な点がございましたら、照会先までお問合わせいただきますようお願い申し上げます。
2. 調査場所　御社　会議室等
3. ご用意いただく書類等【未加入者全員分と加入者の当方選定分（別紙参照）】
①出勤簿（タイムカード）　②賃金台帳
③源泉所得税領収書　④役員報酬が確認できるもの（決算書等）
◎上記書類は、令和○○年○○月～令和○○年○○月をご用意ください。
※ 社会保険労務士に委託されている場合は、この通知が届いた旨を社会保険労務士にご連絡ください。
※ ご来所いただく際には、この通知を窓口にご提示ください。
（照会先）〒000-0000
神奈川県横浜市中区○-○-○
株式会社ソーテックス　事業主様
横浜○○年金事務所　厚生年金適用調査
TEL:000-000-0000

年金事務所で行われることもある

調査対応

監督署の「定期調査」

02

労働基準監督署の調査には数種類ありますが、定期調査は数年に1度、任意に選定された事業所に対し、労働基準法違反がないか、法定帳簿を確認することによって実施されます。場合によっては、未払い賃金の支払いなどを指導されるケースもあります。

会社に届く書類 ● 予告通知

提出を求められる書類 ※調査によって異なります。
● 就業規則　● 時間外・休日労働に関する協定届（36協定）
● 労働条件通知書（雇用契約書）　● 年次有給休暇管理台帳
● 変形労働時間制に関する労使協定届　● タイムカード等の労働時間の分かる書類　● 賃金台帳（直近3カ月分）　● 労働者名簿
● 定期健康診断個人票等の健康診断実施記録、健康診断結果報告書（事業主控）　● 衛生委員会議事録　● 有資格者名簿 など

調査の実施者 ● 労働基準監督署

STEP 1　通知が届く

● 訪問のケースと出頭を依頼されるケースがある。監督署によって異なるが、事業所の多い都市部では、年によって業種を決めて実施されたりする場合もある

STEP 2　調査① 法定帳簿が調製されているかの確認

● 労働基準法では、事業場において必ず作成・保管しなければならない書類がある（上記提出書類一覧）。適切な期間保管されていなかったり、そもそもの書類を作成していないという場合は違反として扱われる

STEP 3　調査② 監督署に届け出る必要のある書類の確認

● 「就業規則」や「36協定、変形労働時間制の協定届」は監督署への届け出が義務づけられている。36協定については届け出がされていない場合は、時間外労働をさせることそのものが違反になる

STEP 4　調査③ 長時間労働の確認

● 36協定の協定時間を超えて時間外労働をさせていないか、長時間勤務者に対して面接指導などの適切な対応をしているか、休日は確保されているかを確認する。また、タイムカードへの打刻がされているか、打刻のタイミングは適切かについて、実際の労働者へのヒアリングなども行いながら確認する

労務

第21章 調査対応

341

| STEP 5 | 調査④ 賃金支払状況の確認 |

- タイムカードと照らして時間外労働に対する手当が支払われているか、割増賃金の計算方法は正しいか、最低賃金を下回っていないかを確認する

| STEP 6 | 調査⑤ 年次有給休暇の付与状況 |

- 年次有給休暇について、5日の時季指定が対象労働者に対して行われているか、残日数、付与日数を記載して「有給管理簿」が調製されているかを確認する

| STEP 7 | 違反があったら |

- 口頭による改善指導や指示があるほか、法令違反の場合は、その違反事項と是正期日を定めた「是正勧告書」が交付される。また法令違反ではないが、改善の必要があると判断されれば「指導票」が交付される。また、両方を同時に交付されることもある

| STEP 8 | 是正勧告・指導票の交付 |

- 「是正勧告書」や「指導票」は、調査の当日に交付されることもあるが、ほとんどの場合、後日、日時を指定され、労働基準監督署に出頭して交付されることになる。これらの交付を受ける際には、事業主や責任者が出頭し、受領日、受領者職、受領者氏名などを署名し、捺印して受領する

| STEP 9 | 是正勧告の提出 |

- 指摘事項についての改善策を報告する

労働基準監督署の調査の基礎を知る

❶ **臨検とは**：Ⓐ定期監督、Ⓑ申告監督およびⒸ再監督の、おおむね3つの類型があります。

　❶-2 **定期監督とは**：年度の監督計画により、労働基準監督署が任意に調査対象を選択し、法令全般に渡って調査をするものです。定期監督の場合は申告による調査と異なり、事前に電話か書面で通知があって日程調整が行われることが多いのですが、突然事業場に訪問してくる場合もあります。

　❶-3 **申告監督とは**：次節参照。

　❶-4 **再監督とは**：定期監督や申告監督で、是正勧告した違反が是正されたかどうかを確認するために行われるものです。

❷ **定期調査の流れ**：事業場に備えつけていなければならない書類、届出をしていなければならない書類についてひととおり確認されます。出勤簿は36協定を超える長時間労働が行われていないか、時間外労働が賃金規程や変形労働時間制のルールに沿って正しく計算され賃金が支払われているか、36協定や変形労働時間制の対象職種、人数は適正か、といったことを順番に確認されます。労働基準法関係と労働安全衛生法の範囲とを分けて調査が行われることもあります。

● 予告通知例

令和○○年○○月○○日
○○労働基準監督署長

事 業 主 各 位

賃金・労働時間等の労働条件の実態調査について

　時下、益々ご清栄のこととお慶び申し上げます。

　平素から労働基準行政の推進に格別のご理解を賜り、厚くお礼申し上げます。

　さて、表記につきまして法定労働条件の確保、改善にかかる貴事業場の取り組み状況を確認いたしたく、ご多忙のところ誠に恐縮ですが、事業主又は労働担当責任者に下記により御来署いただきますよう通知いたします。

　なお、御来署の際には、別添の調査票に必要事項を御記入のうえ、持参していただきますよう、併せてお願いいたします。

記

1. 日時　　　令和○○年○○月○○日（水）午前・午後　○時○○分
2. 所要時間　約1時間
3. 場所　　　○○労働基準監督署（○○市○○区○○ ○-○-○）
4. 持参していただくもの
   (1) 本通知書、来署者の認印
   (2) 労働条件通知書（令和○○年○月以降雇い入れた労働者分）
   (3) 労働者名簿
   (4) 会社組織票等　　← 組織図などでもいい
   (5) 就業規則（賃金規程等の分冊・諸規定を含む）
   (6) 賃金台帳（パート、アルバイトを含む全労働者の直近1年分）
   (7) タイムカード、出勤簿、日報、交代制勤務（含夜勤）のシフト表、残業申請・承認書等労働時間記録一切（同上）　　なくても可
   (8) 時間外労働・休日労働に関する協定書（協定届の写し）
   (9) 上記(8)を除く各種労使協定書（1年単位の変形労働時間制に関する協定、賃金控除に関する労使協定等）
   (10) 年次有給休暇取得状況管理等　　付与・取得・繰越・消滅・残日数がわかるもの
   (11) 定期健康診断個人票（直近実施分）

※ 上記日時に御来署いただけない場合は、下記担当官まで御連絡いただき、日程調整をしてください。

御来署いただけない場合には、担当官が貴事業場に出向いて監督指導を行うことがありますので、あらかじめご了承ください。

【担当官】○○　電話03-0000-0000

日程があわない場合は、必ず連絡取って調整する

●指導票例

指　導　票

令和○○年○○月○○日

株式会社ソーテックス
代表取締役　石井一郎　殿

○○労働基準監督署
労働基準監督官　○○○○○

> 改善の必要性が高まるとな是正勧告となる

あなたの事業場の下記事項については、改善措置をとられるようお願いします。なお、改善の状況については、○○月○○日までに報告してください。

指導事項
1. タイムカードに打刻された時間と実際の支払の対象とされた時間に誤差があります。時間外労働時間、休日労働時間を適正に把握するために、適切な労働時間の把握してください。
2. 年次有給休暇については、労働者ごとの付与日数、取得日数、残日数などを適正に記録管理してください。また、計画的な有給休暇の消化制度などを設け、労働者の取得しやすい環境を整備してください。

●報告書記載例

報告書記載例
1. タイムカードの打刻のタイミングについて従業員間で認識の違いがありました。実際の勤務開始・終了時刻の打刻を徹底させるほか、就業規則への規定、上司による現認をルールとし、正確な時間把握を行います。
2. 有給管理簿は調整していましたが、付与日数と残日数を確認するとともに今後は給料明細にも残日数を記載します。

受領年月日 受領者職氏名	令和○○年○○月○○日　　　　　　人事部　部長　髙橋浩

第22章 一人でできる労務のお仕事 労務の緊急事態編

☑ 22章でできること！

01 退職者から未払い賃金の請求が届いたらすること

02 従業員と連絡が取れなくなってしまった

03 SNSで会社の機密情報や悪い噂を流した

転職があたりまえの時代になって簡単に情報も手に入るので、労務トラブルも多岐にわたるようになってきました。トラブルの対処法を押さえて、日々の労務管理に生かしましょう。

労務の緊急事態

01 退職者から未払い賃金の 請求が届いたらすること

退職した従業員から未払い賃金の請求があったら、素早く必要書類をそろえます。

会社に届く書類 **労基署の管轄**［未払い賃金など］● 未払い賃金請求書

提出を求められる書類 ● 労働条件通知書（雇用契約書）● タイムカード ● 出勤簿
● 賃金台帳 ● 就業規則など

調査の実施者 ● 労働基準監督署

STEP 1	本人または労働基準監督署から連絡がくる

● 退職者から直接連絡が来る場合は、書面での請求がほとんど。いきなり労基署から連絡がくることは少ない

STEP 2	本人へ返答する

● 確認や専門家への相談で時間がかかる場合であっても、後日連絡をする旨を早めに返答する

STEP 3	期日までに連絡をしなかった場合

● 期日までに支払わなかったり、連絡をしなかった場合、退職者が労働基準監督署に申告をし、労働基準監督官から問いあわせ、もしくは呼び出しがある（いきなり監督官から連絡がくることもある）

STEP 4	必要書類をそろえる

● 賃金台帳、出勤簿、タイムカード、就業規則など、必要な書類をそろえる

STEP 5	確認と検証

● 本人から詳細な金額や時間が示されている場合、事実かどうか再計算する。金額が示されていない場合、入館記録やメールの送受信履歴などを確認しながら検証する

退職者から未払い賃金の請求があった場合の基礎を知る

❶ **本人から請求書が直接届く：** 未払い賃金の請求は、本人が手紙などを郵送することでも成立します。もちろん口頭でも請求することができますが、書面を送り、記載した期日までに支払われないことをもって労働基準監督署に申告することができるので、書面で届くケースがほとんどです。書面が届いたら、まずは「確認して後日返答をする」など、何らかの回答をするようにします。

346

❷ **検証のしかた**：ケースごとに次のような対応をします。

請求方法	対応	特徴
本人が作成した資料もしくはタイムカードの写しなどとともに時間や金額が明確に示されている	給料を再計算する。ポイントは次の2つ。 ・変形労働時間制やみなし労働時間制を採用している場合は、タイムカードの時間と割増賃金の計算が異なる場合がある ・法定休日と所定休日が混在している場合がある	会社のタイムカードを持ち出しているときは、本人の計算方法が間違っていることがある
金額のみが提示されている。もしくは金額の提示はないが、本人がつけた勤怠のメモなどが同封されている	本人のメモについては入館記録やメールの送受信履歴、シフト表や在籍従業員へのヒアリングなどを通じて確認する。 正確な金額は誰も計算することができないため、最終的には話しあいで折りあいをつける。準備段階ではできるだけ証拠をそろえておく	会社で明確に勤怠の記録をつけていなかったり、つけ忘れがあったり、持ち帰りの業務をしている場合が考えられる

❸ **労基署に提出する**：本人が労基署に申告している場合、監督官が計算結果を検証することがあります。人事部長や社長が対応し、話しあいが行われますが、スムーズに解決するようできるだけデータをそろえておくようにします。

❹ **求められる書類をそろえていなかった**：タイムカードや36協定、労働条件通知書など、会社に備えつけておくべき書類がなかった場合は同時に指導を受けてしまうこともありますが、勝手につくり直したりせず、実際にやっていた処理の方法を正確に社内で共有しておくようにします。

● **未払い請求の文面例**

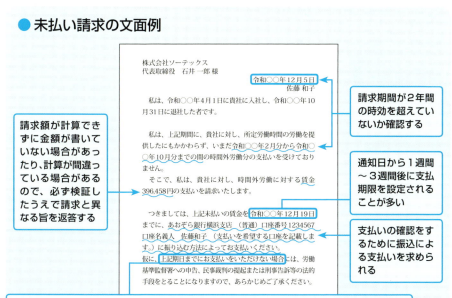

労務の緊急事態

02 従業員と連絡が取れなくなってしまった

従業員と連絡を取れなくなってしまった場合、すぐに退職扱いとすることは難しく、適切な手順を踏んで対応することが必要です。

用意する書類 ● 身元保証書 ● 本人への身元確認の通知
必要な規定 ● 行方不明者の退職手続きに関する規定
調査の実施者 ● 人事部

STEP 1 自宅を確認する

● 一人暮らしの場合は事故や病気の疑いもあるため、必ず上司や人事担当者が本人の自宅の状況を確認する

STEP 2 身元保証人と連絡を取る

● 入社時に登録してもらった身元保証人から本人へ連絡を取ってもらうよう依頼する

STEP 3 有期契約社員の場合

● 有期契約者で社会保険の加入や住民税の徴収の必要のないパートやアルバイトの場合は、契約期間満了もしくは就業規則の規定に従って退職処理をする

STEP 4 期間の定めのない正社員などの場合

● 本人の意思確認ができない場合は、勝手に退職処理をせず、就業規則の定めに沿って対応する必要がある

STEP 5 従業員から徴収する費用を請求する

● 立て替えている費用や社会保険料がある場合は、本人または身元保証人に請求する

STEP 6 行方不明者の退職について退職処理をする

● 一定期間（おおむね１カ月）経っても連絡が取れない場合に退職処理をする。保険証の滅失の届出を同時に提出する

保証人の基礎を知る

❶ **保証人の役割❶ 身元確認**：自宅にも不在で連絡が取れない場合は、保証人に連絡を取ります。一人暮らしの場合、自宅での安否確認をしたいけれども、身元保証人の協力が必要な場合があります。身元保証人が親族であれば、自宅の

348

確認、警察への行方不明届（捜索願）なども提出しやすくなります。

❷ 保証人の役割❷ **債権を回収する：** 一定期間、様子を見ていた間に社会保険料などを立て替えている場合があります。また不正をしていたことによる実損が出ているときも、保証人に対して請求を行います。ただし判例では、本人に請求できるのが損害額の半分程度、身元保証人はさらにその額の４割程度になることもあり、損害額を賠償してもらうことだけを目的と考えないようにします。

❸ 保証人の役割❸ **退職の話しあいをする：** 精神疾患やパワハラ・セクハラのように、精神状態がよくないことを理由に連絡が取れなくなってしまった従業員に対しては、信頼関係のある身元保証人が話しあいに入ってくれることで、円満な結論にいたることもあります。

行方不明者の退職の基礎を知る

❶ **就業規則の規定例と行方不明者の退職の手続き：** 会社に次のような就業規則の規定がある場合は、速やかに退職の手続きを進めます。

> 届けなく欠勤し、居所不明などで会社が本人と連絡を取ることができない場合で、欠勤開始日以後〇日を経過したときは、該当日をもって退職とする。

❷ **行方不明者にも最終の給与は支払う：** 労働した部分については給与を支払う義務が生じているため、同意なしに控除したり、一切支払をしないということはできず、通常通りの給料を支払います。

会社によっては身元保証人を求めていないこともあります。その場合、本人の請求分を回収することが難しくなります。ただし安否確認は社内の誰かが必ずするようにします。

労務の緊急事態

03 SNSで会社の機密情報や悪い噂を流した

個人の情報発信が容易にできるようになりました。在籍している従業員だけでなく、退職者へのSNSなどの発信対策をする必要もあります。

処分の対象
- 社名が特定できる状態で悪い噂を流した
- 売上や採用、取引先との関係に影響するような書き込みをした
- 現従業員個人を誹謗中傷する書き込みをした

STEP 1	投稿した内容を確認する

- 事実と異なる内容や個人を批判する内容、会社の機密情報など、投稿内容によって会社や批判を受けた個人が被る損害を確認する

STEP 2	投稿した時間を確認する

- 就業時間中であれば、業務に専念していなかったことへの処分の対象にもなる。就業時間外であっても、会社の名誉を傷つけたことについて就業規則の定めに基づいて処分することができる

STEP 3	投稿した回数を確認する

- 長期間にわたって何度も投稿していると、それだけ広く拡散している可能性があるため、影響も大きいと考えられるため処分も重くなる

STEP 4	再発防止策を講じる

- 就業規則で具体的に規定するとともに、普段から従業員に対して周知し、同時にSNS投稿のルールも定めておく

SNSのルールの基礎を知る

❶ **再発防止のために就業規則に定めておくべきこと：**次のようなことを盛り込んでおきます。

❶ 会社の名誉を傷つけるような投稿は行わないこと
❷ 会社およびそこに属する従業員としての品位を落とすような投稿は行わないこと
❸ 会社の機密情報や顧客情報に関する情報を投稿しないこと
❹ 許可なく社内の環境や社員の写真や動画を撮影し、投稿しないこと
❺ 著作権や肖像権といった第三者の権利を侵害する投稿は行わないこと
❻ 上記については就業時間以外、退職後も義務を負う

第23章

一人でできる経理のお仕事 経理の緊急事態編

☑ 23章でできること！

01 未収金が回収できないとき
02 取引先が倒産したとき
03 税務調査が入ったとき

取引先が倒産したり税務調査が入った場合は、税理士などの専門家に相談しながら落ち着いて対応します。

経理の緊急事態

01 未収金が回収できないとき

未収金が発生したら、とにかく督促をかけ続けることが肝心です。

作成する書類 ● 内容証明書

STEP 1	**未収金を再請求する**
● 期間を決めて、機械的に請求する	

STEP 2	**新規の受注をストップする**
● 営業担当者に連絡して、対応を相談する	

STEP 3	**相手先の経営状況を調査する**
● 分割での入金などを提案する	

STEP 4	**内容証明書を送る**
● 期限までに入金がない場合は、法的処置を取ることを伝える	

STEP 5	**相手先の状況に応じて、最終手段を検討する**
● 法的処置を取るまたは、貸倒損失として処理する	

未収金が発生したときすること

❶ **入金が滞ったときにすること**：約束どおりに入金されなかった場合、まず営業担当者にその旨を伝えます。納期が遅れた、または納品物に問題がなかったかなど、自社に落ち度がないことを確認してから、1週間後とか2週間後など、ルールを決めてオートマティックに再請求をかけます。それでも入金がない場合は、相手先の資金繰りに問題がある可能性があるので、次の納品を止める必要があります。上司や営業担当者に相談して、傷が広がらないうちに新規の受注はストップしてもらいます。営業担当に依頼して先方の資金状態をヒアリングしたり、分割での入金など支払可能な方法を提案してもらいます。

❷ **相手先に誠意が感じられないときにすること**：相手に誠意が感じられず、一部金の入金すらない場合は、強硬手段が必要になります。入金を督促し、期日までに入金がない場合は、法的措置を取る旨を記載した「内容証明書」（330

352

頁参照）を送ります。

❸ **法的手続を取る**：「内容証明書」を送っても入金がない場合は、弁護士に相談して、法的な手続きに入ります。まず、相手方の財産を一時的に凍結する「仮差押え」を行い、回収を図るための訴訟を起こします。裁判で請求が認められたら、その判決をもとに強制執行をかけて債権を回収します。

❹ **相手方に支払能力がない場合**：たとえ裁判で判決を勝ち取っても、相手方に支払能力がなければ、債権を回収することはできません。その場合は相手先の財産を差し押さえる訴訟を起こすか、または回収を諦めて「貸倒損失」として会計処理をします（次節参照）。相手先が事業継続できず実質的に破たんしていたり、夜逃げしてしまって連絡が取れないなど、訴訟を起こす前に回収不能が確定している場合には、「貸倒損失」として費用処理し、税金分だけでも回収します。ただし法人税の損金として認められる範囲はかぎられているので（次節参照）、気をつけてください。

● 督促状例

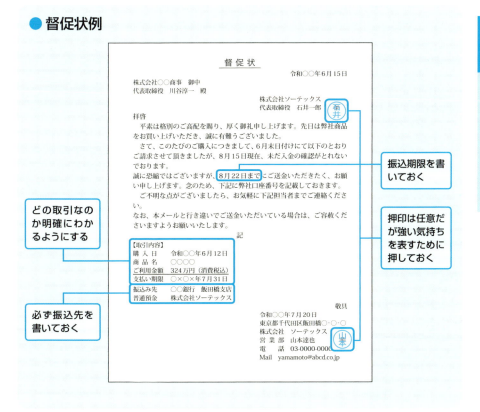

経理の緊急事態

02 取引先が倒産したとき

倒産のしかたに応じて、適切な処理が必要です。

必要があれば作成する書類 ● 再生債権届出書　● 更生債権届出書

取引先が倒産したときの対処法

❶ **相手が法律的に破綻したとき**：裁判所から「再生手続開始通知」または「更生手続開始通知・破産手続開始通知」が送られてきます。「再生債権届出書」または「更生債権届出書・破産債権届出書」が同封されているので、債権の種類と内容および未回収となっている金額を記載して、指定された期間内（通常は2カ月程度）に裁判所に返送します。

❷ **相手先が銀行取引停止になったとき**：「不渡り」を出したからといって、すぐに事業が継続できなくなるわけではありませんが、事実上の倒産に追い込まれるリスクが高くなります。新規の受注をストップするとともに、未回収の売掛債権を少しでも回収する方策を考えなければなりません。

❸ **相手が実質的に破綻したと思われるとき**：長期間にわたって回収できない債権があるときは、少しでも回収を図るために連絡を取り続けることが大切です。連絡が取れなくなった場合には、法人税の損金に計上できるように、破綻の証拠をできるだけ集めます。

集める書類	確認事項
● 登記事項証明書	登記内容に動きがないことを確認
● 看板や外観の写真	会社が稼働していないことを確認
● 代表者自宅の確認	引っ越ししているかなど、代表者の所在を確認
● 内容証明書	督促状の送付から段階を踏んで、最終的には債務免除の通知を送る。宛先人不明で戻ってきたら、捨てずにとっておく

❹ **会計仕訳例を行う**：回収不能が確実となったら、「貸倒損失」を計上します。

（借方）貸倒損失	500,000	／	（貸方）売掛金－A社	500,000

● 再生手続開始通知書例

> 期日までに指定された宛先へ返送する

令和○○年(再)第000号　再生手続開始申立事件

再生手続開始通知書

令和○○年7月14日

関係者各位

東京地方裁判所民事第30部
裁判所書記官　斎藤　直樹

当裁判所は、令和○○年7月14日午前9時50分、次の者について、
下記事項のとおり再生手続を開始したので通知する。
(申立日　令和○○年7月10日)

再生債務者　東京都豊島区東池袋○丁目○番○号
代表者代用取締役　株式会社 M-Studio
再生債務者代理人弁護士　松本　誠二

記

1　再生手続開始決定の主文
　　株式会社M-Studioに対して再生手続を開始する。
2　再生債権の届出期間
　　令和○○年8月15日まで
3　債権の一般調査期間
　　令和○○年9月19日から平成00年9月26日まで
4　再生計画案の提出期間
　　令和○○年10月8日まで
5　監督委員
　　東京都千代田区中央○−○−○　山中法律事務所
　　弁護士　山中　剛志

> 取引先が民事再生手続を開始すると、債権者に対してこのような書類が送られてくる

<債務者用>
事件番号　令和○○年(再)第000号
再生債務者　株式会社SAI星

再生債権届出書

令和○○年　8 月 10日 届出書作成日

東京地方裁判所民事第30部合議係　御中

債権者の表示	
〒 (住　所)	千代田区飯田橋○丁目○番○号
(本店所在地)	同上
(氏名または名称)	株式会社 ソーテックス
(代表者名)	石井一郎

※代理人名義で届け出る場合は、下欄に記入して(委任状添付)

(住　所)	電話
(代理人名)	FAX

> 本店所在地を記入する

> 未回収の債権残高を記入する

売掛金　950,000 円

---

❺ **法人税の損金に計上する：**「損金」に計上できるものは、次の場合にかぎられます。

回収不能の種類	内　容
金銭債権の切り捨て	会社更生法や民事再生法といった法律で切り捨てられた金額
	債権者集会の協議決定などに基づき、裁判所の関与なしに切り捨てられた金額
	債務超過の状態が相当期間継続し、債権が回収できない場合に書面で明らかにした債務免除額
金銭債権全額の回収不能	債務者の資産状況や支払能力から、全額が回収できないことが明らかになった場合
一定期間の取引停止	継続的な取引を行っていた債務者との取引を停止してから、1年以上経過した場合（回収も含む）、1円を控除した残額
	同一地域の債務者に対する売掛債権の総額が取立費用より少なく、支払いを督促しても弁済がないときは1円を控除した残額

355

経理の緊急事態

03 税務調査が入ったとき

会社の業績がいいと、3年から5年に1度、税務調査があります。

必要があれば作成する書類　●修正申告書　●印紙税不納付事実申出手続

STEP 1	調査の依頼がくる

●税務署の担当者から電話がかかってくる

STEP 2	日程調整をする

●都合が悪ければ、変更可能

STEP 3	「帳簿類」や「証憑類」を用意する

●通常は、過去3期分が対象

STEP 4	調査を受ける

●通常は2日、調査官が会社を訪問する

STEP 5	結果の報告を聞く

●結果が出るまで2～3カ月かかる

STEP 6	「修正申告書」を提出し、本税を支払う

●修正の必要があれば、「修正申告書」を提出する

STEP 7	加算税や延滞税を支払う

●本税を支払ったあとに、「納付書」が送られてくる

税務調査の基本を知る

❶ **税務調査とは**：一般的に税務調査といわれる調査は、納税者の同意のもとに行われる「任意調査」です。任意といっても、調査官には「質問検査権」があるので、調査を拒否することはできません。任意調査では、「売上の計上漏れがないか」「費用が適正に計上されているか」「計上時期がずれていないか」「処理に誤りがないか」など、帳簿と証憑をつきあわせて細かくチェックされます。必要と判断されれば、金庫や社長の机やパソコン、固定資産の現物確認、本社以外の事務所や倉庫などの現場確認も行われます。

356

● 税務調査の流れ

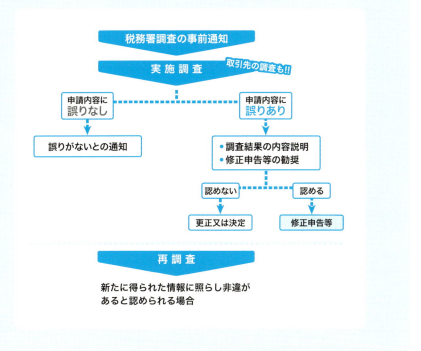

❷ **調査の依頼**：納税者または顧問税理士に、調査依頼の電話がかかってきます。提示された日にちの都合が悪い場合は、日程調整が可能です。会社の規模にもよりますが、2日または3日が一般的です。日程が決まったら、調査官の氏名や所属、調査の開始日時・開始場所、調査対象となる税目、調査対象期間、対象となる帳簿書類などが電話で事前通知されます。ただし、飲食店や現金商売の場合は、事前通知なく抜き打ちで調査されることがあります。その場合は、慌てず税理士に連絡し、対応を相談してください。

❸ **調査までに準備すること**：通常、任意調査は午前10時から午後4時ぐらいまで行われます。、会議室や社長室など、調査の間は一般社員が入ってこない場所を確保します。役員への貸付や資産の譲渡、グループ会社間の取引など、「第三者以外の者との取引に関する契約書」は、提示を求められる可能性が高いので、しっかり準備しておきます。

● 調査当日までに準備する書類

帳簿類	• 3期分の「税務申告書」 • 3期分の「決算書」 • 3期分の「総勘定元帳」 • 3期分の「資産台帳」 • 3期分の「現金帳」など会社が作成している帳簿
売上に関する 証憑類	• 3期分の「売上請求書」「受注書」「納品書」「検収通知書」 • 調査対象期間の翌月の「請求書」「受注書」「納品書」「検収通知書」
経費に関する 証憑類	• 3期分の外注先や仕入れ先からの「請求書」「発注書」「納品書」 • 調査 対象期間の翌月の「請求書」「発注書」「納品書」 • 3期分の「領収書綴り」 • 3期分の「棚卸し表」 • 3期分の「カード明細書」 • 3期分の「銀行振込記録」
人件費に関する 証憑類	• 3年分の「一人別源泉徴収簿」 • 3年分の「給与台帳」 • 3年分の「タイムカード」 • 3年分の「履歴書」など
そのほかの 重要な書類	• 会社案内や商品のパンフレット • 会社の組織図や配席図 • 3期分の「契約書綴り」（グループ会社間や役員との取引含む） • 3期分の「株主総会議事録」 • 3期分の「預金通帳」や「手形帳」など

❹ **調査当日のポイント：**一般的には次の点を重点的に調べられます。

- ☐ 売上の計上漏れがないか
- ☐ 売上の期ずれがないか
- ☐ 売上と原価の計上時期は対応しているか
- ☐ 棚卸資産（商品・製品・仕掛品）の計上漏れはないか
- ☐ 資産に計上すべきものが費用として処理されていないか
- ☐ 給料に計上すべきものが外注費として処理されていないか
- ☐ 交際費に計上すべきものが会議費などで処理されていないか
- ☐ 事業とは関係のない費用が計上されていないか
- ☐ 源泉徴収すべき報酬から税金を天引きしているか
- ☐ 消費税の課税区分は適正か
- ☐ グループ会社間の取引は適正金額で行われているか

❺ **調査最終日のポイント：**調査官が問題と感じた項目について、税法の見解についての説明があり、指摘された内容について、反論できる資料がすぐに用意できない場合、後日回答する旨を伝えます。その後は書類や電話でやり取りし、指摘事項について納得できる場合は修正申告します。特に指摘がない場合でも、その日のうちには結論は出ません。後日、税務署から「更正決定等をすべきと認められない旨の通知書」が届いて、終了となります。

358

第24章 一人でできる人事のお仕事 人事の緊急事態編

☑ 24章でできること！

01 取引先や顧客からクレームが来たとき
02 災害対策を立てておく
03 重要な情報が漏れたかもしれないとき

> クレームや情報漏えいは、会社の経営に大きく影響をもたらすこともあります。総務として全体を見通したきめ細やかな対応を押さえておきましょう。

人事の緊急事態

01 取引先や顧客からクレームが来たとき

業種や職種によって対応も異なりますが、総務は会社全体の窓口としてクレーム内容を把握し、対応していく役割を担っています。

STEP 1　事実を整理し、クレームを仕分けする
- 事実関係を整理したうえで、提案や要望など担当部署に引き継いだほうがいいもの、その場で対応できるもの、要求が過度で悪質なものに分けて担当者や上長と検討する

STEP 2　問題の解決策や代替案を提示する
- 謝罪とともに解決策を提示する。簡単に弁償する、無料にするという対応をすると要求がエスカレートする場合もあるので、相手の求めることをしっかり把握するようにする

STEP 3　クレーム報告書を作成する
- クレーム処理の履歴がデータ化できるよう、内容や対応を記録として残し、どのような状況でなぜ起こったのかを検証する

STEP 4　組織全体、担当部署まで下ろして共有する
- クレームの発生事実を共有する。同じミスを犯してクレームにつながらないよう、どのクレームは誰と共有すべきかまでルール化しておく

クレーム対応の基礎を知る

❶ **DL クレーム報告書**：クレームを2度と起こさないためにも、原因と対応策をまとめたものを「報告書」にまとめて総務のクレーム責任者が管理し、マネジメント層はいつでも見られるようにしておきます。クレームは「商品・サービスの不良」「納品のミス」「担当者の対応」などさまざまありますが、それらを種類別に分類し、同種のクレームが起こったときに参考にできるようにします。さらにクレーム後の対応を怠ってはならないため、期限を決めてそれまでに改善されたかを確認することも重要です。

人事の緊急事態

災害対策を立てておく

02

総務は、天災などが起きたとき、従業員の安全と会社の経営を維持するという大きな役割を担っています。訓練だけでなく、日ごろからさまざまな対策を検討します。

作成する書類 避難計画・訓練計画
作業の時期 1年に1回以上
準備する書類 防災マニュアル

人事

第24章 人事の緊急事態

STEP 1 | **防災についての任務分担を決める**

● 避難場所の確認と誘導、データのバックアップ、備蓄品の管理、従業員の安否確認など、災害時および日ごろの防災担当者としての役割分担を決めておく

STEP 2 | **情報（データ・システム）をバックアップしておく**

● 事業継続のうえで特に重要度の高いデータ（顧客・財務・売上に関するデータなど）を優先的にバックアップを取る

STEP 3 | **避難計画を立て、訓練を通して改良を加えていく**

● ・避難情報収集 ・伝達体制の整備 ・避難を判断する人の任命 ・避難のしかた（避難場所まで実際に歩いてみる）・避難先の決定（構内、広域避難場所、そのほか別の安全な場所）

STEP 4 | **非常物品や救出用資器材を準備する**

● 3日分を目安に準備する。業種によっては、お客様が震災時に企業内に残ってしまった場合に備えた食料などの備蓄も必要。救急用品と工具類は地震直後のケガ人の救出や手当のために必要

STEP 5 | **防災教育・訓練に取り組む**

● 防災教育のプログラムとしては、災害に関する基礎知識、地震に対する備え、警戒宣言のしくみ、地震発生時の一般社員の行動基準など。訓練は、❶防護、❷出火防止、❸消火、❹救出・救護、❺避難、❻情報収集の順に実施する。外部研修が効果的

STEP 6 | **帰宅困難者対策を立てる**

● 遠距離通勤者が多い企業では、距離的に帰れない人の数を把握しておく（20kmが目安）。また、帰れない人の宿泊場所や設備についても検討しておく

STEP 7 | **安否確認の方法を定める**

● 安否確認の方法は、電話やメールによる連絡のほかに、NTTの災害用伝言ダイヤル・災害用ブロードバンド伝言板（https://www.web171.jp/）や携帯会社の災害用伝言板サービスなどがある

361

人事の緊急事態

03 重要な情報が漏れたかも しれないとき

情報漏えいは、会社の根幹を揺るがす事態になりかねません。日ごろからの対策も重要ですが、起きてしまったときの対応も検討しておく必要があります。

作成する書類 情報漏えい情報共有シート
作業の時期 事故後すみやかに
準備する書類 情報管理マニュアル

STEP 1 　発見・発覚

- 誤送信、誤公開には次のようなものものがある。メールを誤送信してしまった。BCCで送るところをCCで送ってしまい、メールアドレスが流出した。相手の住所を間違えて郵送した・情報制限を誤り、機密情報が広く公開されてしまった。従業員が内部情報をブログやSNSで公表した

STEP 2 　初動

- 誤送信で送信先が明らかな場合は、受信者に対しミスについてお詫びし、受信した情報について削除を依頼する。誤公開の場合は直ちに当該情報を削除するか、アクセス制限措置を施し、外部から参照できないようにする

STEP 3 　調査

- 漏えいした情報の範囲、原因、被害の状況などについて調査する。誤公開の場合は、どういった範囲で何人が参照したかアクセスログを使って調査する。予想される二次被害も確認する

STEP 4 　通知・報告・公表

- 個人情報の漏えいのおそれがある場合は、本人への通知とお詫びをする。また、必要に応じて監督官庁に届け出る。規模や影響範囲が大きい場合はWebなどで経緯を公表する

STEP 5 　抑制措置・復旧

- 個人情報の中に、クレジットカード、銀行口座番号、IDパスワードが含まれていた場合、本人に通知し、カード停止、口座停止、ID停止などを促す。サイトを通じて情報が漏れた場合は、サイトの停止、検索サイトからのキャッシュ削除などをする

STEP 6 　事後対応

- 違反や管理上のミスがあった場合は、必要な処分を行う。また、漏えい情報による被害の補償等救済処置をする。あわせて再発防止策としてシステムの強化も検討する

情報漏えいが起きたときの対応

❶ **事実の公表**：透明性・開示の原則から、発生した情報漏えいについてなるべく早く公表します。個人情報が漏えいした場合は、本人にその事実を知らせてお詫びするとともに、詐欺や迷惑行為などの被害にあわないよう注意喚起します。また個人情報漏えい以外の場合でも、最初に関係者への通知を検討します。個人情報漏えいの被害者や関係者に通知し意向を確認したうえで、一般に公表するべきと判断されたら、ホームページへの掲載、記者発表などをします。

❷ **警察へ届け出る**：「従業員の内部犯行によって情報が漏えいしてしまった」「外部からの侵入などによって情報が漏えいしてしまった」「漏えい情報に関して不正な金銭などの要求を受けた」場合、事件として届け出る必要があります。

❸ **情報漏えい報告書をまとめる**：事故を起こした本人ではなく、その上司が状況を把握したうえで作成し、情報管理に関する責任者相当職の承認を得ます。

● 情報漏えい情報共有シート例

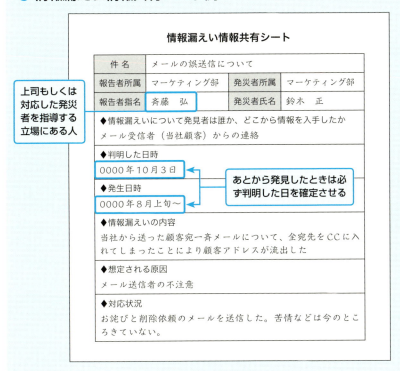

索 引

アルファベット

e-Tax 49, 320
eL-TAX 322
Pay-easy 54
SNS 350

数 字

1年単位の変形労働時間制に関する
　協定届 260
1年単位の変形労働時間制の協定書 259
36協定 254, 258
70歳以上被用者算定基礎届 241
70歳以上被用者賞与支払届 244

あ 行

育休復帰 273
育児休業給付金 280
育児休業給付金支給申請書 281
育児休業給付受給資格確認票・（初回）
　育児休業給付金支給申請書
　（受給資格確認票）...........................282
育児休業取得者申出書（新規・延長）／
　終了届 279
育児休業中の社会保険料免除 277
印鑑 209
印鑑カード 219
印鑑証明書 219
印鑑登録証明書交付申請書 221
印鑑の押し方 210
印鑑の管理 209
インボイス方式 166
内税の会計処理 161
内訳明細書 318
売上原価 304

売上の計上基準 310
売掛金台帳 194
売掛金の残高 307
売掛金の残高を管理 193
役務提供完了基準 310
延滞税 53

か 行

買掛金 143
買掛金台帳 200
買掛金の残高 307
買掛金の残高を管理 199
開業費 312
会計帳簿 179
外国人 112
概算保険料 231
開発費 312
角印（社判）......................................209
確定保険料・一般拠出金
　算定基礎賃金集計表 229
貸倒損失 354
課税仕入れ 177
寡婦・寡夫控除 74
株式発行費 312
株主総会議事録 332
借入金 145
借入金一覧表 145
仮受金や借入金の残高 307
仮払金 141
仮払精算書 141
仮払帳 142
勘定科目 157
勘定科目の残高 306
勘定科目の照合方法 306
起算日 31
起算日と有効期間 254

切手受払簿	214	繰延資産	312
切手や印紙の管理	214	クレーム	360
機密情報	206	クレーム報告書	360
休業	294	経過勘定項目	309
休業開始時賃金月額証明書	281	計画年休	36
休業補償給付支給請求書（様式8号）	295	軽減税率	162
休日出勤	31	契約	196
休職	283	契約書	326
求人媒体の特徴と活用ポイント	99	契約書をファイルする	152
給付基礎日額	296	経理の基本	154
給与支払報告書	87	経理の仕事	19
給与支払報告・特別徴収に係る給与所得者		月額変更	57, 235
異動届出書	120	月額変更届	243
給与所得控除の金額	81	欠勤	33
給与所得者の基礎控除申告書	78	決算	298
給与所得者の扶養控除申告書	73	決算書	316
給与所得者の保険料控除申告書	76	決算賞与	61
給与所得・退職所得などの		決算仕訳	300
所得税徴収高計算書（一般用）	86	月次決算	182
給与所得の源泉徴収税額表	39	月次試算表	182
給与所得の源泉徴収票	84	減価償却	216
給与所得の源泉徴収票等の		減価償却費	311
法定調書合計表	95	現金	134
給料以外の源泉所得税	51	現金出納帳	135
給料以外の報酬の源泉所得税納付書	53	健康診断	287
給料計算	26	健康保険・厚生年金保険 育児休業取得者	
給料計算チェックシート	29	申出書（新規・延長）／終了届	279
給料計算ミス	58	健康保険・厚生年金保険 産前産後休業取得者	
給料支払いの5原則	28	申出書／変更（終了）届	278
給料の基本	28	健康保険・厚生年金保険事務所についての	
給料の仕訳	45	総合調査のお知らせ（通知）	340
給料明細書	44	健康保険・厚生年金保険	
競業避止義務	100	70歳以上被用者算定基礎届	241
競業避止義務に関する契約書	103	健康保険・厚生年金保険の保険料額表	42
業務委託契約書	327	健康保険・厚生年金保険	
業務災害	290	被保険者資格取得届	107
金券の管理	214	健康保険・厚生年金保険 被保険者資格喪失届	
銀行印	209	厚生年金保険70歳以上被用者不該当届	122
銀行取引停止	354	健康保険・厚生年金保険	
銀行融資	145	被保険者賞与支払届	68
金種表	300	健康保険・厚生年金保険 被保険者所属選択	
金銭消費貸借契約書	328	・二以上事業所勤務届	103

健康保険・厚生年金保険 被保険者報酬月額
　算定基礎届 237, 239, 240
健康保険・厚生年金保険
　被保険者報酬月額変更届 244
健康保険・厚生年金保険 被保険者報酬
　月額変更届 厚生年金保険
　70歳以上被用者月額変更届 57
健康保険 傷病手当金支給申請書 286
健康保険の任意継続と国民健康保険 121
健康保険 被扶養者（異動）届・国民年金
　第3号被保険者関係届 108
現在事項証明書 222
検収基準 310
検収作業 212
源泉所得税（給料） 37
源泉所得税（賞与） 61
源泉所得税納付書（一般用） 48
源泉所得税の仕訳（給料） 47
源泉所得税の仕訳（賞与） 66
源泉所得税の納期の特例の承認に関する
　申請書 50
源泉徴収が必要な主な報酬一覧 52
源泉徴収月額表 39
源泉徴収のための退職所得控除額の表 130
源泉徴収票 83, 92
限度時間を超えて労働する場合 255
現物給料 38
合計残高資産表（損益計算書） 184
合計残高資産表（貸借対照表） 183
交際費 172, 177
交際費の形式基準 173
交際費の実質基準 172
工事完成基準 310
工事進行基準 310
厚生年金保険　70歳以上被用者
　賞与支払届 244
口頭による明示でもいい事項 265
小切手 138
国外取引 168
国外に扶養家族がいる場合 73
国内取引 168
個人情報 206

個人別明細書 87
固定資産 174
固定資産台帳 217
固定資産の管理 216
固定資産の廃棄 217
固定的賃金 56
ゴム印 209
雇用契約書 264
雇用保険資格喪失届 123
雇用保険の加入手続き 109
雇用保険の喪失手続き 123
雇用保険 被保険者休業開始時賃金
　月額証明書 281
雇用保険被保険者資格取得届 109
雇用保険被保険者離職票 123
雇用保険料 43
雇用保険料率表 43

さ 行

災害対策 361
再監督 342
在庫 211, 302
在庫の管理 211
最後の給料 119
在庫表 303
再生手続開始通知書 355
在留カード 113
在留資格 112
産前休業 273
産前産後休業期間を正しくカウントする ...274
産前産後休業取得者申出書
　／変更（終了）届 278
産前産後休業中の社会保険料免除 277
残高確認証 308
残高証明書 301
算定基礎賃金集計表 228
算定基礎届 234, 243
算定基礎届（イレギュラーケース） 240
算定基礎届（正社員） 236
算定基礎届（パート） 238
算定調査 340

資格外活動許可申請 ……………………114	就労ビザ ……………………………114
時間外労働 ………………………… 30, 254	出荷基準 ……………………………310
時間外労働・休日労働に関する協定届 ……257	出金伝票 ……………………………156
時間外労働・休日労働に関する協定届	出産 ………………………………272
（36協定） ……………………………258	出産手当金 …………………………274
時間外労働・休日労働に関する協定届	出産日がずれた場合 ………………275
（特別条項） …………………………258	取得価額 ……………………………175
時間単位年休 ………………………… 36	シュレッダー ………………………208
時季指定 ……………………………… 36	障害者控除 …………………………… 74
支給控除一覧表 ……………………… 46	少額資産の特例 ……………………175
事業概況書 …………………………318	償却資産税 …………………………321
資金繰り ……………………………200	償却資産税申告書 ………………321, 322
資金繰り表 …………………………324	証書借入 ……………………………145
地震保険料控除 ……………………… 77	使用人兼務役員 ……………………170
実印 …………………………………209	消費税 ……………………………160, 177
実地棚卸し …………………………302	消費税コード ………………………167
指定医療機関で受診した場合 ………291	消費税申告書 ………………………318
指定医療機関以外で受診した場合 ……291	消費税のエラーチェック ……………314
指導票 ………………………………342	傷病手当金 …………………………284
支払い業務 …………………………143	傷病手当金支給申請書 ……………285
支払調書 ……………………………91, 93	証憑類 ………………………………148
締め後売上 …………………………310	商品受払簿 ………………………212, 302
社会保険 ……………………………106	情報漏えい …………………………362
社会保険の喪失手続き ………………121	情報漏えい情報共有シート …………363
社会保険料 …………………………… 41	情報を保管するルール ………………206
社会保険料決定・変更通知書 ………246	賞与計算 ……………………………… 60
社会保険料の改定 …………………… 42	賞与支払届 …………………………… 67
社会保険料の仕訳 …………………… 54	賞与支払届・総括表 ………………… 68
社会保険料の納付 …………………… 54	賞与に対する源泉徴収税額の算出率の表 ……62
社債発行費 …………………………312	賞与の仕訳 …………………………… 65
従業員代表意見書 …………………251	賞与明細書 …………………………… 65
従業員と連絡が取れない ……………348	除却 …………………………………321
就業規則 ……………………………248	食事手当 ……………………………… 38
就業規則（変更）届 …………………251	所定休日 ……………………………… 31
修正仕訳 ……………………………307	所得税 ………………………………37, 61
修繕費 ………………………………175	所得税納付書（納期特例分） ………… 48
住宅ローン控除 ……………………… 82	所得税の速算表 ……………………… 82
収入印紙 ……………………………215	書面による明示が必要な事項 ………265
住民税 ………………………………… 40	書類の保管期限 ……………………148
住民税納付書（一般用） …………… 50, 131	仕訳の基本 …………………………154
住民税の仕訳 ………………………… 49	申告監督 ……………………………342
重要な情報の廃棄 …………………208	人事情報 ……………………………206

367

人事の仕事	16
随時決定	235
請求者（支払）のファイリング	152
請求書	189
請求書（売上）のファイリング	150
税込み経理	160
税抜き経理	160
税務申告書	318
税務調査	356
生命保険料控除	76
誓約書	268
是正勧告	342
絶対的記載事項	248
総括表	87
総勘定元帳	180
相対的必要記載事項	248
創立費	312
損益計算書	316
損金	355

た 行

待機期間	294
代休	36
貸借対照表	316
退職金	126
退職金から控除するもの	128
退職金の源泉徴収票	132
退職金の仕訳	129
退職時の確認誓約書	118
退職者	116
退職所得に対する住民税の特別徴収 早見表	130
退職所得の受給に関する申告書	127, 129
退職届	117
代表的な取引の仕訳	158
タイムカード	30
タイムカード集計表	32
タイムカードと実際の誤差	33
耐用年数	311
ダイレクト納付利用届出書	49
棚卸資産の評価方法（原価法）	305

棚卸資産の評価方法の届け出	302
棚卸表	302
短期の資金繰り表	324
短時間就労者	238
短時間労働者	238
男性の育休	276
地方税申告書	318
治癒	293
中長期の収支計画書	324
長時間労働者	262
貯蔵品	305
賃金台帳	45
通勤災害	290
通勤手当	38
定額法	311
定期監督	342
定時株主総会	332
定時株主総会の議事録	319
定時決定	235
訂正印	209
定率法	312
手形	139
手形借入	145
手形の不渡り	140
手形の割引	139
手形割引	145
適格請求書	166
手数料	178
電子記録債権	140
登記事項証明書	222
登記情報提供サービス	223
当座貸越	145
督促状	353
特別条項	255, 258
特別徴収	40
特別徴収税額決定通知書	40
特別徴収税額の納期の特例に関する 申請書	50
取締役会	335
取締役会議事録	335
取引先が倒産	354
取引の基本	154

な 行

内定通知書（労働条件記載なし） 104
内容証明書 330
入社時に必要な書類 105
入社時の健康状態に関する申告書 102
入社前研修 105
妊娠報告 272
年間平均を取る場合の申立書 241
年金事務所の調査 338
年金事務所の通常の調査 339
年次有給休暇付与日数
　（正社員または常勤者） 35
年次有給休暇付与日数（パート） 35
年末調整 70, 80
年末調整の仕訳 86
燃料費 178
納期の特例 50
納品基準 310
納品書 189

は 行

売却 321
配偶者控除 74, 78
配偶者特別控除 78
派遣社員 111
発生主義 309
発注書 197
半休 36
非課税となる交通費 38
非課税取引 168
引当金 313
非居住者・外国法人の所得についての
　所得税徴収高計算書（納付書） 50
非居住者に対する源泉所得税 114
一人別源泉徴収簿 83
避難計画 361
被扶養者（異動）届・国民年金
　第3号被保険者関係届 108
被保険者資格取得届 107, 109
被保険者資格喪失届 厚生年金保険70歳以上

被用者不該当届 122
被保険者賞与支払届 68
被保険者報酬月額算定基礎届 237, 239, 240
被保険者報酬月額変更届 244
被保険者報酬月額変更届 厚生年金保険
　70歳以上被用者月額変更届 57
標準報酬が2等級以上差が生じた場合 56
標準報酬月額決定通知書 245
ファイナンス・リース 146
不課税取引 168
不課税文書 215
副業 100
復職 283
複数税率 162
袋とじの方法 329
付属規程 248
復興特別所得税 39
不動産に関する支払調書 94
不納付加算税 53
扶養控除 74
振替休日日基礎 36
平均賃金算定内訳［様式8号（別紙1）］ 296
閉鎖事項証明書 222
ベースアップ 56
変形労働時間制 31
報酬、料金、契約金及び賞金の支払調書 93
報酬・料金等の所得税徴収高計算書の様式
　及び記載要項 53
法人税申告書 318
法人税等 316
法定休日 31
法定繰入率 313
法定調書 90
法定調書合計表 95
保険者算定申立に係る例年の状況、標準報酬
　月額の比較及び被保険者の同意等 242
保険料額の変更通知 245
保険料納入告知額・領収済額通知書 55
保証人 348
補助簿 180
補助元帳（売掛金台帳） 181

ま行

マイナンバーの管理	204
前受収益	309
前払費用	309
未収管理	195
未収金	352
未収収益	309
見積書	186
見積書（売上）のファイリング	151
未取立小切手	301
未取付小切手	301
みなし役員	170
未払消費税	314
未払退職金	127
未払い賃金	346
未払費用	309
身元保証書	270
面接記録表	101

や行

役員が出産する場合	275
役員賞与	62
役員退職金	127
役員の範囲	170
役員報酬	169
家賃	178
雇い入れ時の健康診断	288
有給休暇	34
有給の買い取り	117
有料求人媒体	100
行方不明者	349
溶解処理	208
預金出納帳	134
予告通知	343

ら行

リース	147
リース資産の管理	218
領収書	136

領収書のファイリング	149
療養給付たる療養の給付請求書（様式16号の3）	293
療養の給付	291
療養の費用	291
療養補償給付たる療養の給付請求書（様式5号）	292
履歴事項証明書	222
稟議書	144
臨検	342
臨時株主総会	332
労災	290
労働基準監督署の調査	341
労働災害	290
労働者災害補償保険 休業補償給付支給請求書（様式8号）	295
労働条件通知書	264, 266
労働保険 概算・増加概算・確定保険料申告書	232
労働保険年度更新申告書	230
労働保険料	227
労働保険料申告（年度更新）	226
労働保険料の仕訳	55
労働保険料の納付	55
労務の仕事	22
ローン	146

わ行

渡し切り	141

ひとりでできる 必要なことがパッとわかる

人事・経理・労務の仕事が全部できる本

2019年 6 月30日　初版第 1 刷発行
2021年12月31日　初版第 4 刷発行

著　者　原 尚美　菊地加奈子
発行人　柳澤淳一
編集人　久保田賢二
発行所　株式会社 ソーテック社
　　　　〒102-0072 東京都千代田区飯田橋4-9-5　スギタビル4F
　　　　電話：注文専用 03-3262-5320
　　　　FAX：　　　　 03-3262-5326
印刷所　図書印刷株式会社

本書の全部または一部を、株式会社ソーテック社および著者の承諾を得ずに無断で
複写（コピー）することは、著作権法上での例外を除き禁じられています。
製本には十分注意をしておりますが、万一、乱丁・落丁などの不良品がございまし
たら「販売部」宛にお送りください。送料は小社負担にてお取り替えいたします。

©NAOMI HARA & KANAKO KIKUCHI 2019, Printed in Japan
ISBN978-4-8007-2065-8

ソーテック社の好評書籍

最新 小さな会社の
総務・経理の
仕事がわかる本

原尚美 著　吉田秀子 著
●定価：(本体価格1,480円＋税)

必要な書類とその書類の書き方、注意点のサンプルをできるかぎり掲載しています。総務・経理の仕事に携わるすべての人に読んで、参考にしていただきたい本です。マイナンバー、働き方改革完全対応！

ひとりでできる
必要なことがパッとわかる
就業規則が
全部できる本

菊地 加奈子 著
●定価：(本体価格1,480円＋税)

働き方改革に詳しい女性ナンバーワン社労士が書いた「労務トラブルに強い就業規則の本」！　就業規則をしっかり整備しておくことが、円満な会社をつくるコツです。就業規則の規定や書式が理解できます。